内河船舶建造系列丛书

船体制图

CHUANTI ZHITU

杨永祥　主编

人民交通出版社
China Communications Press

内 容 提 要

本书介绍了船体图样表达的内容、方法和特点以及船体制图的有关规定，以及识读和绘制船体型线图、总布置图、结构图、分段划分图的方法与步骤。每章配有习题，供识读和绘图练习使用。书末有附录，摘要介绍了与船体制图有关的常用标准和资料。

本书为内河船舶培训教材，也可作为相关造船院校相应专业的教学参考用书，并可供从事内河船舶建造行业有关人员参考。

图书在版编目(CIP)数据

船体制图 / 杨永祥主编. --北京 : 人民交通出版社, 2011.1

(内河船舶建造系列丛书)

ISBN 978-7-114-08718-9

Ⅰ. ①船… Ⅱ. ①杨… Ⅲ. ①船体－工程制图 Ⅳ. ①U662.2

中国版本图书馆 CIP 数据核字(2010)第 196836 号

书　　名：内河船舶建造系列丛书
船体制图
著 作 者：杨永祥
责任编辑：赵瑞琴
出版发行：人民交通出版社
地　　址：(100011)北京市朝阳区安定门外外馆斜街3号
网　　址：http://www.ccpress.com.cn
销售电话：(010)59757973
总 经 销：人民交通出版社发行部
经　　销：各地新华书店
印　　刷：北京鑫正大印刷有限公司
开　　本：787×1092　1/16
印　　张：11.5
插　　页：4
字　　数：253千
版　　次：2011年1月　第1版
印　　次：2013年8月　第2次印刷
书　　号：ISBN 978-7-114-08718-9
印　　数：4001～6000册
定　　价：46.00元

内河船舶建造系列丛书

编　委　会

主　　任　马庆生
执行主任　贾玉康
副 主 任　杨永祥
委　　员　马庆生　杨永祥　赵洪江　赵　虹　林宏强
　　　　　周　宏　陈　刚　施裕斌　贾玉康

编写人员名单

《船体制图》　杨永祥
《船体结构》　林宏强
《船舶建造工艺》　赵　虹
《船舶焊接》　赵洪江
《船舶设备》　周　宏
《船舶动力装置》　施裕斌
《船舶电气》　陈　刚
《内河船舶检验》　贾玉康
《船舶工程管理》　马庆生

序言

XUYAN

内河船舶的制造经历木船、水泥船到钢质船的发展，单船吨位由几吨、几十吨、发展到几百吨到几千吨，甚至已经超过万吨。但是在生产管理、经营管理、技术管理、质量管理、制造工艺水平和工艺装备等方面仍不能适应内河船舶制造业快速发展的需要，迫切需要技术和智力上的支持。作为船舶建造质量的源头监督管理部门泰州市船舶检验局，在实施船舶检验的过程中，以服务内河造船业发展为已任，对提高内河船舶建造质量，提升内河船厂竞争力进行了积极有益的探索，主动联合江苏科技大学，抽调资深验船师组成联合工作组，对目前江苏省内河船舶生产企业的生产管理、经营管理、技术管理、质量管理、工艺水平和工艺装备等方面进行调查分析，结合国家相关的法律、法规、政策、规范等要求，组织编写了“内河船舶建造系列丛书”，用来指导和规范内河船舶的修造和管理。

“内河船舶建造系列丛书”的编写，凝聚了泰州市船舶检验局领导、验船师和江苏科技大学相关老师的智慧和能力。它侧重于生产过程的工艺，并兼顾过程管理和检验的方法，能够使现有的内河船舶生产企业的相关从业人员，在内河船舶建造实践过程中得到帮助和启发，从而保证内河船舶制造水平的不断提高。

“内河船舶建造系列丛书”的编写，得到了江苏省船舶检验局、江苏省国防科工办等上级部门领导的认可和大力支持，同时也得到了有关船舶制造业专家的全力帮助和指导。“内河船舶建造系列丛书”的完成，经过了船舶制造业相关专家的评审，得到了进一步的完善。相信“内河船舶建造系列丛书”的出版必将为内河船舶制造和生产管理水平的提高，起到良好的作用。

江苏省船舶工业协会会长

前言

QIANYAN

根据目前内河船舶修造企业在内河船舶制造过程中缺乏相应的生产组织、制造工艺、质量控制、经营管理的指导书籍的现状，泰州市船舶检验局联合江苏科技大学组织在内河造船领域具有丰富理论和实践经验的专家教授、高级工程师、高级验船师编写了“内河船舶建造系列丛书”。

本丛书在经过充分调查研究的基础上编写而成，我们多次召开船厂管理、技术人员座谈会，广泛听取相关人员的意见。力求教材内容具有较强的针对性和适用性。全书采用了最新颁布规范、标准、法规等，以内河船舶建造的基本知识为基础，理论与实践相结合为原则。

本丛书共九册，包括《船体制图》、《船体结构》、《船舶建造工艺》、《船舶焊接》、《船舶设备》、《船舶动力装置》、《船舶电气》、《船舶工程管理》、《内河船舶检验》。全书文字简洁、内容齐全、叙述精练、通俗易懂、便于自学，可作为内河船舶建造、管理人员的培训教材，同时可供从事内河船舶建造行业有关人员参考。

《船体制图》由杨永祥编写、《船体结构》由林宏强编写、《船舶建造工艺》由赵虹编写、《船舶焊接》由赵洪江编写、《船舶设备》由周宏编写、《船舶动力装置》由施裕斌编写、《船舶电气》由陈刚编写、《内河船舶检验》由贾玉康编写、《船舶工程管理》由马庆生编写。

编写过程中受到众多专家的帮助和指导，对本书的编写提出很好的建议和修改意见，在此一并表示诚挚的谢意。

本书的编写，尽管我们做了很大的努力并力求创新，限于编者的水平和精力，不当之处在所难免，诚望读者不吝指正。

《内河船舶建造系列丛书》编委会

2011年1月

目录

MULU

第一章 绪 论

第一节 概 述

船体制图是研究如何用图样来表达船体形状、结构和布置等的课程。而船体图样是造船工程界用以表达设计思想、进行技术交流和指导造船生产的技术文件。船体图样亦属工程图样范畴,绘制船图所依据的基本原理和采用的基本方法与其他工程图样基本一致。然而船舶相对一般工程产品而言,其尺度大、外形复杂、安装的设备繁多,金属船体又是板和型材组成的薄壳结构,因此船图的表达方法有其自身的特点。

一 船体图样的特点

1. 船体构件、船舶设备投影的简化处理

由于船体外形尺度较大,而船体构件和船舶设备的尺度相对较小,为了便于现场使用,图纸幅面不宜过大,因此船图采用的比例一般较小,从而船体构件和船舶设备在图样中的图形也较小。另外,由于船体构件和船舶设备的数量多,从而造成结构图、总布置图和其他设备布置图的图面繁复,不易识读,绘制不方便。为此船图标准规定结构图中可用不同的图线表示各种构件的投影;总布置图和其他设备布置图中可用形象化的图形符号表示各种设备的投影,以简化图面。

2. 尺寸标注的特点

船图如果采用通常的方法标注船体曲面、构件以及设备的定形尺寸和定位尺寸,则尺寸标注工作十分繁复。为了清晰而简单地标注尺寸,船图中表示船舶总体尺寸的船体主尺度一般列表说明;凡涉及船体形状的尺寸,除在型线图中标注外,其他图样一般不加标注;型线图中,船体曲面的定形尺寸和定位尺寸主要以型值表的方式表达;结构图中,船体构件的定形尺寸采用集中标注的形式,定位尺寸以“金属船体构件理论线”为度量的依据;总布置图中,各种设备的定形尺寸和定位尺寸一般不加标注,尺寸的粗略值可用比例尺在图样中直接量取。

3. 剖面图的特点

船图中的剖面图所表达的内容与机械图样不同,机械图样中的剖面图主要是表示零、部件的断面形状,而在船图中,剖面图除表达所剖构件的形状外,更主要的用来表示欲表达构件与其相连构件间的连接方式。

在有些结构图样中把不在某一剖面表达范围内的构件表示在该剖面的相应位置上,并规定这些构件的可见轮廓用细双点划线表示,这种方法称为重叠画法。

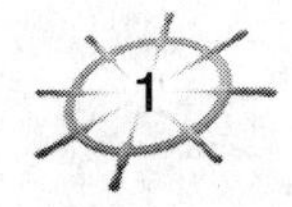

二 船体图样的分类

船体图样主要有以下几类：

1. 总体图样

总体图样是表示船舶形状和总体布置情况的图样。它包括：

(1)型线图。它是表示船体形状和大小的图样；

(2)总布置图。它是表示船体外形、上层建筑型式、舱室划分、门窗、通道以及机械设备等布置情况的图样。

2. 船体结构图样

船体结构图样主要是表示船体结构的组成、构件的结构形式和尺寸、构件间的连接方式、构件数量、重量、所用材料等内容的图样。它主要包括：

(1)中横剖面图。它是表示船体中纵、横向构件的尺寸大小、结构形式及其纵向构件的布置情况和横向构件相互连接方式的图样。

(2)基本结构图。它是表示船体中纵、横向构件的尺寸大小、结构形式及其横向构件的布置情况和纵向构件相互连接方式的图样。

(3)肋骨型线图。它是表示全船肋骨剖面形状、外板纵、横接缝位置以及与外板相连的纵向构件位置的图样。

(4)外板展开图。它是表示船体外板在横向展开后的形状、外板厚度的分布、纵横接缝的排列、外板上开口的大小和位置以及外板的接缝与外板直接相连的纵横向构件相对位置的图样。

(5)分段结构图。它是表示船体各分段中构件的形状、大小、数量、重量、材料、连接方式和工艺要求的图样。

(6)基座结构图。它是表示主辅机的底座结构情况及其构件形状的大小的图样。

3. 船体舾装图样

船体舾装图样是表示船体舾装件的布置及其结构的图样。它主要包括：

(1)舾装布置图。它是表示舾装设备布置情况的图样。通常有锚设备布置图、系泊和拖带布置图,舵布置图,起货设备布置图,救生设备布置图,金属门、窗、盖布置图,栏杆、扶梯、通道布置图,甲板备品搁架布置示意图等。

(2)舾装结构图。它是表示舾装件的结构形状和大小的图样。通常有舵结构图、桅结构图、烟囱结构图,各种舱口盖、箱柜、床架、门、窗结构图等。

4. 船体工艺图样

船体工艺图样是表示船体建造方法、装配顺序和工艺设备的图样,它是为了指导船体建造以及保证船体施工质量所绘制的图样。这类图样内容繁多,各造船厂绘制的习惯和数量也不尽一致,通常有：

(1)分段划分图。它是表示船体分段划分情况和分段数量的图样。

(2)构件理论线图。它是表示船体构件理论线情况的图样。

(3)胎架结构图。它是表示船体胎架的结构及其构件大小的图样。

(4)分段装焊程序图。它是表示分段装配和焊接程序的图样。

(5)全船余量布置图。它是表示全船分段余量的布置和大小以及余量切割时机的图样。

(6)船台墩木布置图。它是表示船台上墩木在船底布置情况的图样。

对于从事造船工作的人员来说,首先应熟悉船体制图相关标准,并了解船体图样的组成、表达内容和表达方法,掌握船体图样的识读及绘制方法。若要学好船体制图,还必须对船体制图的基础知识有所了解。

第二节 船体制图基础

一 正投影及三视图

1. 物体的正投影

在日常生活中,经常会遇到投影的例子。例如,阳光照在船台,在船台上就会投下船体的影子。人们通过光线照射物体会在平面上产生影子的现象总结出一种绘制正投影图的方法——正投影法。如图1-1a)所示,设立一个竖直平面,平面前放置一根T型钢,使T型钢的腹板平面(垂直板称腹板;水平板称面板)与竖直平面平行,然后用一束相互平行的光线向竖直平面垂直照射,这样就在竖直平面上得到了一个长方形的影子。这个影子就称为T型钢的正投影(以下简称投影)。竖直平面称为投影面。相互平行的光线称为投影线。然而,这样的投影,只能显示出T型钢的外形轮廓,并没有把T型钢的腹板与面板的轮廓区分出来。所以通常就以人正对着物体进行观察,以视线代替光线,把所看到的物体轮廓按规定的图线画出来,就得到了所需要绘制的平面图形。这种方法就称为正投影法,所画的平面图形称为视图。图1-1b)所示就是按正投影法画出的T型钢,图中腹板与面板的轮廓能清楚地表示出来。

正投影法的特点是:

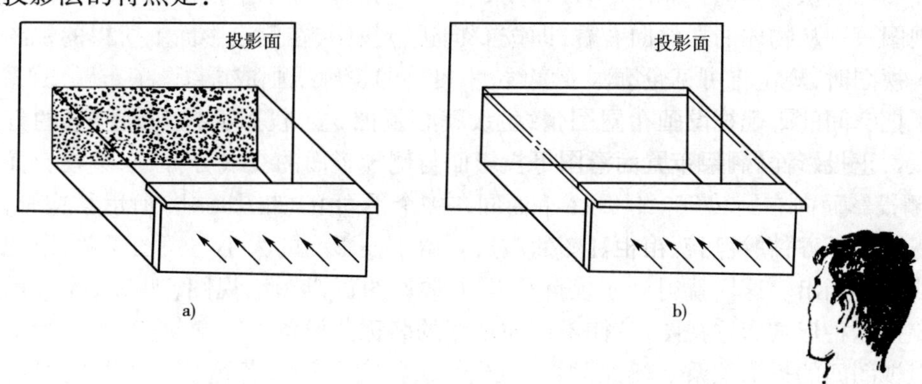

图1-1 正投影图

(1)物体的位置规定在观察者与对应的投影面之间,即始终保持观察者—物体—投影面这个相对位置关系;

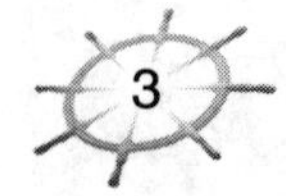

(2)投影线相互平行,且垂直于投影面;

(3)观察者与物体以及物体与投影面之间的距离,不影响物体的投影。

2. 物体的三视图

图 1-1b)所示的视图,还不能把物体的真实形状和大小完全反映出来。如果把 T 型钢移出,仅看这个视图,就很难看出它一定是 T 型钢的投影,如图 1-2 中角钢的投影就与 T 型钢相同。此外,物体的大小是由长、宽、高三个方向的尺寸来度量的,而图 1-1b)只反映了 T 型钢长、高两个方向的大小,它的宽度在图中就无法反映,因此,我们必须从几个不同的方向进行投影。通常我们将物体放在 3 个互相垂直的投影面系统内,分别进行投影,得到 3 个视图,把物体的真实形状和大小表达出来。

3 个相互垂直的投影面分别称为正投影面、水平投影面和侧投影面,所得到的 3 个视图,即为主视图、俯视图、左视图。图 1-3 为 T 型钢的三视图。

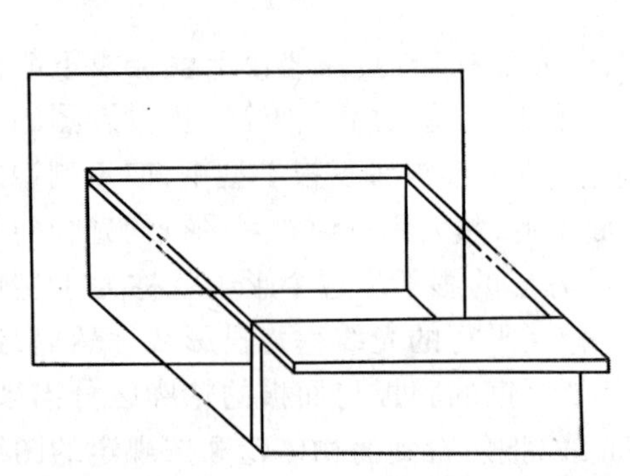

图 1-2　角钢的正投影图

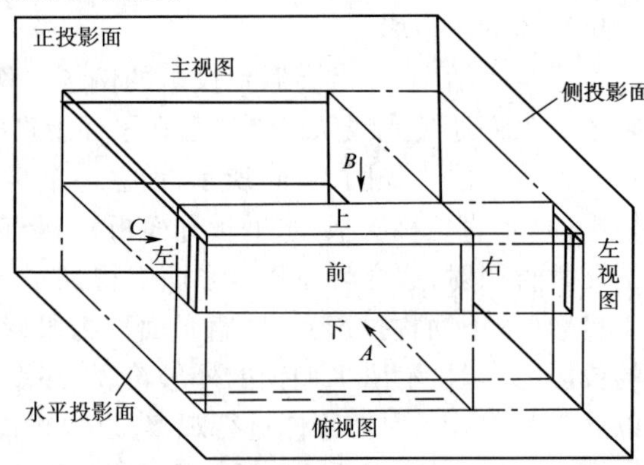

图 1-3　T 型材的三视图

主视图——从物体的前面向后看,即按 *A* 向进行投影,在正投影面上所得的视图。

俯视图——从物体的上面向下看,即按 *B* 向进行投影,在水平投影面上所得的视图。

左视图——从物体的左面向右看,即按 *C* 向进行投影,在侧投影面上所得的视图。

在画视图时,规定将可见轮廓画成实线;不可见的轮廓线画成虚线。

为了把空间的 3 个视图画在同一张纸上,就必须把 3 个投影面摊平。摊平的方法如图 1-4a)所示,正投影面保持不动,而沿水平投影面与侧投影面的交线分开,水平投影面向下旋转 90°,侧投影面向右旋转 90°,使 3 个平面同在一个平面上,如图 1-4b)所示。这时,俯视图就在主视图的下方;左视图就在主视图的右边。由于投影面的大小与视图无关,因此投影面的边框线不必画出。这样就得到了实际图样中常见的正投影三视图,如图 1-5 所示。国家标准规定按这种形式布置视图,一律不标注视图的名称。

3. 三视图间的投影关系

图 1-5 是 T 型钢进行正投影时所得到的 3 个视图。它们反映出 T 型钢长、宽、高 3 个方向的大小。但是每个视图只反映了两个方面的大小,如主视图反映 T 型钢的长和高;俯视图反映长和宽;左视图反映宽和高。在每两个视图中,总有一个共同的尺寸,并保持有下面的投影关系:

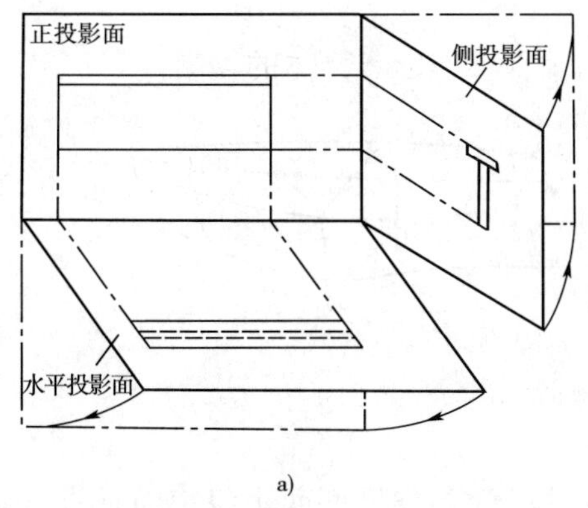

a)

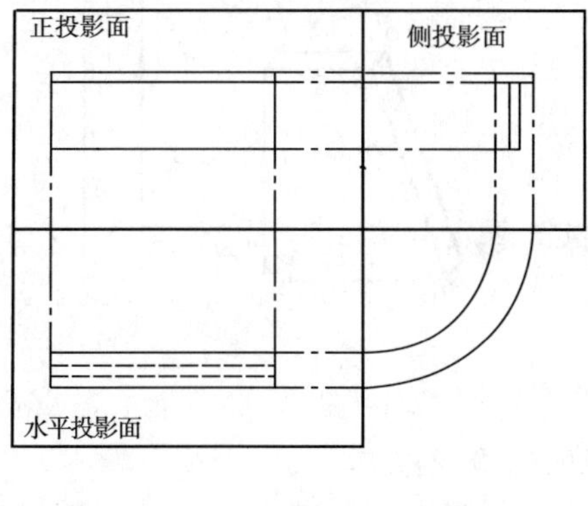

b)

图 1-4　三视图的展平

(1)主视图和俯视图都反映了物体的长度,而且长对正;

(2)主视图和左视图都反映了物体的高度,而且高平齐;

(3)俯视图和左视图都反映了物体的宽度,而且宽相等。

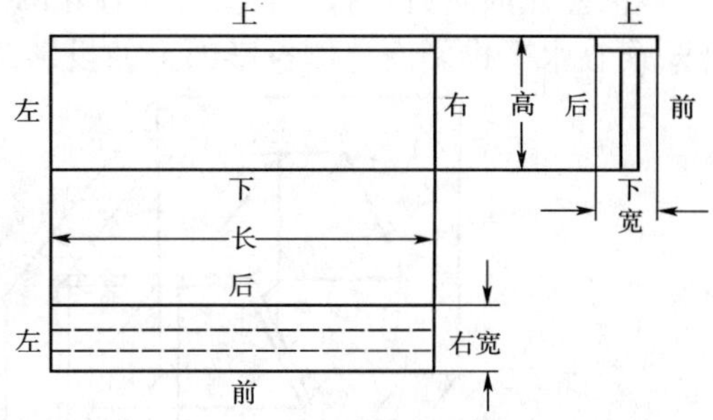

图 1-5　三视图的投影关系

上述三点,是绘图和读图时最基本的投影规律。应用这个投影规律绘图和读图时,必须与物体的上、下、左、右、前、后 6 个方面的位置和视图的关系结合起来。从图 1-5 中可以看出:主视图确定上、下、左、右 4 个方面的相对位置;俯视图确定左、右、前、后 4 个方面的相对位置;左视图确定上、下、前、后 4 个方面的相对位置。由这些关系可知,每个视图都确定了 4 个方面的相对位置。各视图间又总有两个方面的位置是相对应的,即:主视图和俯视图左、右位置相对应;主视图和左视图上、下位置相对应;俯视图和左视图前、后位置相对应。根据这些关系,结合投影规律,我们就能够从 3 个视图识别物体上各部分的相对位置。

二　物体上面、线、点的投影

船体及其各组成构件都是由面、线、点等几何要素所组成。如图 1-6a)是船体内常用的肘板,它是由上、下、左、右、前、后 6 个平面所围成,而各平面又是由直线所围成(左侧斜面由 *AB*、*BD*、*DC*、*CA* 四根直线围成),各直线则由两端点决定其位置(*BD* 直线由 *B*、*D* 两点来决定)。又如图 1-6b)中的钢管(支柱),则由内、外两圆柱曲面和上、下两环形底面所组成,环形底面则为两圆周曲线所围成。又如船体本身的形状,是由曲面所围成,如图 1-6c)所示。因此,要正确地绘制和阅读船体图样,就必须掌握面、线、点的正投影规律。

(一)面的投影特点

面有平面和曲面之分,现在就分别介绍它们的投影特点。

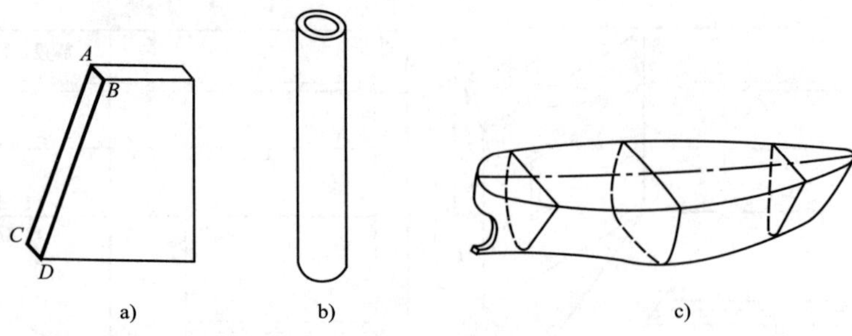

图 1-6　船体构件的几何要素

1. 平面的投影特点

图 1-7a)中所示的肘板前面的梯形平行于正投影面，与另外两个投影面垂直，因此它在正投影面上的投影就反映出梯形的真实形状；在水平投影面和侧投影面的投影都为一直线。同样，它的长方形的顶面平行于水平投影面，而与另外两个投影面垂直，则它在水平投影面上投影反映出矩形的真形；在正投影面和侧投影面上的投影都为一直线。图 1-7b)中所示的肘板的左侧面垂直正投影面，但与另外两个投影面倾斜，因此在正投影面上的投影为一直线，而在水平投影面与侧投影面上的投影，为比原来长方形侧面短小的长方形。

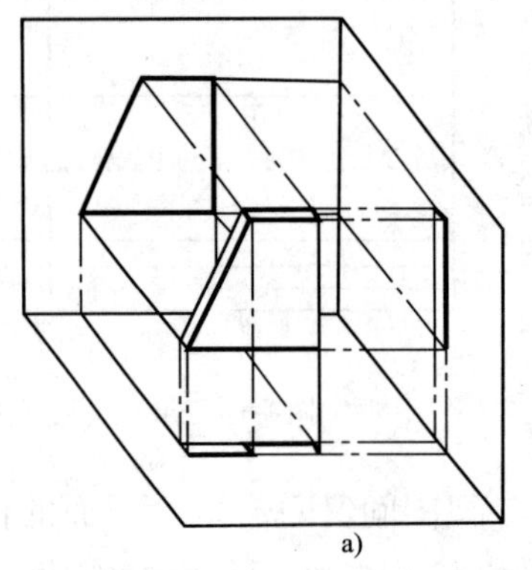

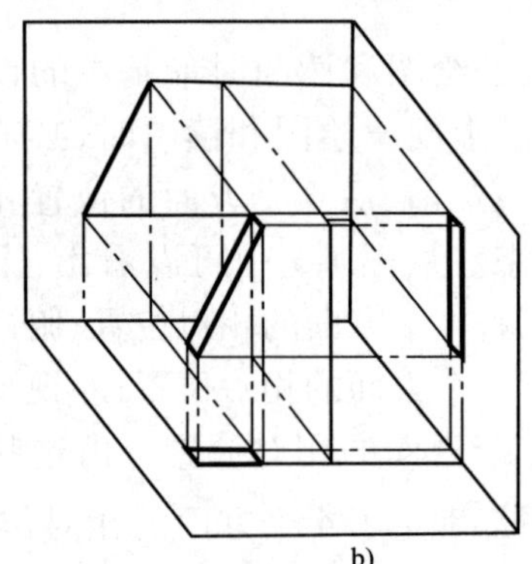

图 1-7　平面的投影

由上可见，由于平面对投影面的位置不同，它们的投影也各异，其特点为：

(1)平面平行投影面，投影面上真形现；

(2)平面垂直投影面，投影面上成直线；

(3)平面倾斜投影面，投影面上形改变。

除了上述投影特点外，从图 1-7 中还可以看出，当平面垂直投影面时，不论平面的形状如何(如前面为梯形；右面为矩形)，在该投影面中所得到的投影都是一直线。同时，在该平面内的任何图形、线和点的投影则重合在这条直线上，如图 1-7a)中梯形前面的 4 条边线都重叠投影在水平投影面和侧投影面的直线上。这种投影特性称为积聚性。

2. 曲面的投影特点

曲面分简单曲面和复杂曲面两类。具有一个方向曲度的曲面称为简单曲面，如圆柱曲面、圆锥曲面、流线型舵曲面等，如图 1-8 所示。具有两个方向曲度的曲面称为复杂曲面，船体的表面即是复杂曲面。

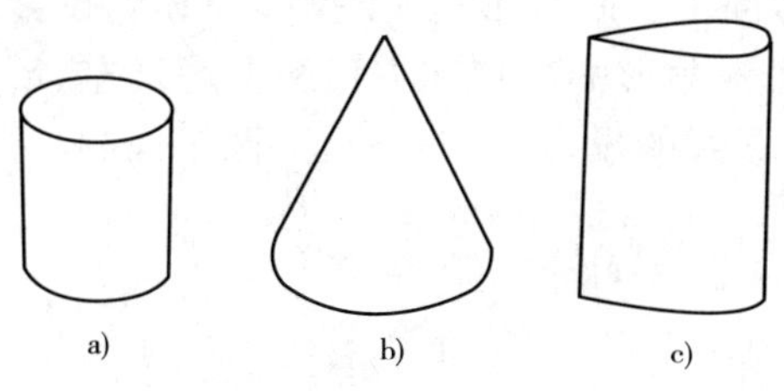

图 1-8　简单曲面

a)圆柱面;b)圆锥面;c)流线型舵面

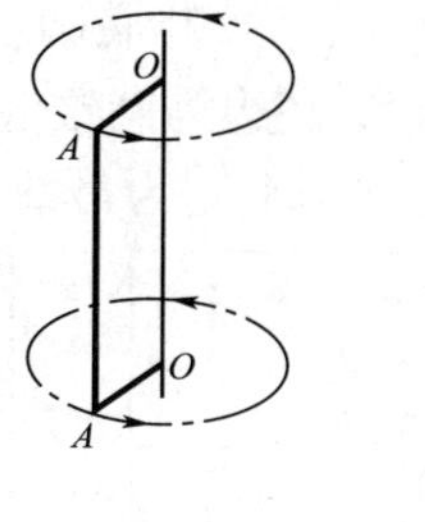

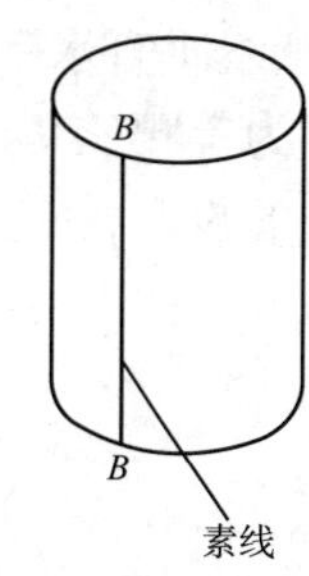

图 1-9　圆柱面的形成

1)简单曲面的投影

(1)圆柱曲面

圆柱面可以看成由直线 $\overline{AA}$ 绕轴线 $\overline{OO}$ ($\overline{AA}$ 平行 $\overline{OO}$)旋转而成。在圆柱面上任意位置的一条直线 $\overline{BB}$ 称为圆柱面的素线,见图 1-9。因此,圆柱而是由许许多多素线集合而成。从它的形成过程可以看出,圆柱面只在与素线垂直的方向上(现为水平方向)具有曲度,而在素线方向(垂直方向)是没有曲度的,如图 1-10 所示。如果将圆柱面进行投影,由于它的素线垂直于水平投影面,因此在水平投影面上的投影就是一条具有积聚性的圆周曲线,圆柱面上任何的线和点的投影都重合在这条曲线上。又因圆柱面只在水平方向具有曲度,所以在水平投影面上积聚的圆周曲线的曲率就是曲面的曲度。在正投影面和侧投影面上投影各为一矩形。这两个矩形的上、下两条线就是圆柱体的顶面和底面的投影;而矩形的两条垂直线,在主视图上为最左、最右的两条素线的投影,它们是圆柱面的前、后面转向轮廓线(即曲面可见部分与不可见部分的分界线);在左视图上则为左、右面的转向轮廓线的投影(即最前和最后的素线)。圆柱面的三视图见图 1-10。

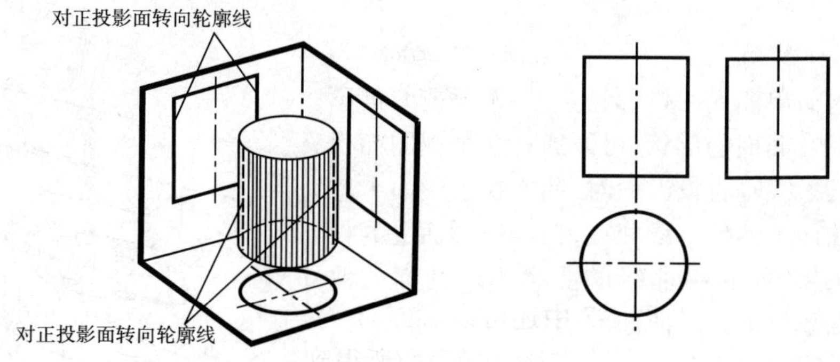

图 1-10　圆柱面的三视图

柱形曲面的投影,基本上与圆柱面的投影的特点相似。图 1-11 所示的流线型舵面的三视图,在俯视图中反映出曲面曲度的曲线,而在主、左视图中都为矩形。

(2)圆锥曲面

圆锥面可以看成由直线 $\overline{SA}$ 绕轴线 $\overline{SO}$ 旋转而成。同样,圆锥面上的任意位置的一条直线称为圆锥面的素线,见图 1-12。由于圆锥面与圆柱面的形成过程相同,因此它也只在与轴

线 $\overline{SO}$ 垂直的方向（现为水平方向）上具有曲度。如果将圆锥面按图 1-13a）的位置进行投影，它的轴线垂直水平投影面，其底圆在水平投影面上反映实形；在正投影面和侧投影面上的投影各为等腰三角形，底边为圆锥底圆的投影，三角形的两腰在主视图上为最左、最右的两条素线的投影，在左视图上则为最前、最后两条素线的投影，图 1-13b）为圆锥面的三视图。

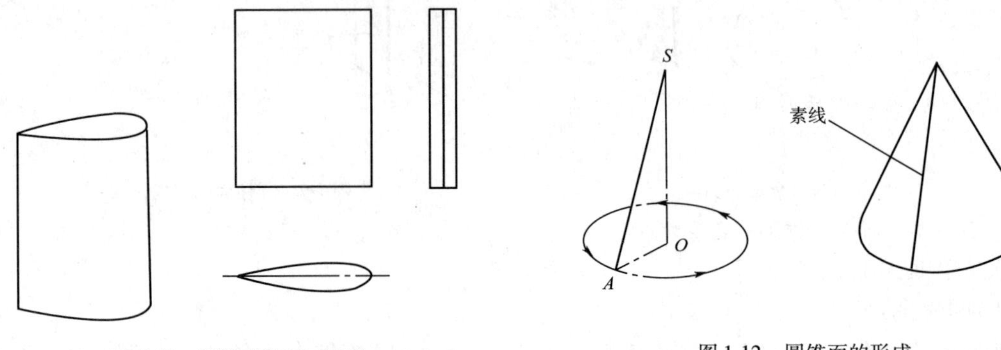

图 1-11　流线型舵面三视图

图 1-12　圆锥面的形成

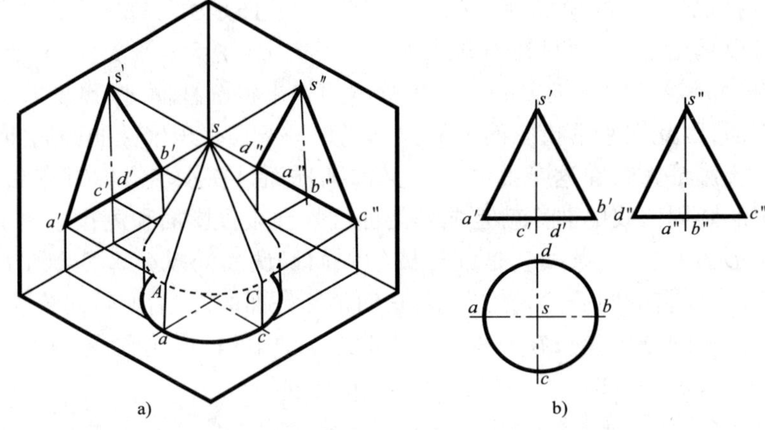

图 1-13　圆锥面的三视图

归纳起来，简单曲面的投影特点是：3 个视图都不反映曲面的真形；曲面的形状，可以通过 3 个视图而得到；柱形曲面的素线垂直投影面时，曲面在投影面上就积聚成曲线，曲面上的任何线和点，在该投影面上的投影都积聚在曲线上。这根曲线的曲率表示曲面的曲度，根据这根曲线就能知道曲面的形状。.

2）复杂曲面的投影

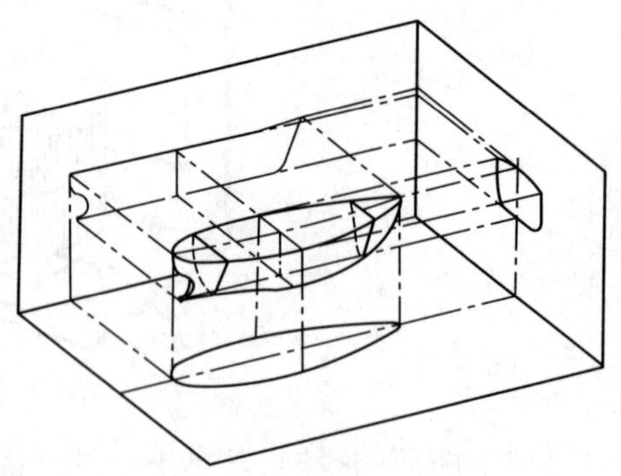

图 1-14　船体曲面的 3 个投影

图 1-14 所示为船体曲面在 3 个投影面上的投影。船体曲面具有两个方向的曲度，因此在 3 个投影面上的投影只能大概地表示它的形状，而不能表示出真实形状。由这里可知复杂曲面的投影特点是：3 个视图都不反映曲面的真形，曲面的形状，无法通过三视图而得到。

因此，复杂曲面就不能用正投影的三视图来表示它的形状。其形状的表示方法将在本教材的第三章型线图中作详细介绍。

（二）线的投影特点

1. 直线的投影特点

直线是由两平面相交而得到的。图1-15中直线AB是肘板的左面和前面的交线。由于直线相对于投影面的位置不同，所得到的投影也就不同。图1-15所示的直线AB平行于正投影面，而与水平投影面和侧投影面倾斜，所以它在正投影面上的投影$a'b'$反映它原来的长度（$a'b'=AB$）；在水平投影面和侧投影面上的投影ab及$a''b''$比原来缩短（$ab<AB$、$a''b''<AB$）。又如图中肘板的另一条棱线CD垂直于水平投影面，而与正投影面和侧投影面平行，所以它在水平投影面上的投影重合为一个点，而在正投影面上和侧投影面上的投影为垂直的直线$c'd''$和$c''d''$，并反映它的实长。

此外，从图1-15中还可以看出，肘板中的两条直线AC和BD是互相平行的，而它们在正投影面上的投影$a'c'$和$b'd'$仍是平行的。根据这个特性，当看到投影图中两直线相互平行时，就可想象到它们在物体上也是平行的。

2. 曲线的投影特点

曲线是由平面和曲面或曲面和曲面相交而得到。图1-16a）中圆柱体上端的圆周曲线，可看作为一个平面与圆柱曲面的交线。图1-16b）中的曲线为两圆柱曲面的交线。图1-16a）所示的曲线，只有一个方向的曲度，其各部分的都位于同一平面上，称为平面曲线。而图1-16b）所示的曲线，有两个方向的曲度，其各部分不能同时位于同一平面上，所以称为空间曲线。

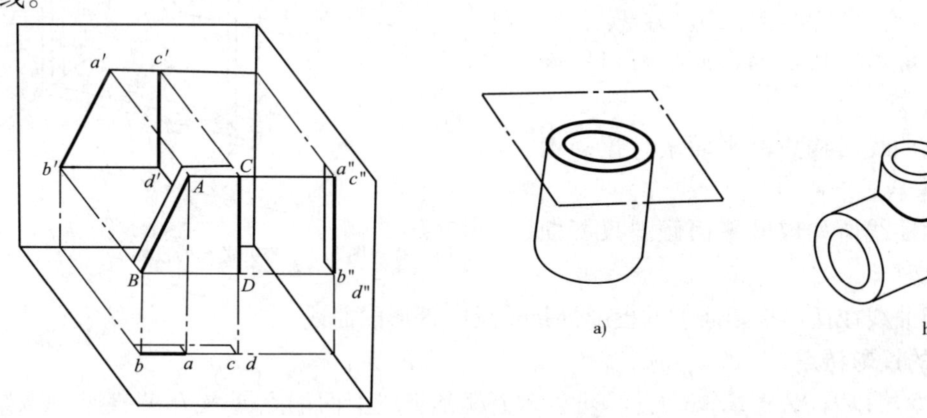

图1-15　直线的投影

图1-16　曲线的类型

图1-17所示的平面曲线$ABCD$（圆周曲线）的投影通常是通过A、B、C、D四个特殊位置的点来表示的。从图中可见，曲线$ABCD$所构成的平面平行于水平投影面，它在水平投影面上的投影$abcd$为曲线的真形；而在正投影面和侧投影面上的投影分别积聚成直线$a'b'c'd'$和$a''b''c''d''$。

当平面曲线不平行任何一投影面，而曲线所构成的平面垂直于正投影面时，则在正投影面上积聚成一直线，在水平投影面和侧投影面上投影则为变形的曲线，见图1-18。所以在三

视图中没有一个能反映它的真实形状。

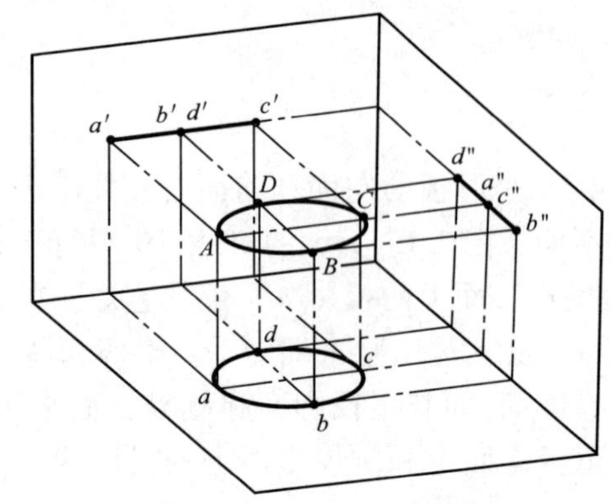

图 1-17　平面曲线平行水平面的投影

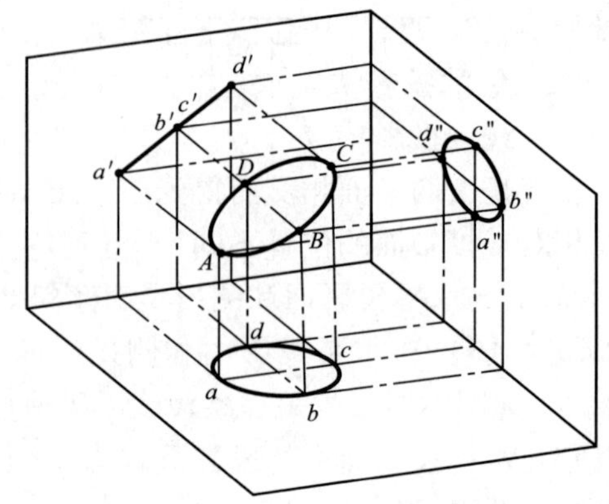

图 1-18　平面曲线不平行投影面的投影

图 1-19 为空间曲线的投影。曲线 *EFGH* 具有两个方向的曲度，在 3 个投影面上的投影都是曲线。这些曲线没有一个能反映出空间曲线的真实形状。但这与平面曲线的投影在 3 个投影面上都不能反映曲线的真实形状，则有实质上的区别。因为对于平面曲线，只要找一个与曲线平面平行的平面来投影，就可以得到它的真实形状。但是空间曲线是不可能找到一个平面，使它在这个平面上的投影反映出真实形状的。因此，曲线的投影特点为是：

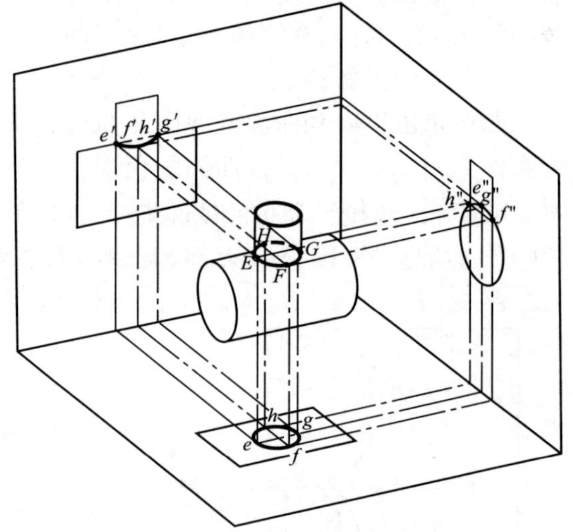

图 1-19　空间曲线的投影

(1)平面曲线所构成的平面平行投影面，投影面上真形现；

(2)平面曲线所构成的平面垂直投影面，投影面上积聚成直线；

(3)平面曲线所构成的平面倾斜投影面，投影面上形改变；

(4)空间曲线在任何投影面上的投影都是不反映真形的曲线。

(三)点的投影特点

从图 1-15 可以看出，直线 *AB* 的投影，实际上就是直线上两端点 *A* 及 *B* 的投影，只要求出直线上两点的投影，就能决定该直线的投影。同样(图 1-19)，曲线的投影也是通过点的投影才能画出它的形状。

点是组成物体的最基本的几何要素。它在物体上的位置，也是用长、宽、高 3 个数值来确定的。通常都是先确定 3 个基准平面(可以是 3 个投影面，也可以是物体上的 3 个假定基准平面)，然后以点距这 3 个基准平面的长、宽、高来确定其位置。图 1-20 中的肘板，是以底面、右面和后面作为 3 个基准面。点 *A* 的位置，可以用 *A* 点距右边的长度 x_a，距后面的宽度 y_a，距底面的高度 z_a 来确定。因此前述三视图中的“长对正”、“高平齐”和“宽相等”的投影规律，同样适用于点的投影。

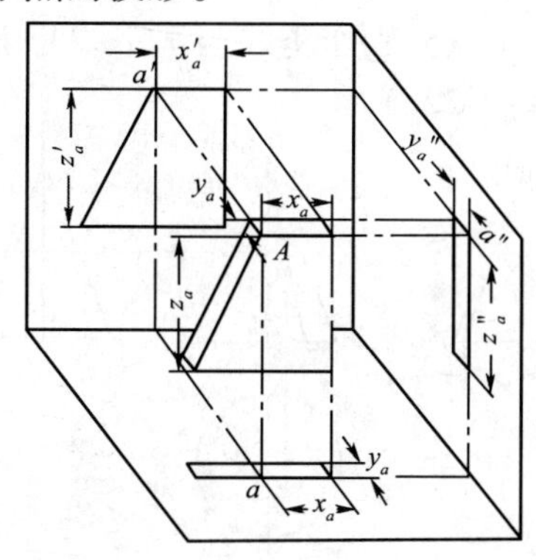
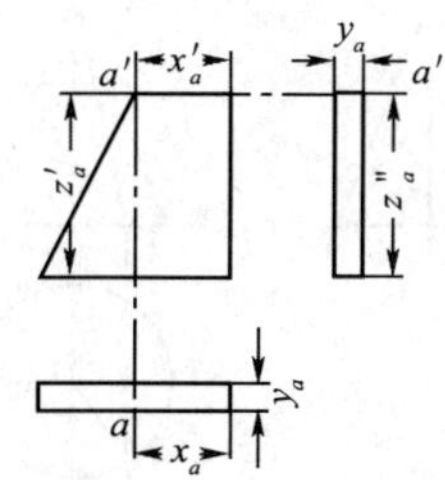

图 1-20　点的投影

图 1-20 中 A 点在正投影面上的投影为 a'，决定 a' 点位置的长为 x'_a、高为 z'_a；在水平投影面上的投影为 a，决定 a 点位置的宽为 y_a、长为 x_a；在侧投影面上的投影为 a''，决定 a'' 点位置的宽为 y''_a、高为 z''_a。根据"长对正"，则 $x'_a = x_a$；"宽相等"，则 $y_a = y''_a$；"高平齐"，则 $z'_a = z''_a$。

由此可得出点的正投影规律：

(1)点的正投影和水平投影在同一条垂线上；

(2)点的正投影和点的侧面投影在同一条水平线上；

(3)点的水平投影和侧面投影距同一基准面的宽度应相等。

例 1　如图 1-21a)，求圆柱面上点的投影。已知圆柱面上一点 P 在左视图上的投影为 P''，求作它在其他两个视图上的投影。

由于 P 点在圆柱面上，它在俯视图上的投影，一定积聚在圆周曲线上。根据点的投影规律(3)，P''距圆柱中线的宽度 $y_{p''}$ 应等于俯视图中 P 距中线的宽度 y_p；按相对位置关系，p''是在中线的前面，故 y_p 也应自中线向前面量取，这样就在俯视图中求得 P，如图 1-21b)。再根据点的投影规律(1)及(2)，可求得 P 点在主视图上的投影，如图 1-21c)。

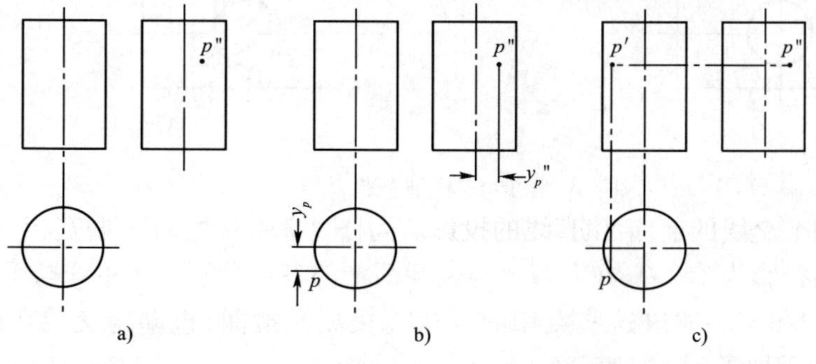

图 1-21　圆柱面上点的投影

例 2　求圆锥面上点的投影。已知圆锥面上一点 Q，如图 1-22d)，在主视图上的投为 q'(图 1-22a)。求作在其他两个视图上的投影。

圆锥面不像圆柱面那样有积聚性，所以求点的投影时一般通过素线。通过 Q 点作素线

SL(图1-22d)。它在主视图上的投影为通过q'点的直线$s'l'$,并作俯、左两视图中的投影sl和$s''l''$(图1-22b)。然后根据点的投影规律,自q'点分别作垂线与水平线与俯、左两视图中相应的素线相交,而求得Q点的投影q和q',如图1-22c)。

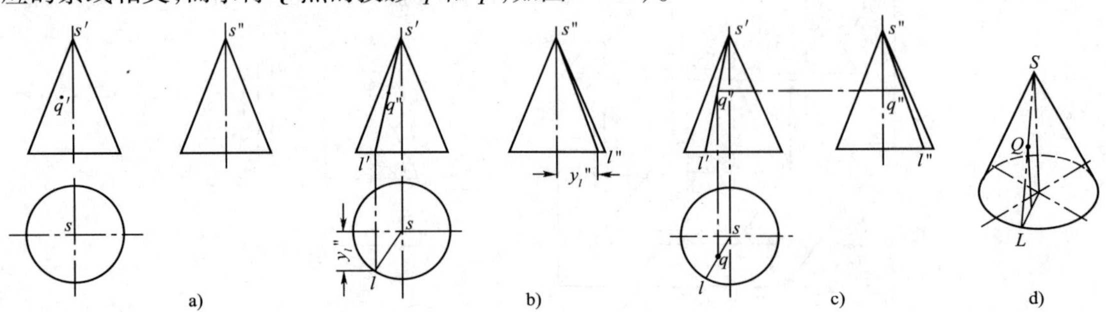

图1-22　圆锥面上点的投影

曲线的投影也可通过一定数量的点的投影而求得。图1-23a)是两圆柱相交的三视图。交线是两圆柱面共有的线。它的投影必然积聚在圆柱面有积聚性的那个投影上。在俯视图上,交线必然积聚在小圆柱的圆周曲线上;在左视图上,则交线投影积聚在大圆柱的圆周曲线上。又因交线为两圆柱共有,所以它的投影为一段共有部分的圆弧,即图1-23a)中的粗线部分。交线在俯、左视图上的投影既经确定,主视图上的投影,就可根据点的投影规律求得。由于两个圆柱具有公共的前后对称平面,后面的交线与前面的交线在主视图上的投影重合,所以主视图上只绘出前面交线的投影即可。

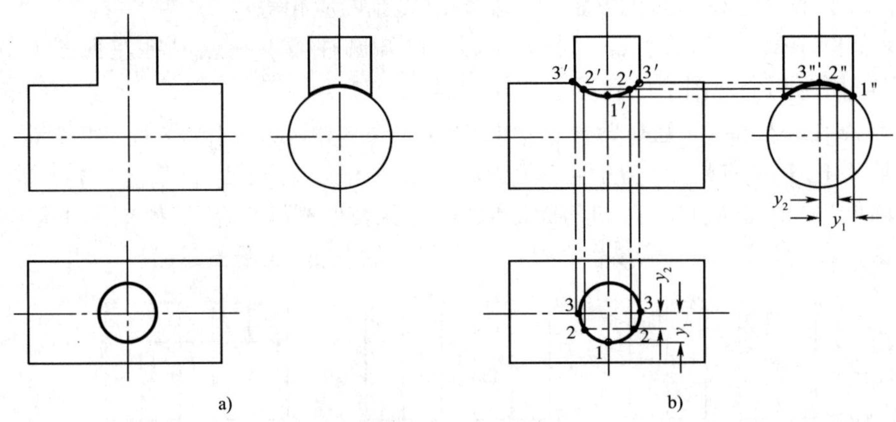

图1-23　曲线投影

先在左视图上交线的前面部分取三点1″2″3″(图1-23b),然后根据宽相等的规律,求得点在俯视图上的投影为1、2、3,在左视图与俯视图上的各点分别作水平线与垂线交于主视图上得其投影1′、2′和3′。通过这些点用曲线板连接成光滑曲线,即得交线在主视图上的投影。点取得越多,所画曲线就越精确。

根据面、线、点的投影规律,结合三视图间的投影关系和相对位置,就能够根据三个视图来识别物体上各部分的形状,想象出它们的立体形状。同样可以根据物体的立体形状,画出它们的三个视图。

习　题

1. 船体图样的表达特点是什么？

2. 船体图样的类型、船体结构图样的种类及表达的内容是什么？

3. 什么叫三视图？三视图中分别表示了物体的哪几部分的尺寸？

4. 参见习图 1-1，解以下各题：

(1) 判别 P、Q 平面与投影面的相对位置；

(2) 判别 AB、CD 直线与投影面的相对位置；

(3) 画出 P、Q 平面及 AB、CD 直线在其他两个视图上的投影。

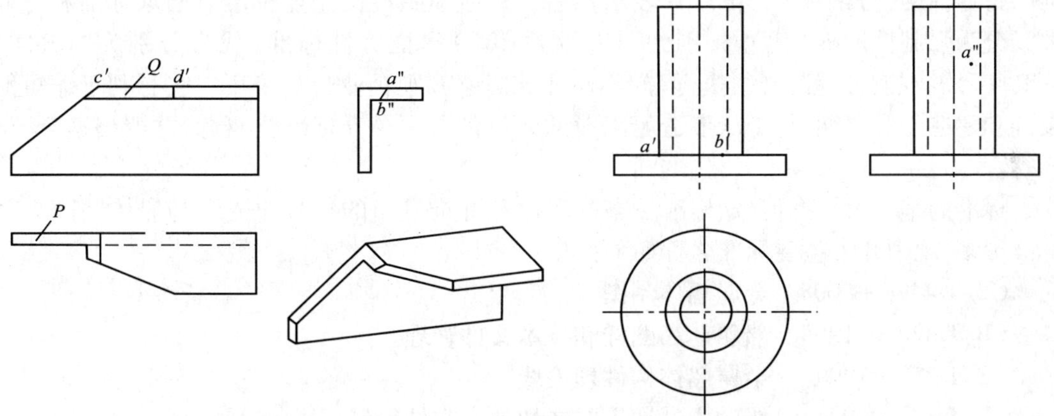

习图 1-1　　习图 1-2

5. 按习图 1-2，试求 A、B、C、D 三点在其他两个投影面上的投影。

6. 习图 1-3 中△ABC 为一水平面，请读懂△ABC 在 3 个投影面上的投影关系。

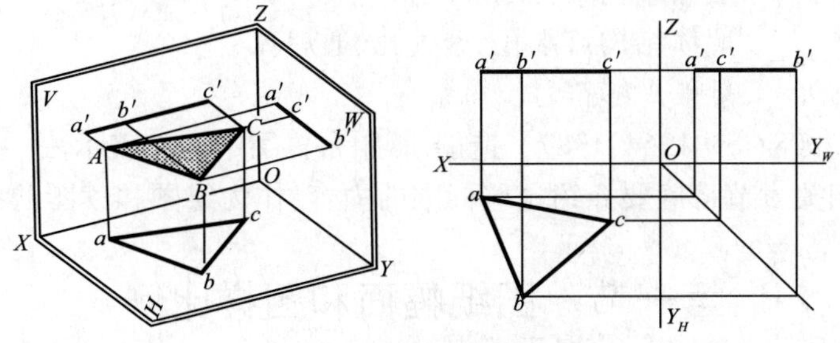

习图 1-3　水平面的投影特性

第二章　船体制图的有关规定

船体图样是船舶建造中的重要技术文件，为了便于船舶设计、造船生产和进行广泛的技术交流，船体图样的表达方法、尺寸注法、图线以及船图中所采用的符号需要作统一规定。近年来，随着我国改革开放，与国外的合作日益增多，以往制定的一些标准不适合国际技术合作和技术交流的需要。为此，国家有关部门制定和颁布了一系列新标准，其中有国家标准局批准的国家标准（以 GB 表示）、全国船舶标准化技术委员会和原中国船舶工业总公司批准的行业标准（分别以 CB* 和 CB 表示）、各工厂企业批准的企业标准。国家标准和行业标准又分为强制性标准（代号分别为“GB”和“CB”）和推荐性标准（代号分别为“GB/T”和“CB/T”）。强制性标准必须执行，推荐性标准国家鼓励企业自愿采用。它有利于缩短船舶设计和建造的总周期，每个从事造船工业的人员都必须树立标准化概念，并严格遵守，认真执行。

标准的编号由标准代号、标准发布的顺序和标准发布的年号构成。与船体制图有关的标准很多，现列几个主要标准名称如下：

GB/T 4476—2008　金属船体制图

CB/T 3243—1995　船舶产品图样和技术文件管理

CB/T 253—1999　金属船体构件理论线

CB/T 13—2007　船舶产品通用图样和技术文件编号

CB/T 14—1995　船舶产品专用图样和技术文件编号

CB* 3182—83　船体结构相贯切口与补板

CB* 3183—83　船体结构型材端部形状

CB* 3184—83　船体结构流水孔、透气孔、通焊孔

CB/T 860—1995　船舶焊缝符号

GB/T 3894—2008/ISO 1964:1987　造船 船舶布置图中元件表示法

本章及以后相关章节将摘要介绍这些标准的内容，作为绘图和读图的参考依据。

第一节　图纸幅面和图样比例

GB/T 4476.1—2008《金属船体制图　一般规定》中对船体图样应采用的图纸幅面和选用的比例作了规定。

一　图纸幅面

1. 基本幅面

表 2-1 中列出了船体图样中的 5 种标准图纸的基本幅面。绘制船体图样时，应按实际需

要选用。

基本幅面　　单位:mm　　表 2-1

幅面代号	A_0	A_1	A_2	A_3	A_4
$B \times L$(mm)	841×1189	594×841	420×594	297×420	210×297
图纸面积(m^2)	1.00	0.50	0.25	0.12	0.06
c(mm)	10			5	
a(mm)	25				

2. 幅面的延伸

绘制图样时,应优先采用基本幅面,如基本幅面不够,必要时可加长基本幅面的尺寸,其加长量按所选基本幅面短边尺寸的整数倍沿短边增加,如图 2-1 所示。所有的图幅宽度加长后的不应超过 A_0 幅面的宽度。

3. 图纸边框格式

图纸边框格式见图 2-2,边框线用粗实线绘制,a、c 尺寸见表 2-1 规定。图样上一般应有标题栏、反向代号栏,其尺寸、格式,如图 2-3 所示。

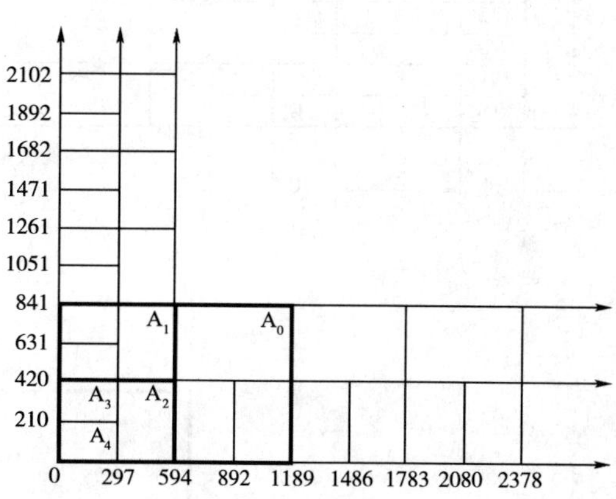

图 2-1　图纸幅面加长的规定(单位:mm)

二　图样比例

1. 船体图样的比例

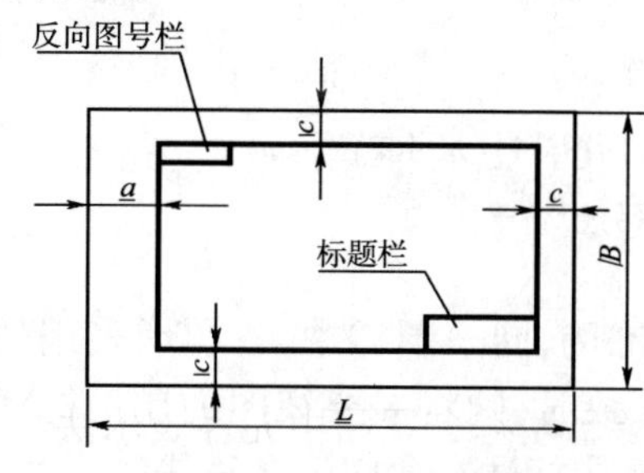

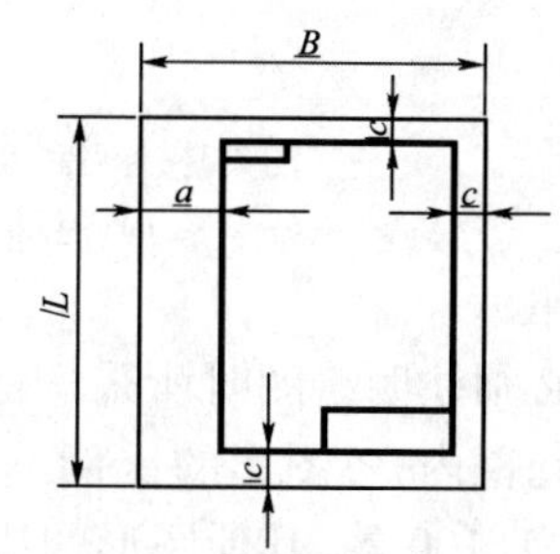

图 2-2　图纸边框格式(图纸面积单位:m^2)

绘制船体图样时,应采用表 2-2 中规定的比例。

图样的比例　　表 2-2

比例种类	采用的比例
原值比例	1:1
缩小的比例	1:2　1:2.5　1:5 1:10　1:20　1:25　1:30　1:40　1:50　1:75 1:100　1:150　1:200　1:250
放大的比例	2:1　2.5:1　5:1　10:1　50:1　100:1

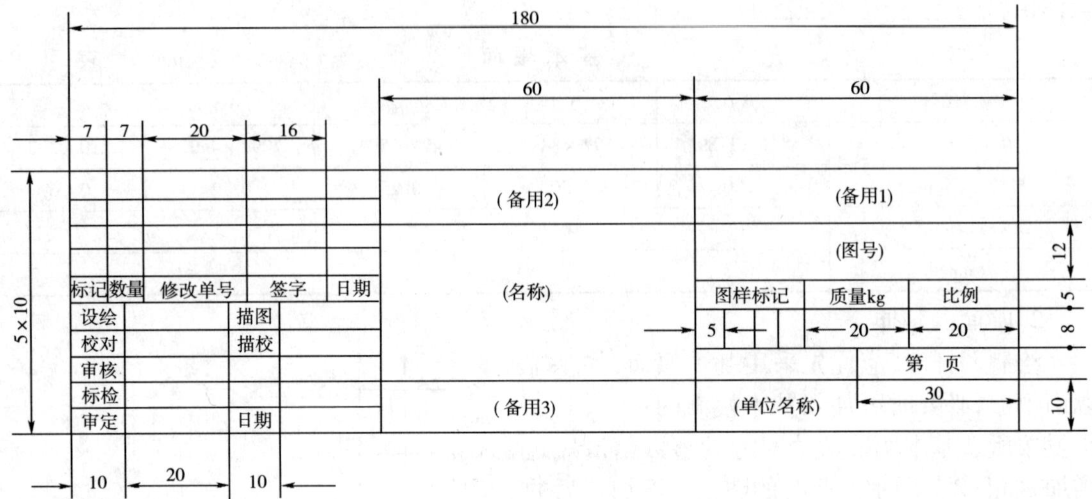

a)

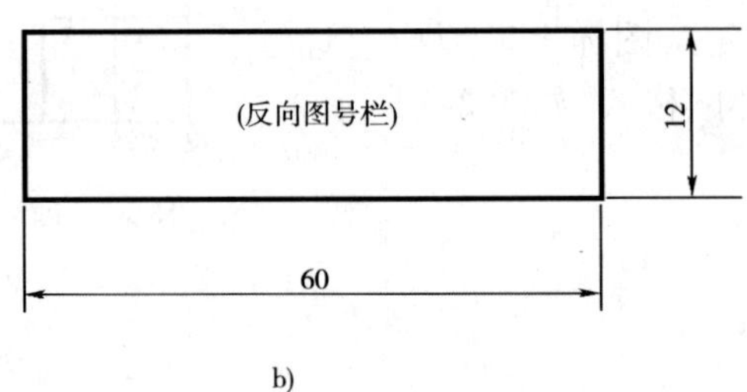

b)

图 2-3　标题栏及反向图号栏(尺寸单位:mm)

a)图样标题栏;b)反向图号栏

2. 比例的标注

每张图样都必须注明绘图时所采用的比例,同一图样中,各图形采用的比例相同时,则将比例标注在标题栏内;各图形的比例不一致时,则将主要视图的比例标注在标题栏内,书写的方式为 1∶50,1∶100 等,其他图形的比例应标注在各图形名称线的下方,见图 2-4。

3. 书写方法

国家标准《金属船体制图》对文字的书写作了规定,现将有关主要内容介绍如下:

1)文字书写的要求

在所有的图样和技术文件中,书写汉字、数字和字母时都必须做到:字体端正,笔画清楚,排列整齐,间隔均匀。汉字应写成长仿宋体,并应采用中华人民共和国国务院正式公布推行的《汉字简化方案》中规定的简化字。字体的高度即号数,一般采用 10mm、7mm、5mm、3.5mm、3mm、2.5mm、1.8mm 七种。根据图纸幅面、内容和书写位置等情况选用。

用作指数、脚注等的数字或字母,一般采用小一号字体。

2)文字说明编号的规定

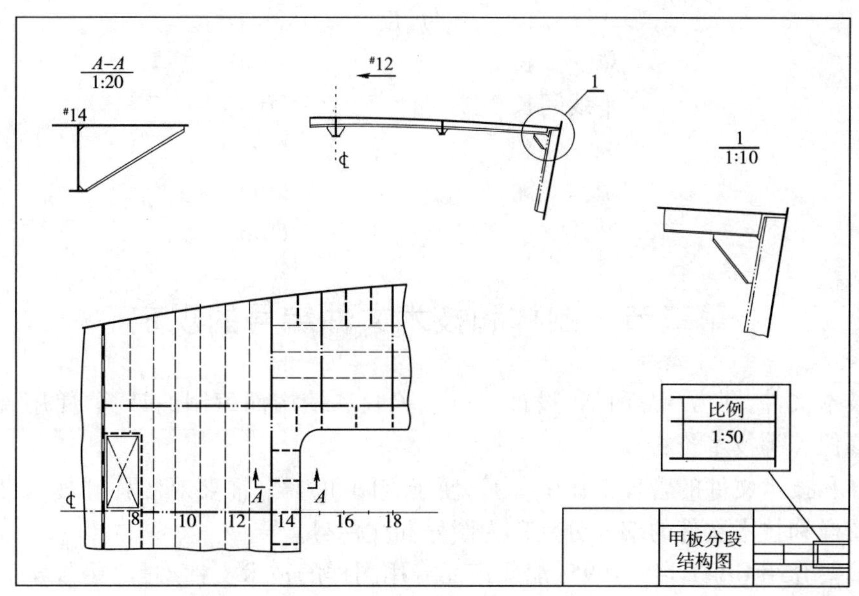

图 2-4　比例的标注

船体制图的技术文件按其内容可分成若干章、条进行叙述，章、条的编号采用阿拉伯数字加下脚点制，下脚点为圆点，加在阿拉伯数字的右下角。编号方法可参见下列的编号示例来进行：

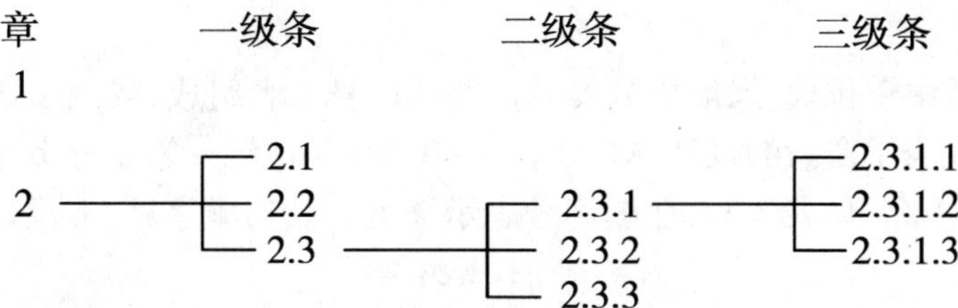

3）计量单位的书写

计量单位应采用中华人民共和国法定计量单位，并用规定的符号表示。

图样中的尺寸，以毫米为单位时，不需标注其计量单位的符号，如采用其他单位时，则必须注明。在文字叙述中列出同一计量单位的一系列数值时，可仅在最末一个数字后面列出计量单位符号。如：3.0、5.0、7.6、10.0、12.5cm。

4）数值的写法

（1）在表示分数和百分数时，不得将数字与汉字混杂使用。例如四分之三应写成 3/4，不得写成 4 分之 3；百分之三十五应写 35%，不得写成百分之 35。

（2）船体主尺度的标注

船体主尺度以列表的形式标注，书写时应注意上、下行的小数点对正，小数点后面保留两位小数，如：

主要尺度

总　　长	59.74m
垂线间长	55.00m
型　　宽	9.50m
型　　深	5.60m
设计吃水	3.60m

第二节　图样和技术文件编号的规定

所谓技术文件，即为产品科研、设计、生产、验收和使用而编制的计算、使用说明、订货、试验和维修保养等技术资料。

在图样和技术文件的管理工作中，为了便于查阅和归档，需要对图样和技术文件进行分类编号。图样和技术文件的编号分别称为图号和文件号。

本节摘要介绍 CB/T 14—1995《船舶产品专用图样的技术文件编号》中规定的专用图样和技术文件的编号方法。通用图样和技术文件的编号方法可参阅 CB/T 13—2007 中的规定。

一　专用图样编号的组成

图样编号由下列 3 个部分组成：

1. 产品代号

产品代号通常由单位代号、船舶分类号及船舶序号三者组成，或用上级机关授予的其他代号。单位代号代表了产品的设计单位名称，由主管部门授予；船舶分类是各种不同类型船舶的代号，由标准规定，见表 2-3。船舶序号表示该类产品的顺序号，由设计单位自行编定。

船舶分类号　　表 2-3

分类号	船舶类别	示　　例
1	战斗舰艇	
2	海洋开发用船	海上钻井装置、钻井驳船、浮油回收船、采油用平台、海底采矿船等
3	客船、客货船、货船	客船、客货船、旅游船、杂货船、散装货船、集装箱船、滚装船等
4	油船、液货船	成品油船、原油船、食用油船、沥青船、液化气船等
5	拖船、港作船、渡船	港作拖船、海洋拖船、打捞救助拖船、工程拖船、顶推船、汽车渡船、消防船等
6	驳船、趸船、舟桥	干货驳、液货驳、甲板驳、趸船、浮舟桥、铁路舟桥、冷藏驳等
7	渔业船、农用船	渔业指导船、渔业监督船、渔业救助船、渔业加工船、水泥农用船等
8	工程船、调查船及辅助船	挖泥船、航标船、布缆船、测量船、破冰船、海洋打捞船、消磁船等

2. 专用分类号

专用分类号表明产品的设计阶段、图样的类别和性质。图样及技术文件专用分类号，参见附录一，图样及技术文件编号中的专用分类号，可用三位数表示，也可采用二位数表示，但在同一产品中，不允许有二位数和三位数专用分类号混用。

3. 分类中的图样序号

分类中的图样序号表示该类图样的顺序号，一般为三位数，也允许用两位数或一位数。

以上三部分以短横线隔开，一般结构形式为：

二　技术文件编号的组成

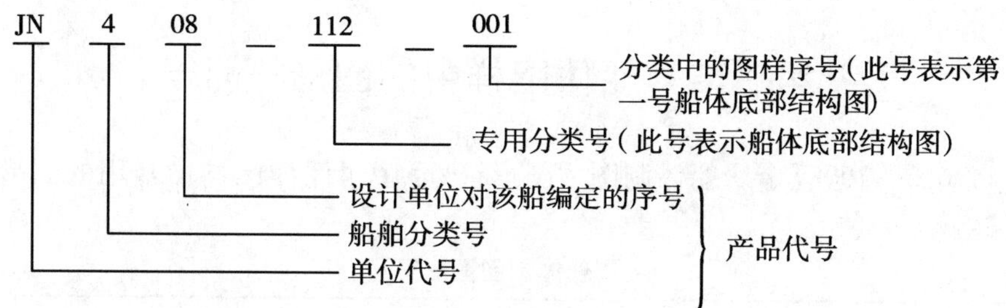

技术文件的编号方法与图样的编号方法相同，需加尾注时按表2-4规定。尾注说明文件的类别。例如JN408－208－002表示详细设计阶段船舶设备和舱面属具的第二号设备订货明细表。例如JN408－100－001TM表示总体、船体详细设计阶段的图样目录。

尾注代号　　表2-4

文件名称	尾注代号	含义	文件名称	尾注代号	含义
计算书	JS	计算	技术规格书	JG	技规
技术条件	JT	技条	技术规格表	GB	技表
说明书	SM	说明	试验文件	SY	试验
图样（技术文件目录）	TM	图目	试验大纲	SG	试纲
总结	ZJ	总结	研制任务书	YR	研任
履历簿（表）	LL	履历	报告	BG	报告
明细表	MX	明细	标准化大纲	BD	标大
汇总表	HZ	汇总	标准化审查报告	BS	标审
证明书	CM	证明	可靠性大纲	KG	可纲
工艺文件	GY	工艺	经济成本核算	HS	核算
评审报告	PS	评审	清单	QD	清单
技术任务书	JR	技任			

三　其他规定

（1）多方案设计的产品，可在产品代号后加注 F_1、F_2、F_3……以表示方案顺序，例如JN406F3－000－001表示第三设计方案。

（2）产品改型设计的图样和技术文件编号除按规定外，应在产品代号后加注Ⅰ、Ⅱ、Ⅲ……以示区别，例如JN408Ⅱ－112－001表示JN408产品Ⅱ型图样。

（3）船舶产品定型图样的技术文件编号除按规定外，可在产品代号后加注字母"D"表示，例如JN408D－112－001表示JN408产品定型图样。

（4）产品改装设计的图样及技术文件，其产品代号除按规定外，可在产品代号后加注

G_1、G_2、G_3……以示区别。如 JN408G_2 - 521 - 001 则表示 JN408 产品第二次改装设计。

(5)产品制造过程中,如对外来图样及技术文件进行补充或局部修改,可在编号的产品代号后,加注该单位代号以示区别。如 JN408DL - 521 - 001 则表示 DL 单位对 JN 单位图样的补充或局部修改的图样。

(6)图样有较大修改,需再版时,可新编图号或在原图号后加注 A、B、C……以示区别。如 JN408 - 521 - 001A,即表示 JN408 产品第一次修改的图样。

第三节　船体图样中的图形符号

GB/T 4476.2—2008《金属船体制图　图形符号》中对船体图样中常用的图形符号作了规定,见表 2-5。

金属船体制图图形符号　表 2-5

序号	名称		符号	示例
1	吃水符号		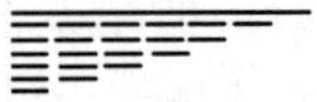	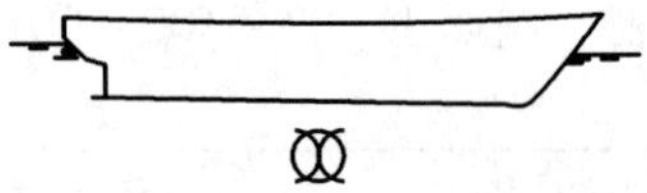
2	船中符号			
3	轴系剖面符号			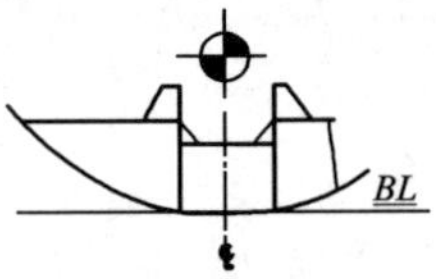 BL
4	端接缝和边接缝符号	一般接缝		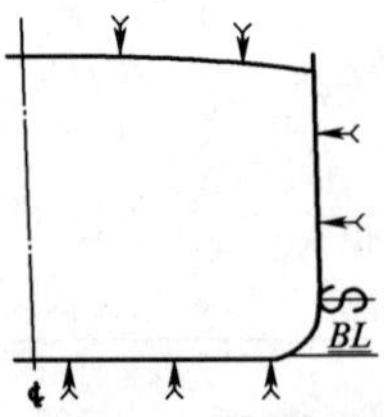 BL
		分段接缝		
5	连续符号		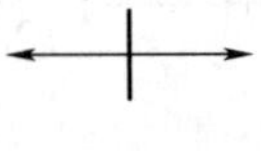	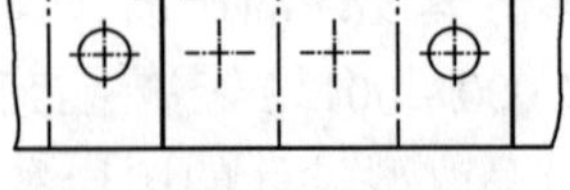
6	间断符号		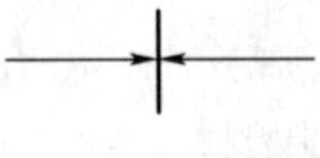	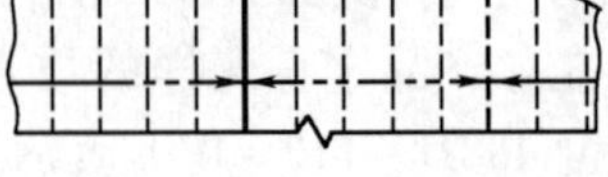

续上表

序号	名　称	符　号	示　例
7	视向符号	l l/4~l/2	A
8	肋位符号	FR 或 #	FR50 或 #50
9	小开口剖面符号		A—A A　A B　B—B
			舱底
10	剖切符号		A　A B　B

第四节　图线及其应用

图线除了组成图形表示船体、设备、构件的形状外，在结构图样中还以不同图线表示不同构件在视图中的投影。因此，熟悉船图中图线的型式及其应用范围，正确掌握图线的画法，对于绘制和阅读船体图样是十分重要的。

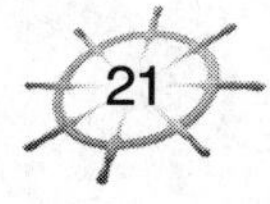

一 图线的型式及应用范围

GB/T 4476.1—2008《金属船体制图　一般规定》中规定，船体图样应采用的图线型式及其应用范围，见表2-6。

图线的型式及应用范围　　表2-6

序号	名称	型　式	应用范围	示　例
1	粗实线	————	a. 板材、骨材剖面简化线； b. 设备、部件可见轮廓（总布置图除外）； c. 名称线	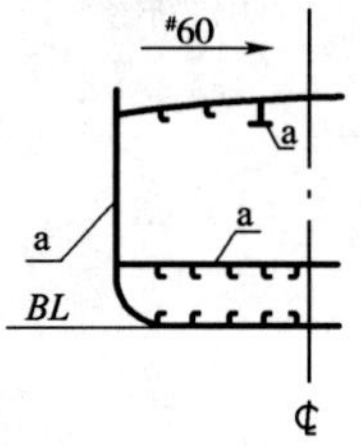
2	细实线	————	a. 可见轮廓线； b. 尺寸线与尺寸界线； c. 型线； d. 基线； e. 引出线与指引线； f. 接缝线； g. 剖面线； h. 规格线	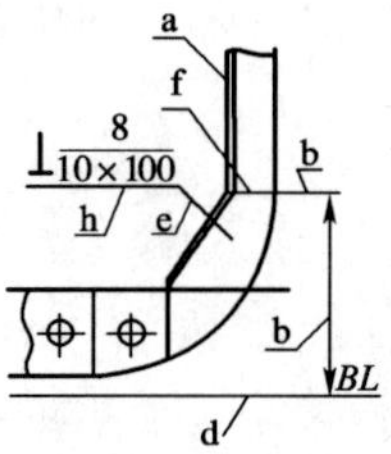
3	粗虚线	— — — — — — —	不可见板材简化线（不包括规定采用轨道线表示的情况）	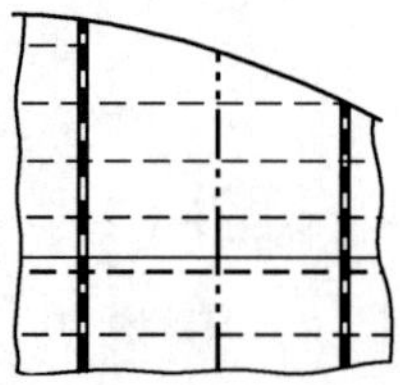
4	轨道线		主船体结构图内不可见水密板材简化线（肋骨型线图、分段划分图等除外）	
5	细虚线	—— —— ——	a. 不可见轮廓线； b. 不可见次要构件（肋骨、横梁、纵骨、扶强材等）的简化线	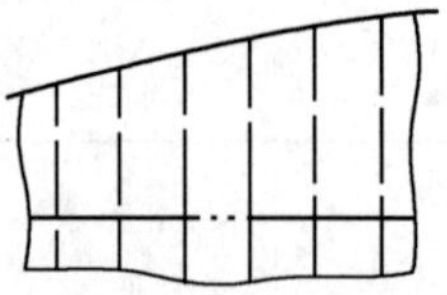
6	粗点划线	———·———	a. 可见主要构件（强肋骨、舷侧纵桁、舱壁桁材等）的简化线； b. 钢索、绳索、链索等的简化线	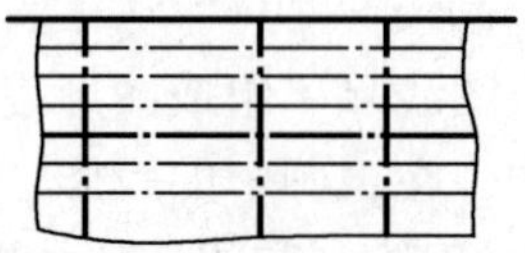

续上表

序号	名称	型　　式	应用范围	示　　例
7	细点划线	——— · ——— · ———	a. 中线线； b. 可见次要构件（肋骨、横梁、纵骨、扶强材等）的简化线； c. 开口对角线； d. 转圆线； e. 液舱范围线； f. 折角线	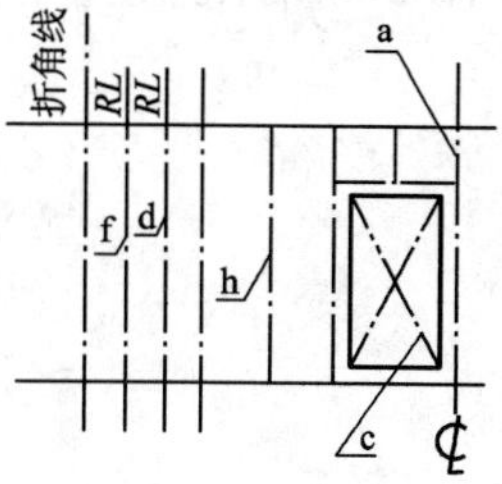 折角线 RL RL a f d h c ℄
8	粗双点划线	 ——— ·· ———	不可见主要构件（强肋骨、舷侧纵桁、强横梁、甲板纵桁、舱壁桁材等）的简化线	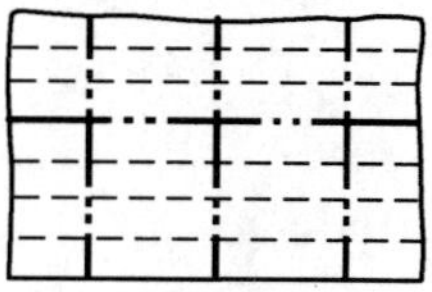
9	细双点划线	 ——— ·· ———	a. 非本图构件可见轮廓线； b. 假想构件可见轮廓线； c. 肋板边线； d. 工艺开口线	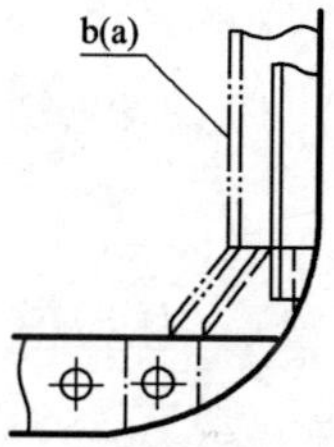 b(a)
10	波浪线		构件断裂边界线	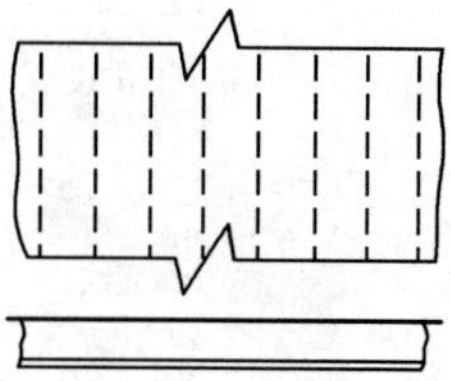
	折断线	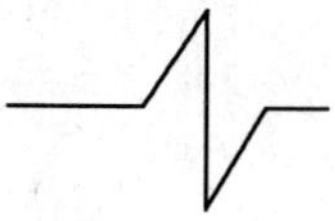		
11	斜栅线	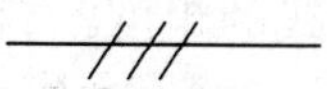 —///—	分段界线（分段划分图除外）	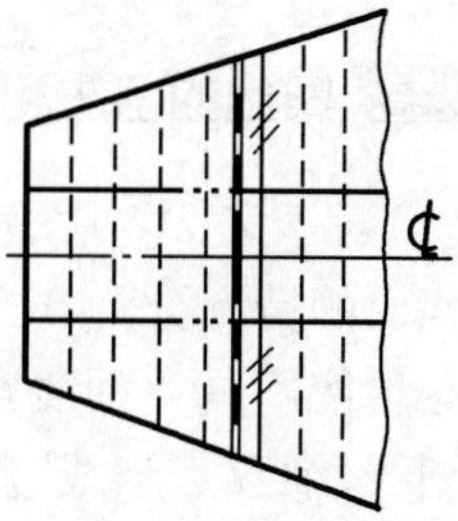 ℄

二 图线应用图例

图 2-5 所示为设备图样中图线应用的图例。

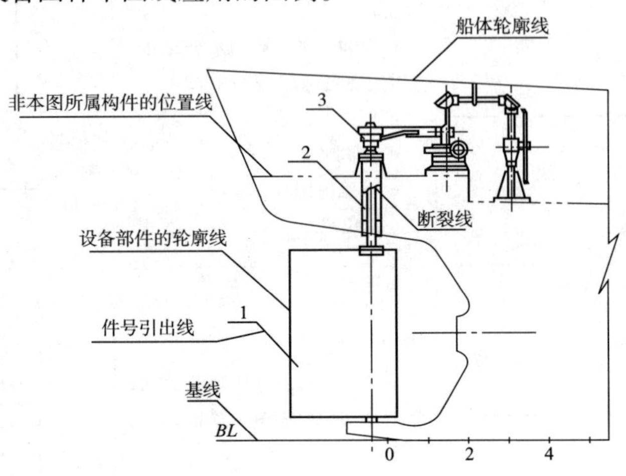

图 2-5　图线应用图例一

图 2-6 是结构图样中图线应用的图例。

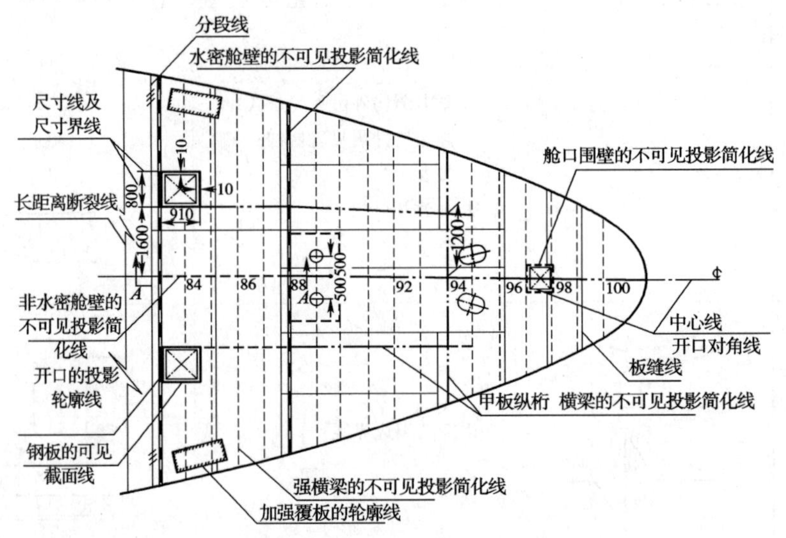

图 2-6　图线应用图例二

三 图线的画法和要求

(1)对于表 2-6 中,粗实线、粗虚线、粗点划线、粗双点划线的粗度,一般根据图样性质及图纸幅面的情况分为 0.35mm、0.5mm、0.7mm、1mm、1.4mm 五种形式,但在同一张图上的粗线应尽量使用同一种线宽;轨道线视为粗线,其中空部分的两侧为细实线;细实线、细虚线、细点划线、细双点划线、波浪线、折断线、斜栅线的宽度不应大于粗线宽度的 1/3。

图线粗细的选择应根据图形的大小、复杂程度及图样的类型而定。一般来说,图形大而简单的,图线可取稍粗些,型线图中的图线则要求细。粗细一经选定,则应保持同类图线的粗线浓淡基本一致。虚线、轨道线、点划线及双点划线的线段长短和间隔应各自大致相等。

(2)虚线、轨道线、点划线及双点划线的线段长短和间隔在国标《金属船体制图》中未作规定,画图时可按图样的具体情况而定,一般可按图2-7提供的参考数据绘制。

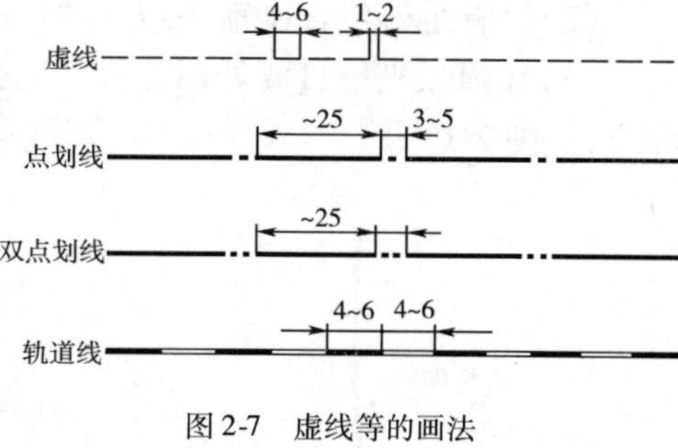

图2-7 虚线等的画法

(3)粗线应尽量画得黑而光亮,细线也应黑而清晰。通常粗线可用B或2B绘图铅笔绘制,细线可用2H绘图铅笔绘制。

第五节 尺寸注法

国家标准GB/T 4476.4—2008《金属船体制图 尺寸注法》对尺寸标注的方法作了规定,本节摘要介绍如下:

一 尺寸标注的一般原则

(1)同一构件的尺寸,一般只标注一次,规格或尺寸相同的构件可只标注一个。尺寸应标注在表示构件形状特征明显的视图中。

(2)船体构件的定位尺寸是指构件理论线距基准线的距离,或指两构件理论线之间的距离。当不符合《金属船体构件理论线》标准规定时,则需用符号"▱▱▱"表示该构件的理论线位置,见图2-8。

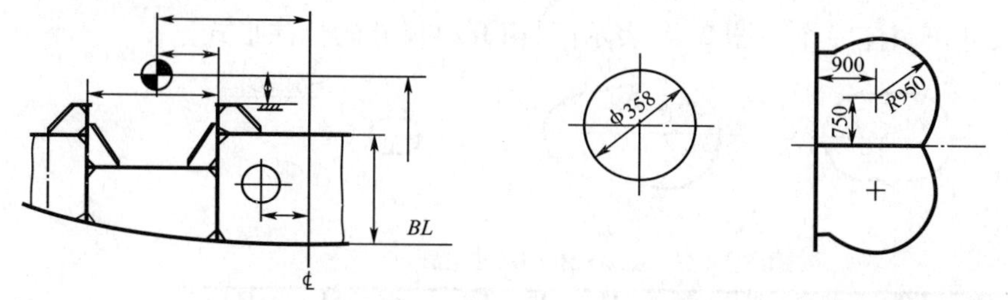

图2-8 定位尺寸的注法

图2-9 圆的直径和圆弧半径的注法

(3)定位尺寸高度方向的基准线常为基线、水线;宽度方向的基准线常为船体中线、船舷;船长方向的基准线常为中站线、站线、肋位线。

(4)待定尺寸:标注时要在尺寸数字前加符号"~"。

二 尺寸标注的一些规定

1.圆及圆弧尺寸的标注

(1)圆的直径和圆弧半径按图2-9的形式标注。当圆弧半径过大或在图形范围内无法标出其圆心位置时,按图2-10的形式标注。

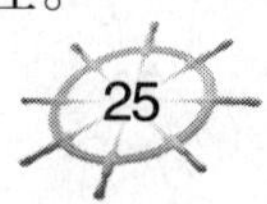

(2)没有足够位置画箭头或写数字时,可按图 2-11 的形式标注。

(3)在圆弧光滑过渡处标注尺寸,必须用细实线将轮廓线延伸,从它们交点处引出尺寸界线,见图 2-12。

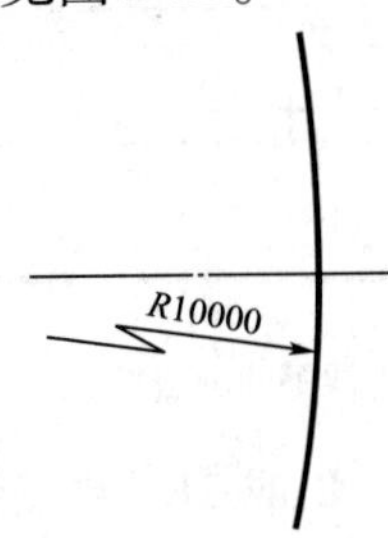

图 2-10 大圆弧半径的注法

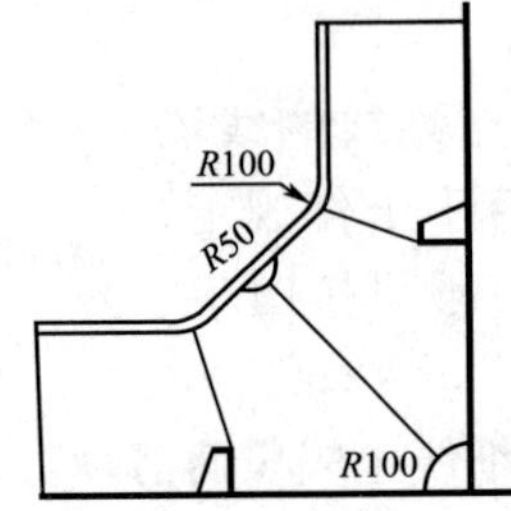

图 2-11 无足够位置画箭头或写数字时的尺寸注法

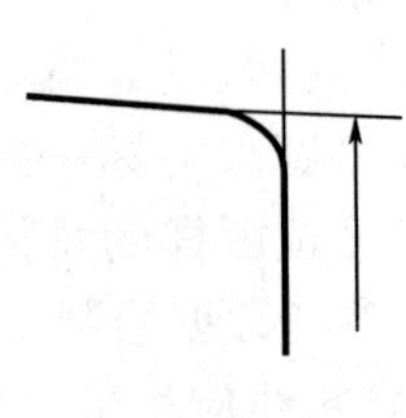

图 2-12 光滑过渡的尺寸注法

2. 倾斜度的注法

船体上某些结构的倾斜度,如烟囱和甲板室前端壁倾斜度应采用直角坐标法,而不宜采用角度标注,见图 2-13。

(1)人孔、减轻孔的开孔尺寸标注方法见图 2-14。人孔需在开孔中心线下方标明“人孔”字样,见图 2-14a)。

(2)矩形开口尺寸的标注为短边 × 长边,用“R”表示开口圆角半径。窗的开口高度为开口中心到围壁下甲板上表面的垂直距离。“h”指门的开口下缘距甲板上表面的最小高度。相同的开口尺寸可只注一个。图 2-15 表示门、窗开口尺寸的标注形式。

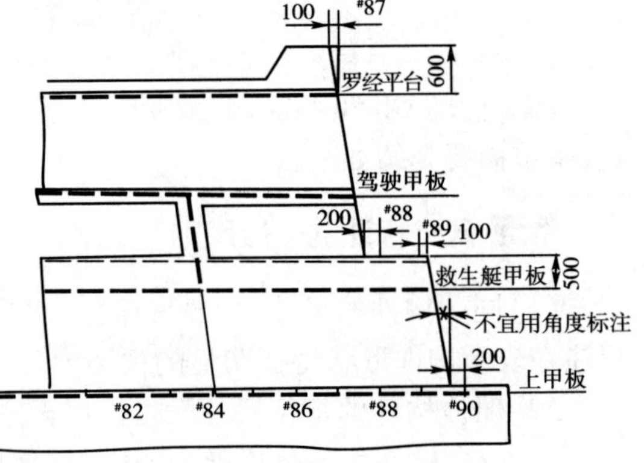

图 2-13 倾斜度的注法

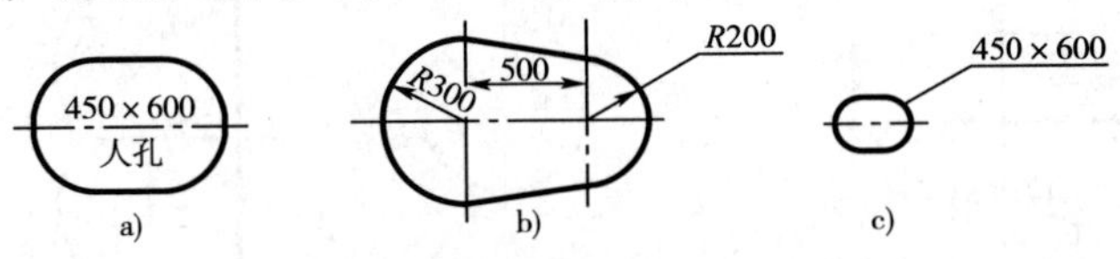

图 2-14 人孔、减轻孔的尺寸注法

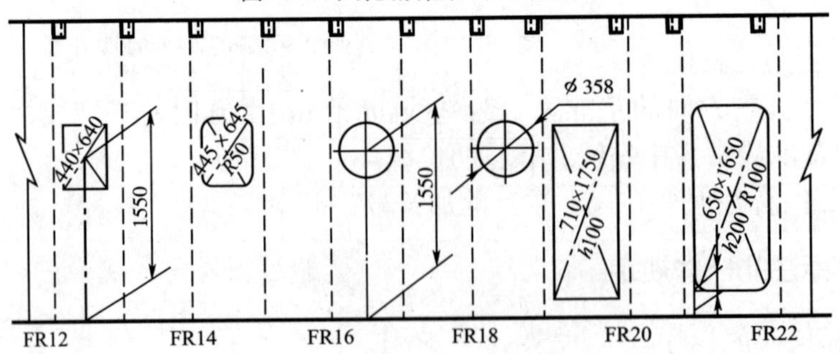

图 2-15 门、窗开口尺寸的注法

(3)流水孔、通焊孔、透气孔的开孔尺寸标注见图 2-16 所示。

3. 尺寸简化注法

(1)构件等距离布置时,构件间距尺寸可采用图 2-17 及图 2-18 所示的标注形式。

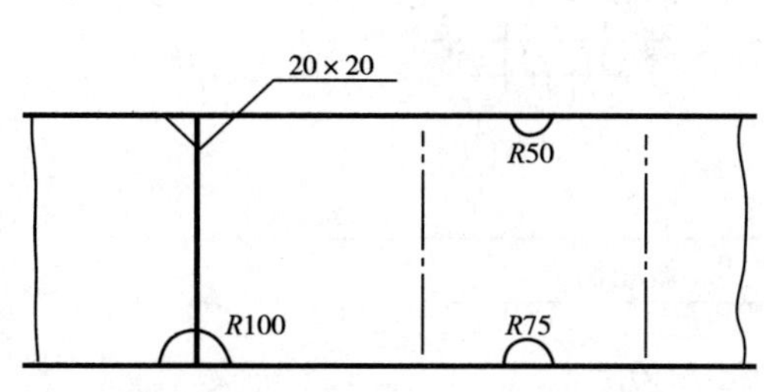

图 2-16　流水孔等的尺寸注法

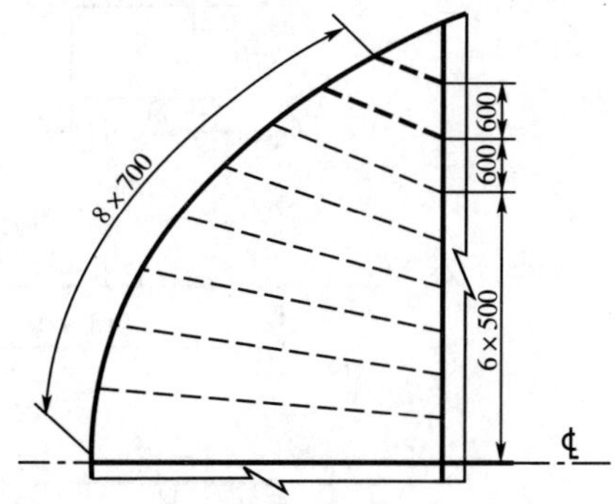

图 2-17　构件等距离布置的尺寸注法(一)

(2)当尺寸界线的一端为基准平面且尺寸线较长,则基准平面的尺寸界线可省略,如图 2-19 所示。

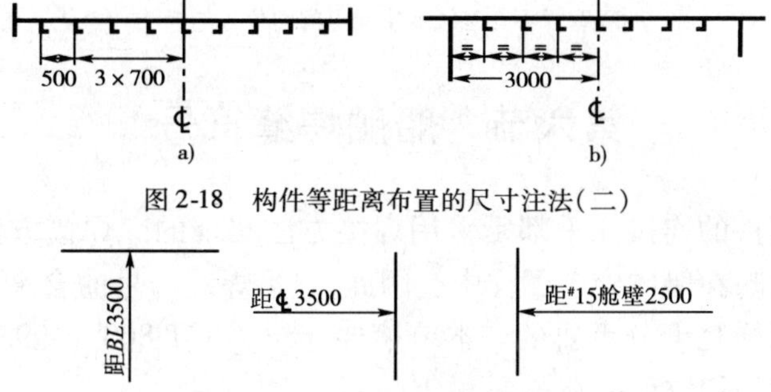

图 2-18　构件等距离布置的尺寸注法(二)

图 2-19　距基准较远时的尺寸注法

4. 曲线尺寸的注法

曲线尺寸通过标注曲线上若干点的坐标来表示,坐标值可用表格形式列出,如表 2-7 所示。图 2-20 所示为烟囱顶线和底线的尺寸注法。

烟囱型值(半宽)　　表 2-7

肋位 / 名称	74	75	76	77	78	79	80	81	82	83	84
顶线	—	—	1310	1475	1610	1685	1587	1515	1072	—	—
底线	1332	1530	1722	1890	2045	2170	2235	2200	2032	1710	1040

5. 肋位的编号及标注

民用船舶肋位由船尾向船首依次进行编号。全船性图样每隔 5 档肋距标注肋位号,肋距不同时,应分别标注出不同区域的肋距,见图 2-21。军用船舶、军用辅助船舶的肋位编号按《舰艇船体制图》的规定编号,与民用船舶不同。

船体分段结构图中,肋位按偶数标注,不满 4 个肋位的均应标注出。不在船体中线或基

线的肋位号,应在肋位号前加注“FR”或“#”,见图 2-22。

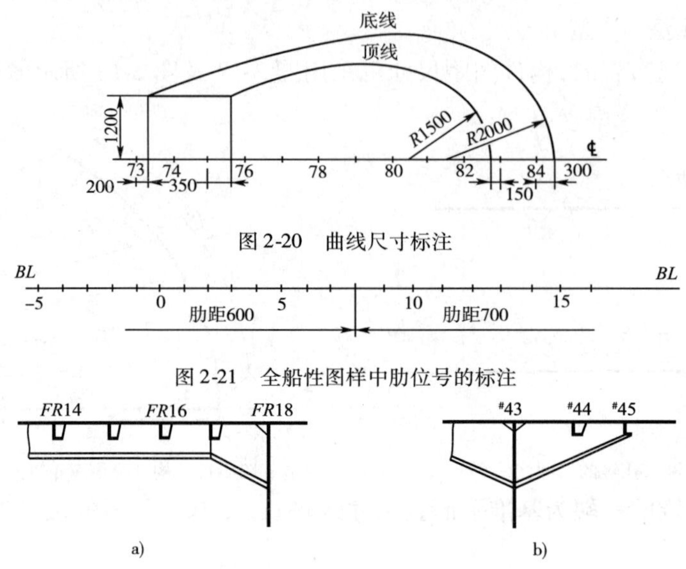

图 2-20　曲线尺寸标注

图 2-21　全船性图样中肋位号的标注

图 2-22　不在基线或中线上的肋位号的标注

第六节　船舶焊缝符号

现代钢质船体构件的连接几乎都是采用焊接方法实现的。焊接方法、焊缝型式及焊缝尺寸通过焊缝符号反映在船体施工图样中。因此,熟悉焊缝符号的含义和标注方法,对于识读和绘制船体施工图样是十分重要的。本节摘要介绍 CB/T 860—1995《船体焊缝符号》中焊缝符号的组成、符号及其标注方法。

一　焊接方法和焊缝型式

1. 焊接方法

现代船舶建造中常用的焊接方法有两类:电弧焊和电渣焊,其中电弧焊最为常用。

电弧焊是利用电弧热局部熔化焊件和填充金属(焊条和焊丝),然后凝固成坚实接缝的一种焊接方法。电弧焊分为手弧焊、埋弧焊(自动和半自动焊)、气体保护焊和等离子焊等。

电渣焊是利用电流通过液态熔渣(渣池)产生的电阻热使焊件和填充金属(电极)熔化,然后凝固成坚实接缝的一种焊接方法。根据电极的不同,分为板极、丝极和熔嘴电渣焊。

2. 焊缝型式

焊缝的型式主要取决于焊接接头的型式。焊接接头是指焊件相互连接需要焊接的部分。船体焊接中常见的焊接接头型式有:对接接头、T 型接头、角接接头、搭接接头和塞焊接头等,见图 2-23。

焊缝是焊接接头经施焊后形成的接缝。常见的焊缝型式有:

1)对接焊缝

对接接头施焊后形成的焊缝称为对接焊缝。为了保证一定的熔深和连接强度，对接焊缝又可分为I型、V型、U型等型式，见图2-24。

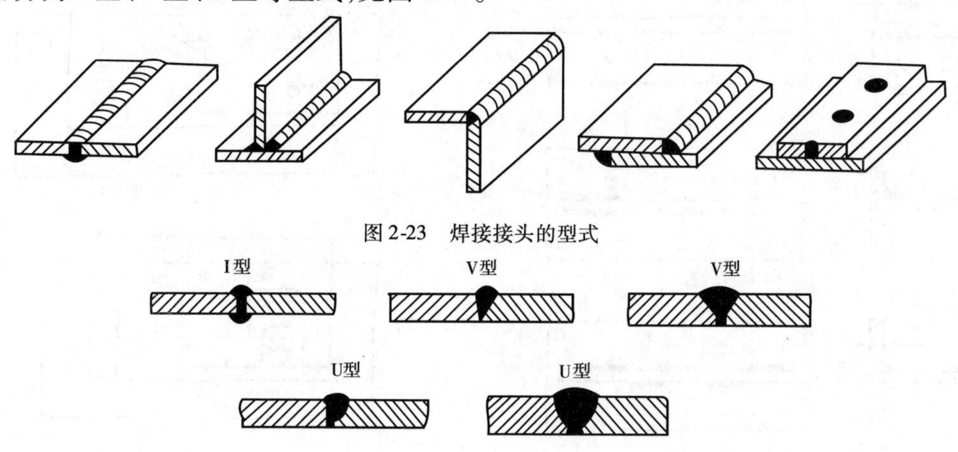

图2-23　焊接接头的型式

图2-24　对接焊缝的型式

2）角焊缝

T型接头、角接接头及搭接接头施焊后形成的焊缝称为角焊缝。角焊缝又分为连续角焊缝和断续角焊缝两种。

（1）连续角焊缝：整条焊缝连续无中断的焊缝称为连续角焊缝。连续角焊缝可以是单面的，也可以是双面的。为了保证一定熔深和连接强度，连续角焊缝也有I型、V型、U型等型式，见图2-25。

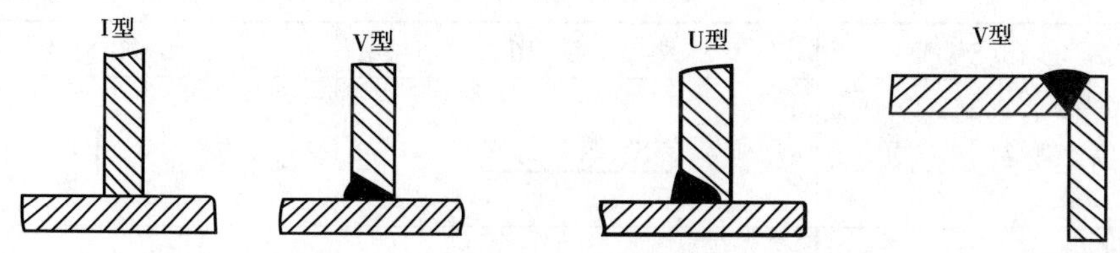

图2-25　连续角焊缝的型式

（2）断续角焊缝：间断施焊，焊缝不连续的角焊缝称为断续角焊缝。断续角焊缝又分为单面断续角焊缝、双面断续角焊缝和交错断续角焊缝3种，见图2-26，图中k为焊角高度；l为焊缝长度；e为断续焊缝的间距。

3）塞焊缝

塞焊接头施焊后形成的焊缝称为塞焊缝。塞焊缝有圆孔塞焊缝和长孔塞焊缝两种，见图2-27，图中：d为圆孔塞焊直径；l为长孔塞焊孔长；c为长孔塞焊孔宽；e为圆孔塞焊中心距或长孔塞焊间距；e_1为行距；a为沿行距方向，圆孔或长孔中心线至板边距离；a_1为沿行向，圆孔中心线或长孔边缘至板边的距离。

船体焊接中，角焊缝数量最多，对接焊缝次之，塞焊缝较少。

二　焊缝符号

CB/T 860—1995《船舶焊缝符号》规定：焊缝符号一般由焊缝基本符号与指引线组成。

必要时还可加上辅助符号、补充符号和焊缝尺寸符号及数据。

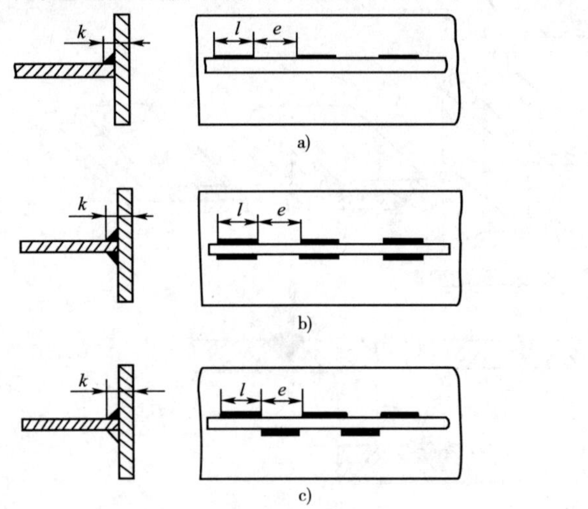

图 2-26　断续角焊缝的型式

a）单面断续角焊缝；b）双面断续角焊缝；c）交错断续角焊缝

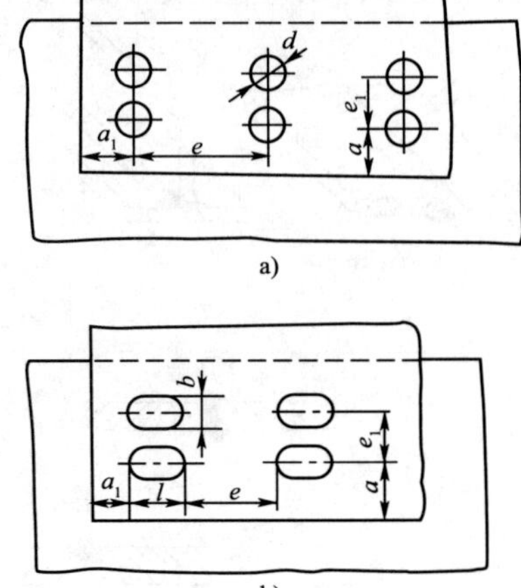

图 2-27　塞焊缝的型式

1. 焊缝基本符号

焊缝基本符号用以表示焊缝的剖面形状，是焊缝符号中必须标注的符号，用粗实线绘制。常用的焊缝基本符号如表 2-8 所示。

焊缝基本符号　　表 2-8

名　称	示 意 图	符　号
I 型焊缝		‖
V 型焊缝		V
单边 V 型焊缝		V
带钝边 V 型焊缝		Y
带钝边单边 V 型焊缝		Y
带钝边 U 型焊缝		Y

续上表

名　称	示意图	符　号
带钝边 J 型焊缝		
封底焊缝		
角焊缝		一般省略只注角焊高 *K*
塞焊缝和槽焊缝		

2. 指引线

指引线用细实线表示，一般由带有双边箭头的箭头线和基准线两部分组成，见图 2-28a)。箭头线应当倾斜，基准线一般应保持水平，箭头线可绘在基准线的左端或右端。箭头线上箭头要指向所标注的焊缝处。当图面位置受限制时，允许箭头线弯折一次，见图 2-28b)。

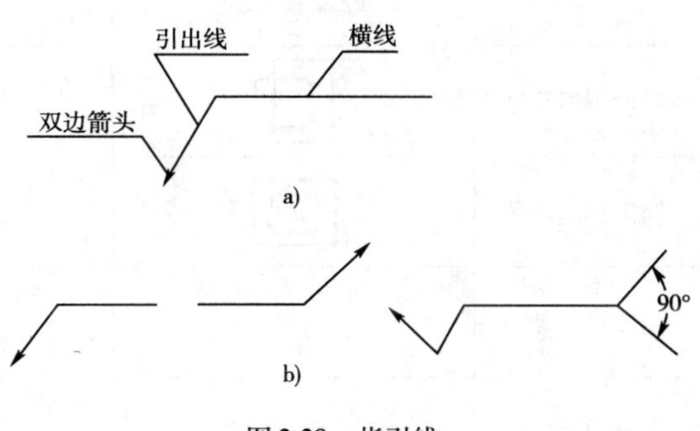

图 2-28　指引线

3. 焊缝辅助符号

辅助符号是表示焊缝表面形状特征的符号，用粗实线绘制，见表 2-9。当不需要确切地说明焊缝表面形状时，可以不用辅助符号。辅助符号的应用示例见表 2-10。

焊缝辅助符号　　表 2-9

名　称	示意图	符　号	说　明
平面符号		—	焊缝表面磨平
凹面符号		◡	焊缝表面凹陷

辅助符号的应用示例 表 2-10

名　　称	示　意　图	符　　号
平面 V 形对接焊缝		
单平面 X 形对接焊缝		
凹面角焊缝		
平面封底 V 形焊缝		

4. 补充符号

补充符号是为了补充说明焊缝的某些特征而采用的符号，见表 2-11。补充符号应用示例见表 2-12。

焊 缝 补 充 符 号 表 2-11

名　　称	示　意　图	符　　号	说　　明
带垫板符号			表示焊缝底部有垫板
三面焊缝符号			表示三面带有焊缝
周围焊缝符号			表示环绕工件周围焊缝
缓焊符号			表示不同时施焊的焊缝
尾部符号		90°	当需要时可标注焊接工艺方法

补充符号应用示例 表 2-12

示　意　图	标 注 示 例	说　　明
		表示 V 型焊缝的背面有垫板
	K	工件三面带有焊缝；*K* 表示焊缝尺寸
	K	表示在现场沿工件周围施焊；*K* 为焊角尺寸
	埋弧焊	表示 Y 型焊缝，焊接方法为埋弧焊

三 焊缝符号在图样上的表示方法

焊缝符号应在焊缝特征明显的视图中表示，以便于识读。同一焊缝的焊缝符号一般只需表示一次,见图 2-29。若干条焊缝和焊缝符号完全相同,位置又相邻近时,可以采用公共基准线,见图 2-30。焊接接头焊缝标注方法参见表 2-13 和表 2-14。

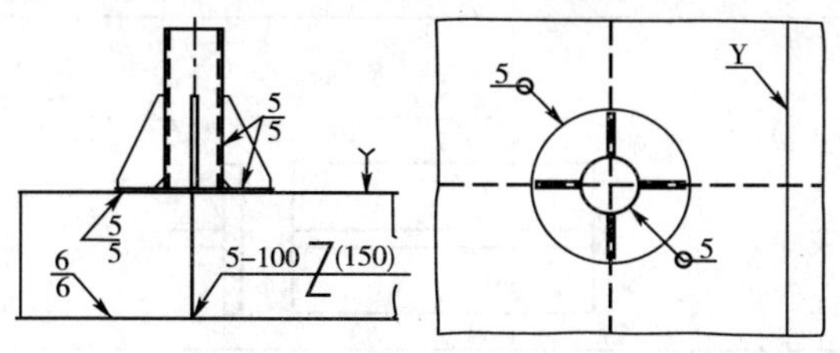

图 2-29　焊缝符号的标注例

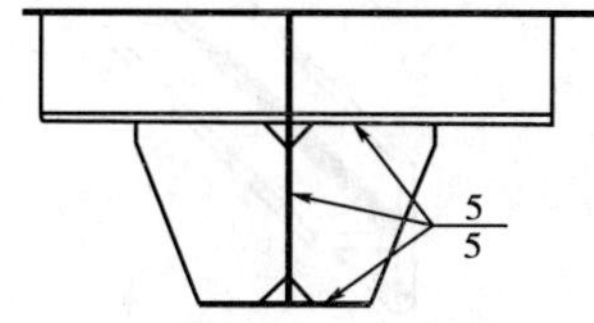

图 2-30　焊缝符号相同时的标注方法

船舶焊缝符号标注方法示例一　　　　表 2-13

形　　式	标 注 方 法	形　　式	标 注 方 法
k	k		

船舶焊缝符号标注方法示例二 表 2-14

形式	标注方法
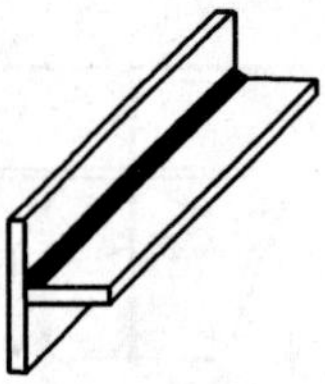	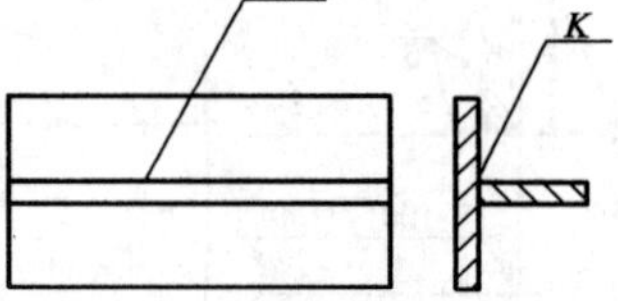 K; K
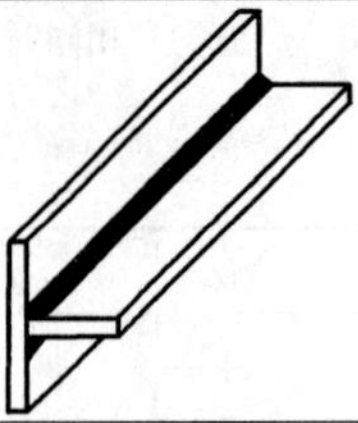	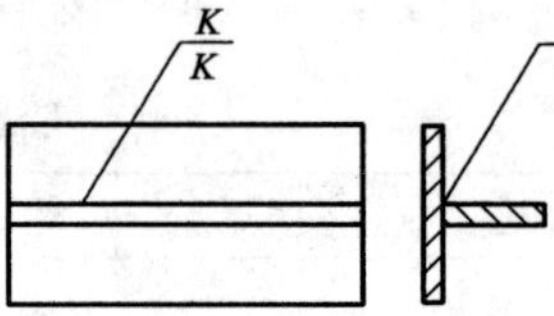 K/K; K/K
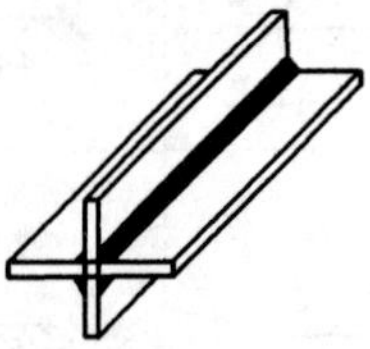	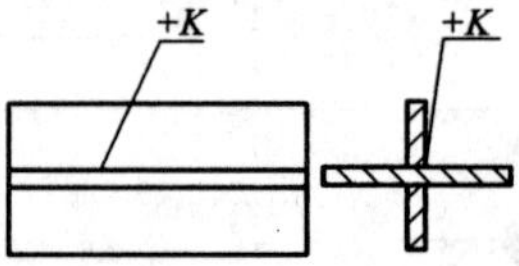 +K; +K
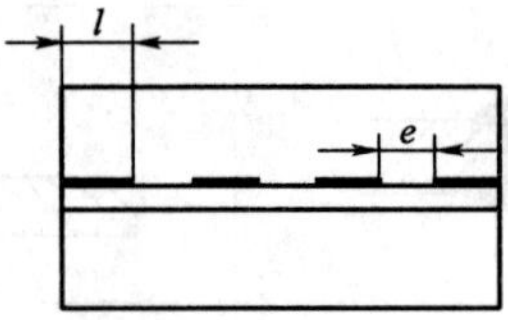 l; e	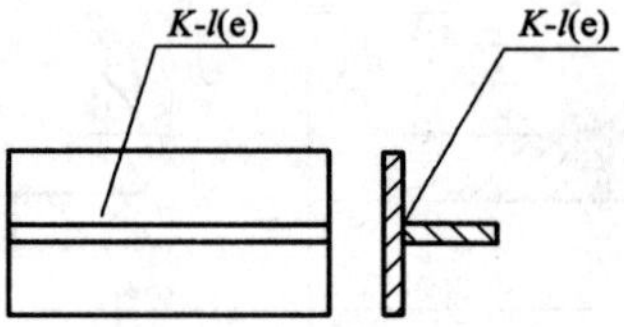 K-l(e); K-l(e)
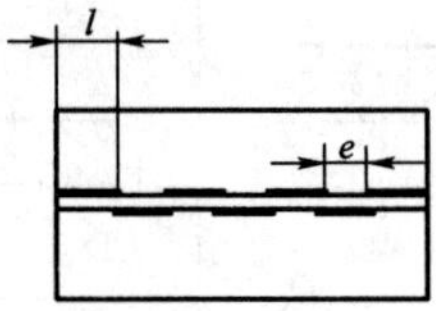 l; e	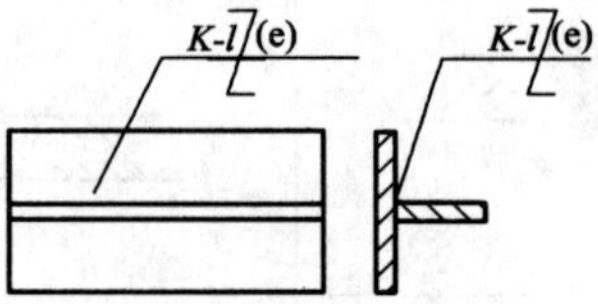 K-l⁊(e); K-l⁊(e)
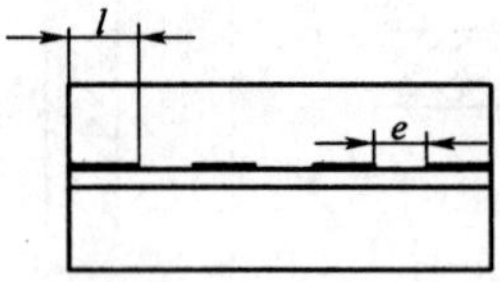 l; e	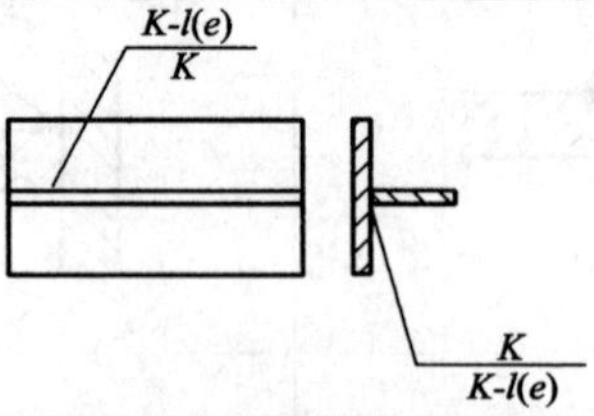 K-l(e)/K; K/K-l(e)
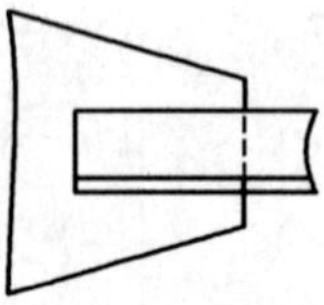	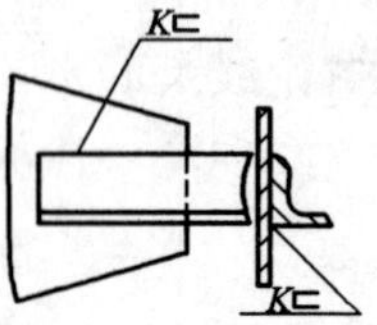 K⊏; K⊏

除上述要求外，标注焊缝符号时还应注意以下几点：

(1)基准线的上下方均可用来标注焊缝基本符号、辅助符号、补充符号和有关尺寸。当箭头指向焊缝的正面时，基本符号应标注在基准线上面，见图 2-31a)；当箭头指向焊缝背面时，基本符号应标注在基准线下面，见图 2-31b)；标注对称焊缝及双面焊缝时，应在基准线上、下两面同时标注，见图 2-31c)。

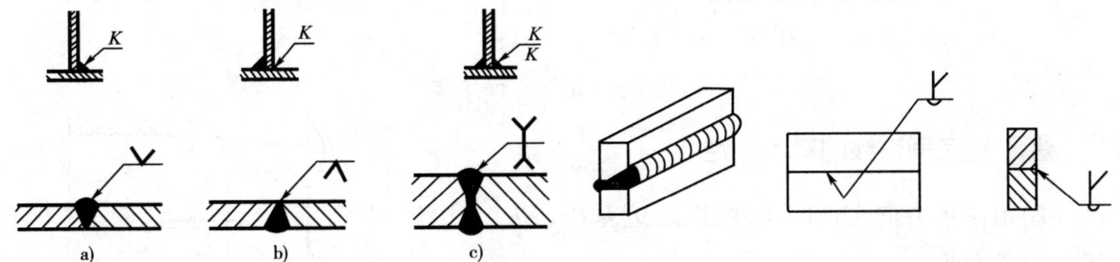

图 2-31　基本符号的标注方法　　图 2-32　单边 V 型、单边 U 型焊缝符号的标注

(2)标注单边 V 型、单边 U 型的焊缝符号时，箭头应指向带有坡口一侧的工件，见图 2-32。

(3)两个以上构件连接后产生的焊缝不能作为双面焊缝，其焊缝符号和尺寸应分别标注，见图 2-33。

(4)坡口尺寸标注，有时可将焊缝部位放大，在局部详图上进行标注，见图 2-34。

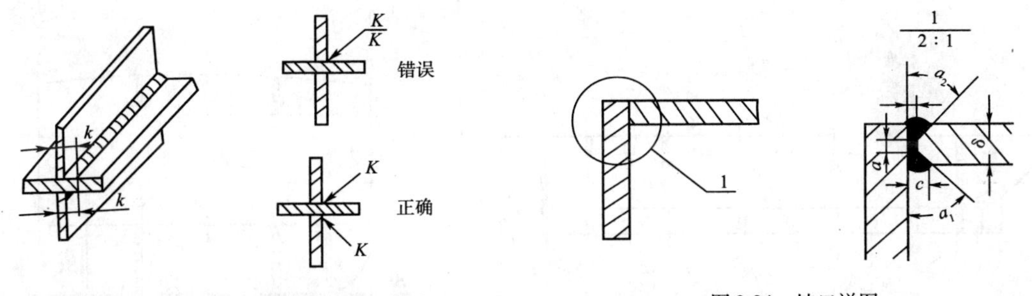

图 2-33　两个以上构件连接焊缝符号的标注　　图 2-34　坡口详图

第七节　金属船体构件理论线

船体结构图样常采用小比例绘制，构件又通常用不同图线表示其投影。因此，图样中构件的定位尺寸可能出现不同理解，如图 2-35a) 中的舷侧纵桁距基线的距离为 3100mm，可能会被理解为图 2-35b) 中所示的多种情况。为了给予明确的表示，CB/T 253—1999《金属船体构件理论线》规定了船图中定位尺寸的度量原则。

船体构件理论线是确定构件定位尺寸的依据，在船体建造时是确定船体构件安装位置的基准线。理论线在图中以 *ML* 表示。为了简明易记，本节将 CB/T 253—1999 标准的主要内容归纳如下。

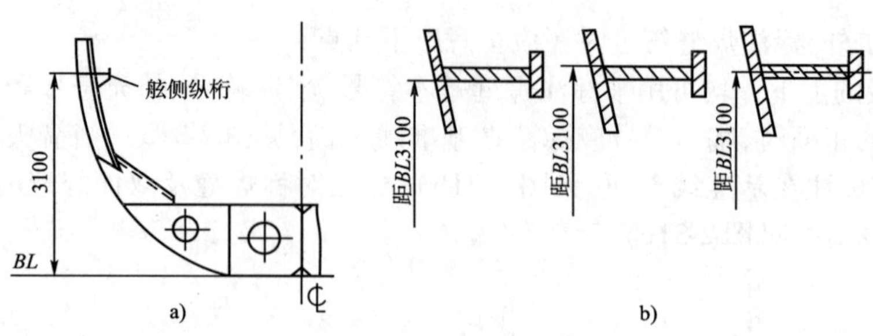

图 2-35　定位尺寸的度量

一 确定理论线的基本规定

(1)沿高度方向定位的构件,以靠近基线(*BL*)一边为理论线,见图 2-36。

(2)沿船长方向定位的构件,以靠近船中(⊗)一边为理论线,见图 2-37。

(3)沿船宽方向定位的构件,以靠近船体中线(℄)一边为理论线,见图 2-38。

(4)位于船体中线上的构件,取其厚度中间为理论线,见图 2-39。

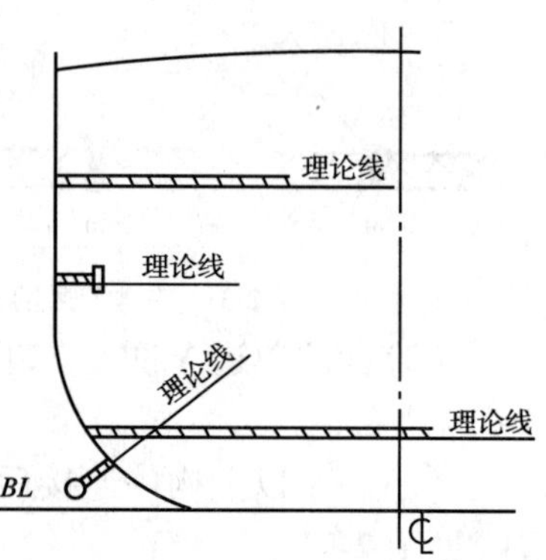

图 2-36　沿高度方向定位的构件的理论线

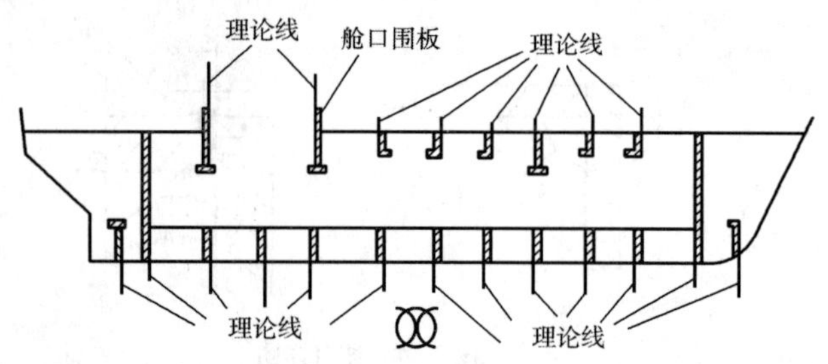

图 2-37　沿船长方向定位的构件的理论线

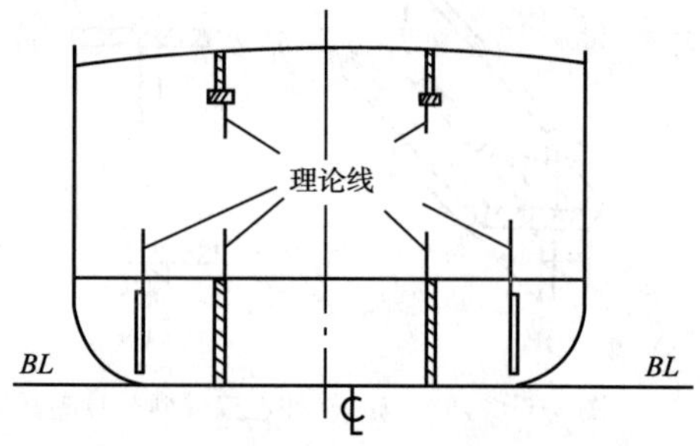

图 2-38　沿船宽方向定位的构件的理论线

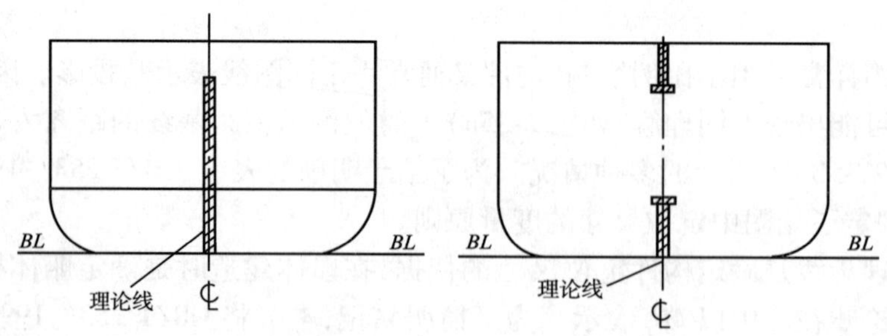

图 2-39　位于船体中线的构件的理论线

二 其他规定

下列构件或具有下列结构型式的构件，其理论线位置由下列规定确定，而与基本规定无关。

（1）不对称型材和折边板材以其背面为理论线，见图 2-37 和图 2-40。

（2）封闭形对称型材，以其对称轴线为理论线，见图 2-41。

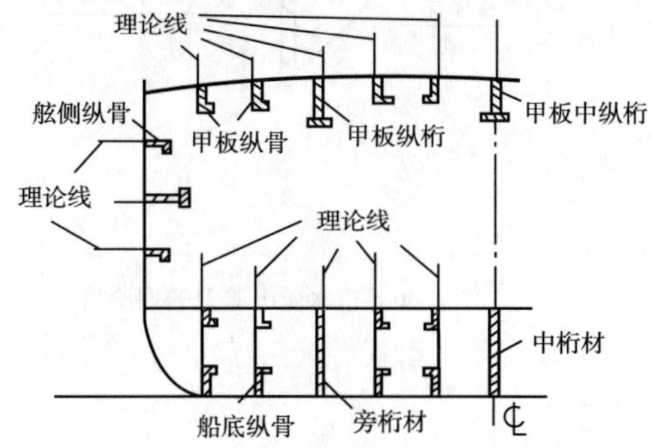

图 2-40　不对称型材的理论线

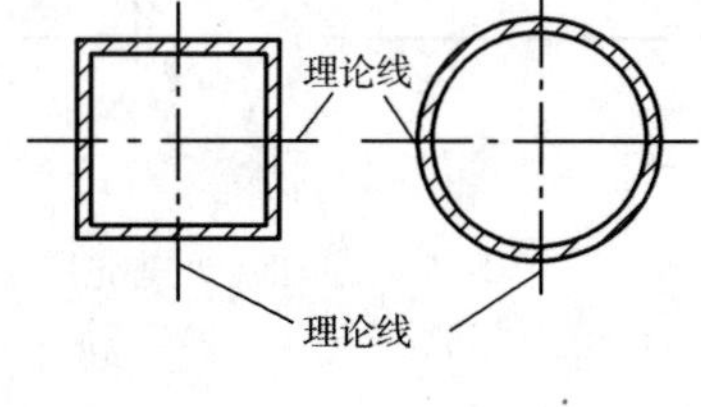

图 2-41　封闭形对称型材的理论线

（3）外板、烟囱、轴隧以板的内缘为理论线，见图 2-42。锚链舱围壁以其外缘为理论线，见图 2-43。

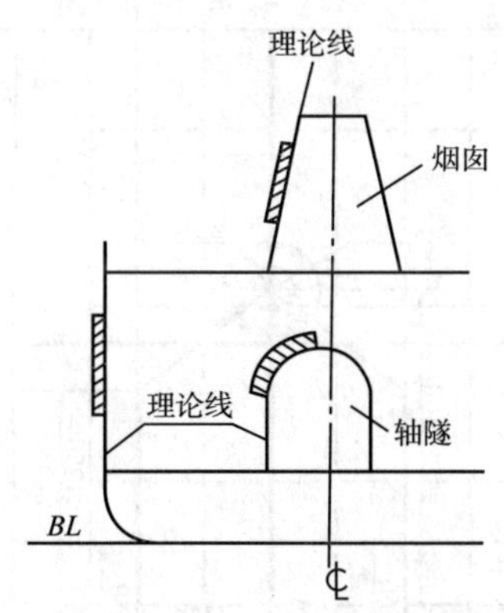

图 2-42　外板、烟囱、轴隧的理论线

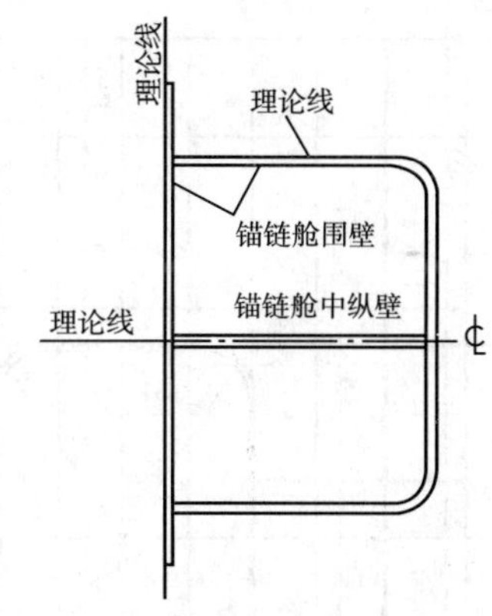

图 2-43　锚链舱围壁的理论线

（4）基座纵桁腹板以靠近轴中心线一边为理论线，纵桁面板以面板下缘为理论线。与基座纵桁连接的旁桁材或旁内龙骨以及基座纵桁下的旁桁材的理论线同基座纵桁一致，见图 2-44。

（5）舱口围板以靠近舱口中心线一边为理论线。舱口纵桁以及舱口端围板所在肋位的横梁、肋骨、肋板的理论线与舱口围板一致，见图 2-37 和图 2-45。

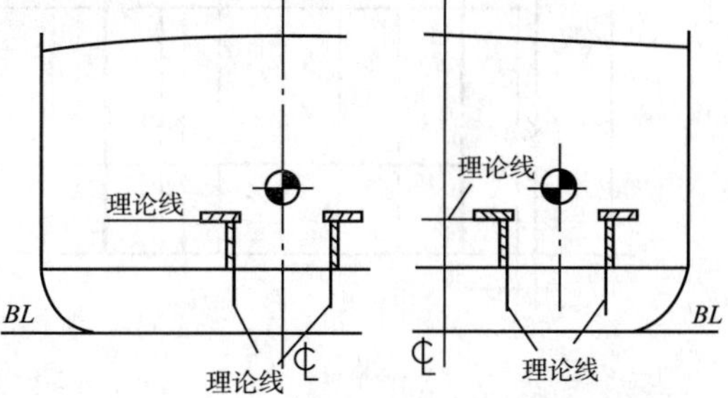

图 2-44　基座纵桁的理论线

（6）边水舱的纵舱壁以布置扶强材一边为

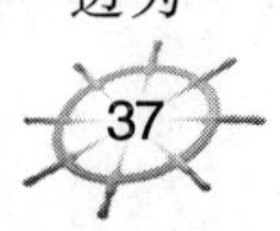

理论线,见图 2-46。

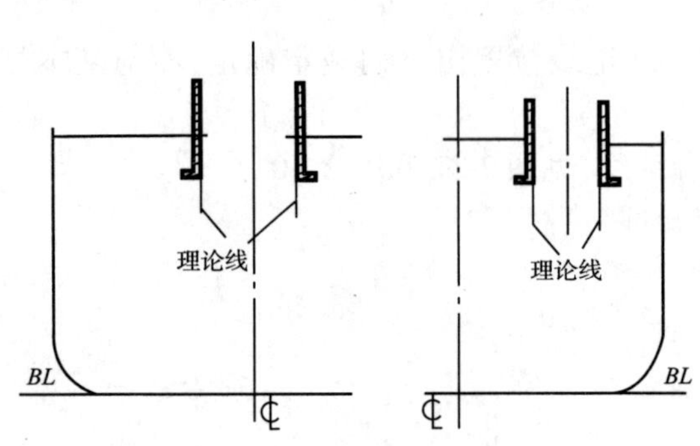

图 2-45 舱口围板的理论线

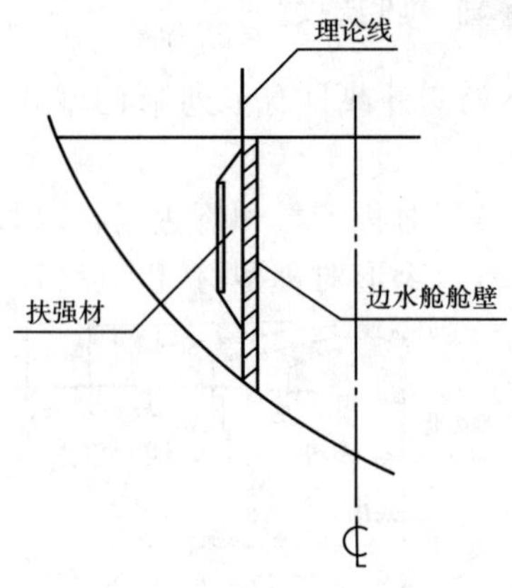

图 2-46 边水舱纵舱壁的理论线

习 题

1. 用 A_3 幅面图纸以 1∶50 的比例画出习图 2-1。

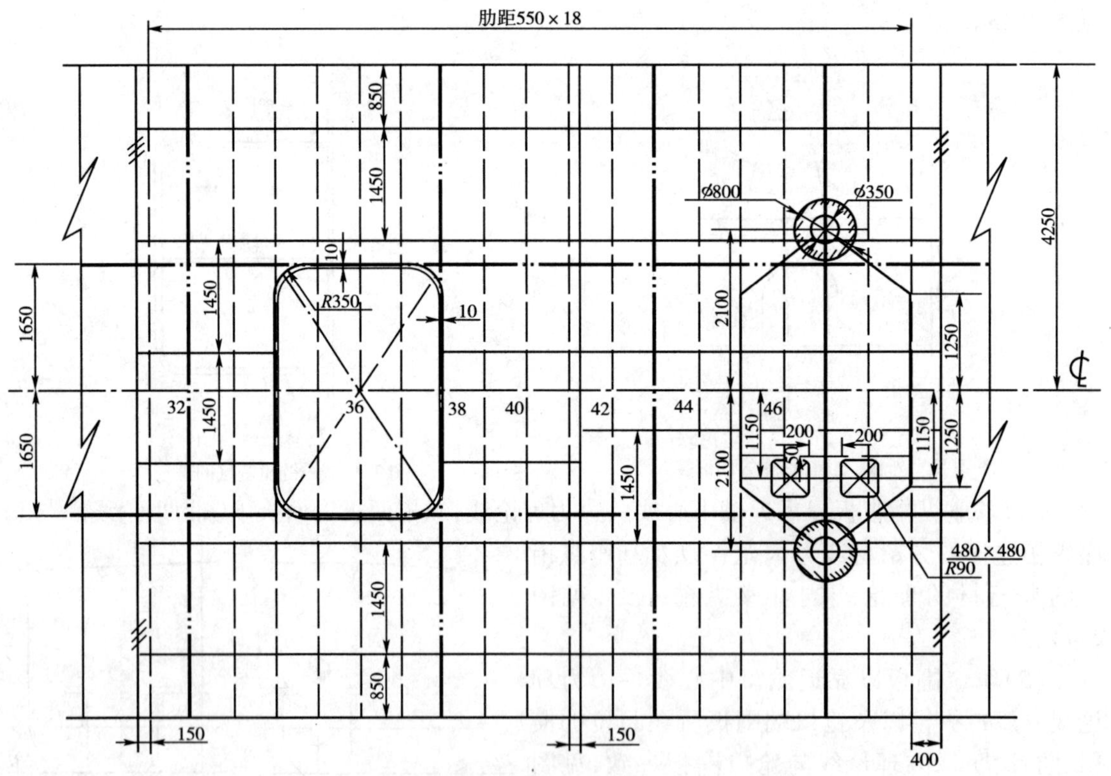

习图 2-1 图线及比例尺练习

2. 熟知尺寸标注的一般原则,掌握尺寸标准的规定。

3. 什么叫角焊缝？角焊缝分为哪几种？角焊缝在图中如何标注？

4. 什么叫理论线？请按标准的规定在习图 2-2 中标注板和型材的理论线位置。

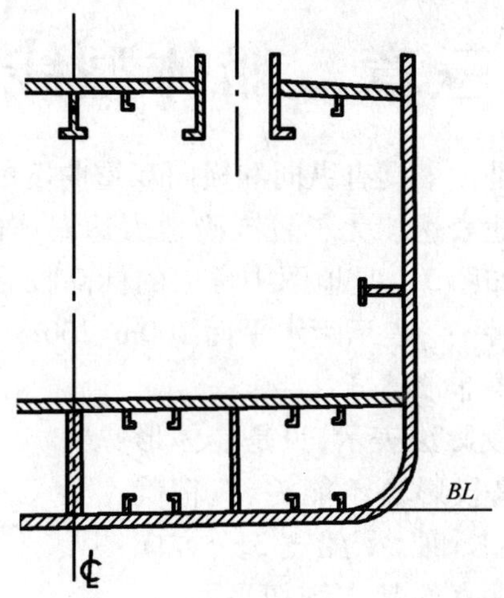

习图 2-2　理论线位置标注练习

第三章　船体型线图

船体外板所构成的表面是一个具有纵向和横向双重曲度的表面,形状复杂,它的真实形状不能用正投影三视图完整地表达。为了较准确地表达船体的形状,人们采用的是剖切投影的方法——标高投影法。如图3-1是地图中常用的标高投影法表示山的形状。它是以水平面作为基准面,100m、200m……,表示距水平面100m、200m等高处的截面形状,从而将山在高度方向的形状变化表示得非常清晰。

船体的形状也可用标高投影法表示,只是船体形状复杂,仅用一个方向的标高投影还不能完整、精确地表示出船体的形状,需在船长、船深、船宽3个方向"标高投影",即用3个相互垂直的基本剖切平面,并分别用3组平行于这3个基本剖切平面的平面与船体相截,得到3组曲线,投影到3个投影面上,才可得到表示船体曲面形状的图样——型线图。

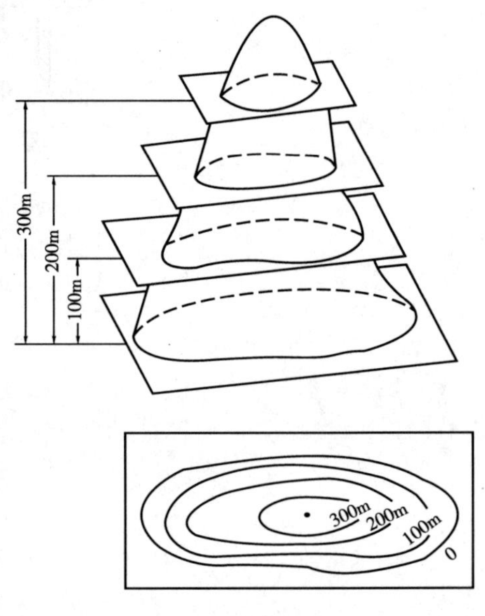

图3-1　山的标高投影

金属船体的外板是由钢板构成的,钢板具有厚度,船体的外板具有内表面和外表面两个表面,而型线图所表示的曲面形状是船体外板内表面的形状。这是因为船体外板厚度在整个船上的分布是不相同的,内表面因要安装骨架,是平滑的曲面(外表面由于厚度不同,不是一个平滑的曲面)。型线图表示内表面的形状便于计算和施工。它所表示的形状与船体的真实形状相差一层外板厚度,故也称理论表面或型表面。

型线图是船体图样中最基本和最重要的图样之一。它除了表示船体的形状和大小外,又是船舶设计计算航海性能,绘制其他图样及船体放样工作的依据。型线图绘制的精确程度,直接影响到航海性能计算的准确性和船体建造的质量。因此,画图时必须十分仔细、谨慎。

第一节　型线图的三视图

一　3个基本剖切面

用标高投影法表示船体的形状,须先选取3个基本剖切平面。基本剖切平与船体表面的交线,应能比较清晰地反映出船体的真实外形轮廓。基于这个要求,型线图选择中线面

（正投影面）、设计水线水平面（水平投影面）、中站面（侧投影面），3个面相互垂直的平面为基本剖切平面，见图3-2。

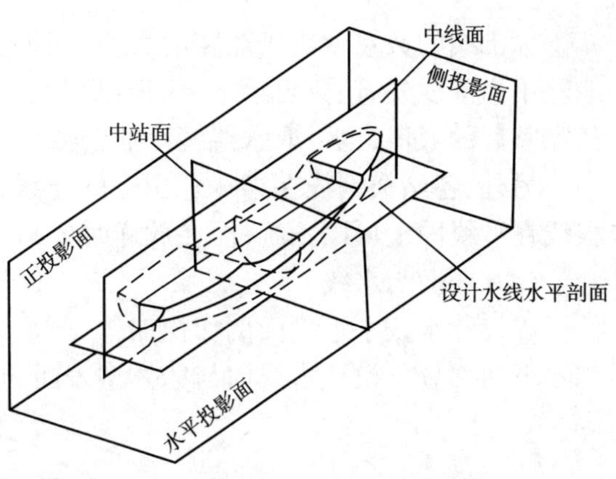

图3-2　型线图的3个基本剖切平面

1. 中线面（平行于正投影面）

将船体分为左、右对称两部分并垂直于基平面的纵向平面称为中线面。

船体制图标准规定，自船尾向船首看，左手一侧称为左舷，右手一侧称为右舷。

2. 设计水线水平剖面（平行于水平投影面）

通过船舶的设计吃水（民用船舶通常为船舶满载时的吃水线）所作的水平剖切平面，称为设计水线水平剖面。

3. 中站面（平行于侧投影面）

通过船体垂线间长的中点所作的横向垂直平面称为中站面。

这3个基本剖切平面互相垂直且相交。

二　型线图的3组型线、甲板边线、舷墙顶线及其投影

1. 纵剖面与纵剖线

型线就是船体型表面（包括其延伸部分）与剖切平面的交线。

以中线面剖切裸船体所形成的剖面，称为中纵剖面（即位于中线面处的纵剖面）。它将船体分为左、右对称的两部分。中线面与船体型表面的交线称为中纵剖线。它是由甲板线、首尾轮廓线及龙骨线所组成，见图3-3。

用平行于中线面的纵向剖切平面剖切裸船体所形成的剖面称为纵剖面。它与船体型表面的交线称为纵剖线，见图3-4。纵剖线表示了船体形状在船宽方向的变化规律。

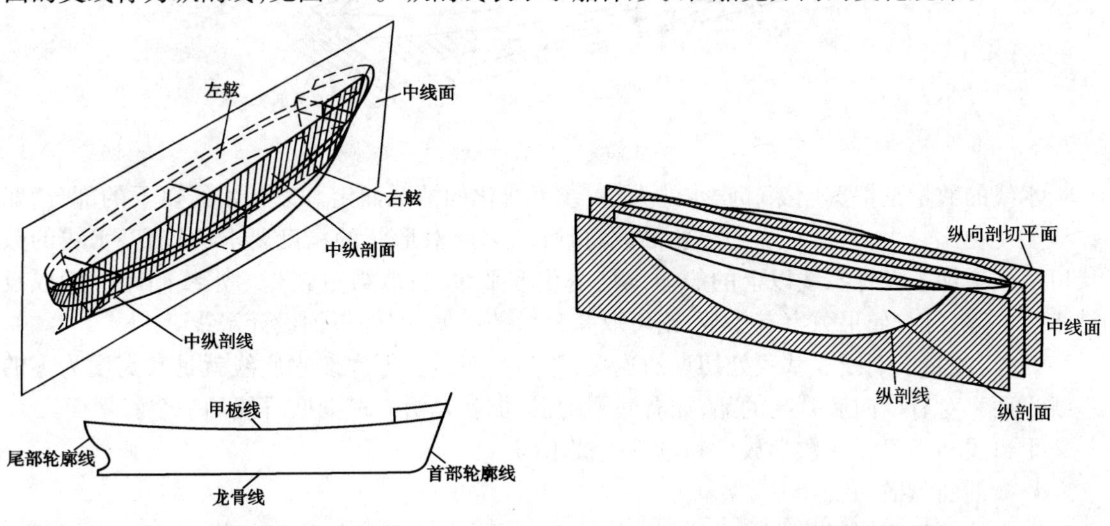

图3-3　中纵剖面与中纵剖线

图3-4　纵剖面与纵剖线

纵剖线的数量取决于船宽的大小、线型变化情况以及对型线图精确度的要求而定。一般除中纵剖线外，还要再绘 2 ~ 4 根纵剖线。纵剖线的间距可取船体半宽的等分值，或者取其完整后的数值，也可取水线间距的整数倍。

另外，各站横剖线在半宽外切点的连线，称为平边线，也就是半宽平面处的纵剖线。这根线在型线图上可以不画，而在放样时要画出来。

2. 水线面与水线

以设计水线水平剖面剖切裸船体，所形成的剖面称为设计水线面。它将船体分为水上和水下两部分。设计水线面与船体型表面的交线称为设计水线，见图 3-5。

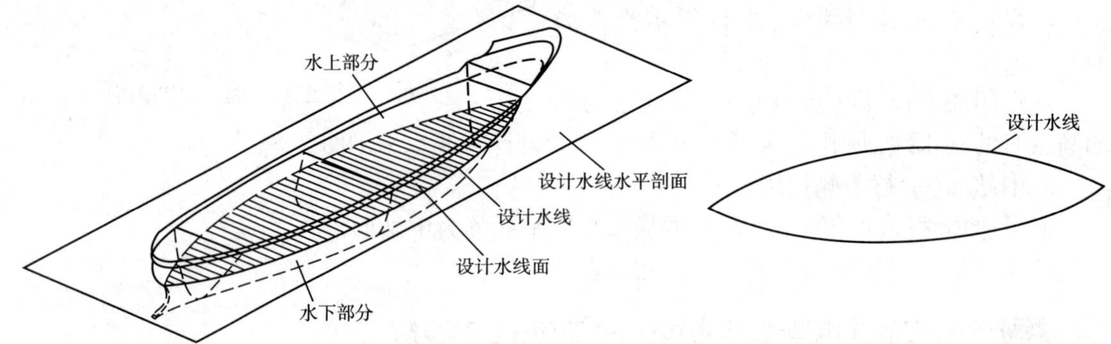

图 3-5　设计水线面与设计水线

用平行于设计水线水平剖面的剖切平面去剖切裸船体所形成的剖面称为水线面（即由水线所围成的平面）。它与船体型表面的交线称为水线。水线表示了船体形状在船深方向的变化规律，见图 3-6。

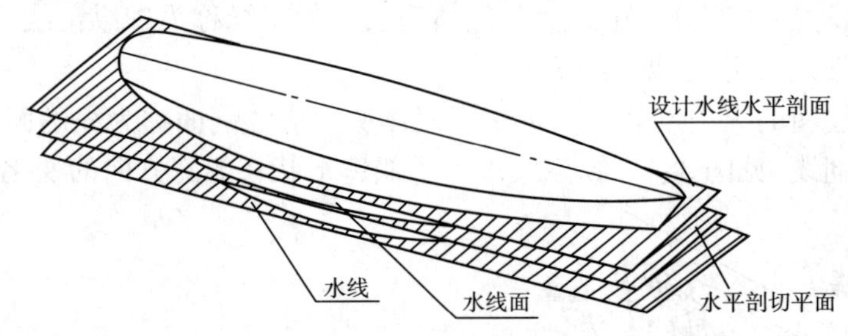

图 3-6　水线面与水线

水线的数量是根据船深和吃水的大小，线型变化的情况而定。设计水线以下的部分，船体线型变化比较大，直接影响到船舶的航海性能，因此对形状的精度要求比较高，水线的数量可适当增加。设计水线以上的船体线型变化较平缓，所取数量较少。水线间距一般取设计水线的等分值，如果数字有小数，则可取完整后的数值，另外再加设计水线。

另外，各站横剖线在基线处切点的连接，称为平底线。平底船平底线就是其高度为零的基线平面。对有横向底升高的船，如有底平的话，那就是沿着横向底升线的一个斜平面。

平边线和平底线在数学放样和电算中被用到。

3. 横剖面与横剖线

以中站面剖切裸船体所形成的剖面为中横剖面（即位于中站面处的横剖面），它将船体分为前体和后体两部分。中站面与船体型表面的交线称为中横剖线,见图 3-7。

用平行于中站面的横向剖切平面剖切裸船体,所形成的剖切面称为横剖面,它与船体型表面的交线称为横剖线,见图 3-8。横剖线表示船体形状沿船长方向变化规律。

横剖线的数量通常是根据对线型要求的精确度而定。一般将船体的垂线间长 10 等分或 20 等分,两个横剖面之间的距离称为站距。在船体的首、尾两端线型变化较大,为了提高船舶首、尾端线型的精确性,可在首尾站距的 1/2 或 1/4 处再增添横剖线。

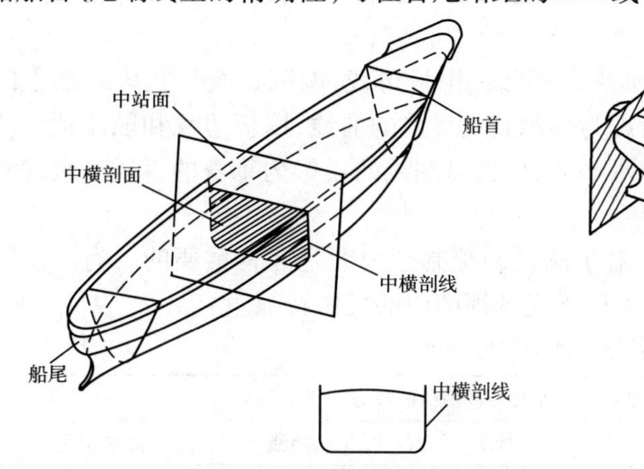

图 3-7 中横剖面与中横剖线

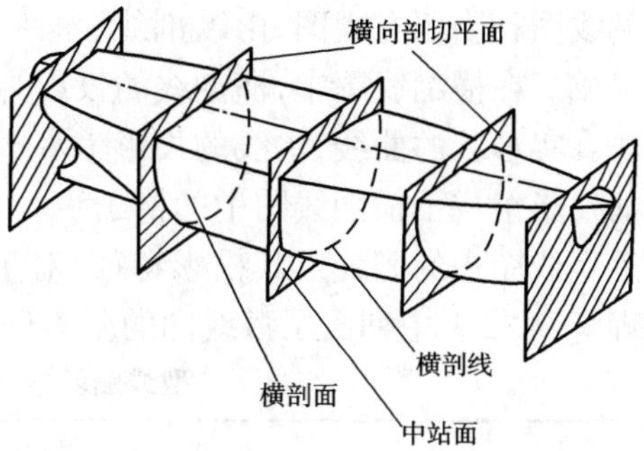

图 3-8 横剖面与横剖线

4. 甲板边线与舷墙顶线

甲板型表面与外板型表面的交线称甲板边线,即甲板型表面的边缘线。由于甲板在纵向和横向都具有一定的曲度,为复杂的曲面,而船体外板也为较复杂的曲面,因此它们的交线通常是一根空间曲线。它在 3 个基本剖切平面上的投影都是曲线,且为非真实形状的曲线。舷墙顶线是表示舷墙板内表面上端边缘形状的曲线,舷墙顶线通常平行于甲板边线,故也是一根空间曲线,它在 3 个基本剖切平面上的投影都为非真实形状的曲线,见图 3-9。

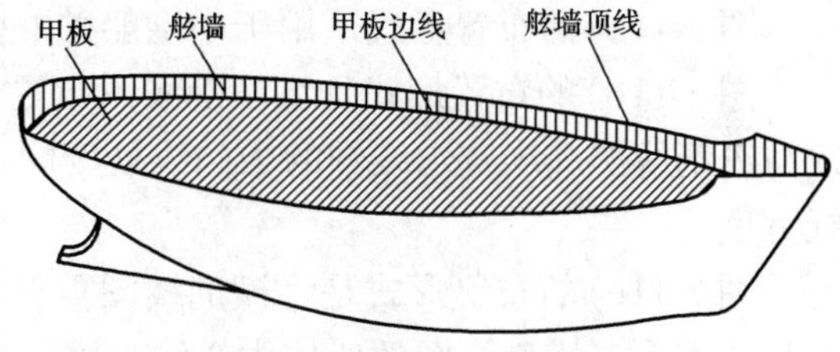

图 3-9 甲板边线与舷墙顶线

为了使各型线在 3 个基本投影面上的投影更易理解,现假定把 3 个基本投影面移出船体之外,则各型线的投影如图 3-10 所示。(见书末插页 图 3-10 型线图)

三 型线图的三视图及其配置形式

型线图由纵剖线图、半宽水线图和横剖线图组成。

1. 纵剖线图

纵剖线图相当于主视图,由纵剖线、水线、横剖线、甲板边线、舷墙顶线等在中线面上的投影所组成。在纵剖线图中,纵剖线的投影为显示真实形状的曲线,甲板边线和舷墙顶线为非真实形状的曲线,水线的投影为水平的直线,横剖线的投影为垂直的直线,这两组互相垂直的直线组成了纵剖线图中的格子线。

2. 半宽水线图

半宽水线图相当于俯视图，由纵剖线、水线、横剖线、甲板边线、舷墙顶线等在设计水线水平剖面上的投影所组成。在半宽水线图中，水线的投影为显示真实形状的曲线，甲板边线和舷墙顶线的投影为非真实形状的曲线，纵剖线的投影为水平的直线，横剖线的投影为垂直的直线。纵剖线和横剖线的投影组成了半宽水线图中的格子线。

3. 横剖线图

横剖线图相当于左视图，由纵剖线、水线、横剖线、甲板边线、舷墙顶线等在中站面上的投影所组成。在横剖线图中，横剖线的投影为显示真实形状的曲线，甲板边线和舷墙顶线的投影为非真实形状的曲线，水线的投影为水平的直线，纵剖线的投影为垂直的直线。水线和纵剖线的投影组成了横剖线图中的格子线。

熟悉型线图中的型线及其投影特征，对于阅读和绘制型线图是非常重要的。为了便于记忆和理解，表 3-1 中列出了型线图的基本型线在各视图中的投影特征。

型线图基本型线的投影特征　　表 3-1

视 图 名 称	基本型线名称及其在视图中的投影特征				
	纵剖线	水线	横剖线	甲板边线	舷墙顶线
纵剖线图	曲线(真实形状)	水平的直线	垂直的直线	曲线(非真实形状)	曲线(非真实形状)
半宽水线图	水平的直线	曲线(真实形状)	垂直的直线	曲线(非真实形状)	曲线(非真实形状)
横剖线图	垂直的直线	水平的直线	曲线(真实形状)	曲线(非真实形状)	曲线(非真实形状)

型线图的三视图根据具体情况，在图纸上的布置通常有 3 种形式，见图 3-11。

图 3-11a) 的布置形式适用于小型船舶。图纸需要长一些。

图 3-11b) 的布置形式是将横剖线图布置在纵剖线图的上方，使横剖线图中的船体中心线与纵剖线图和半宽水线图的中站线处于同一位置。这样布置，减少了图纸长度，增加了图纸宽度。

图 3-11c) 的布置形式是将横剖线图重叠在纵剖线图中，使横剖线图的基线与纵剖线图的基线重合。横剖线图的船体中心线与纵剖线图的中站线重合。一般肥胖船有一段平行中体，用这种布置形式可节省图纸幅面。

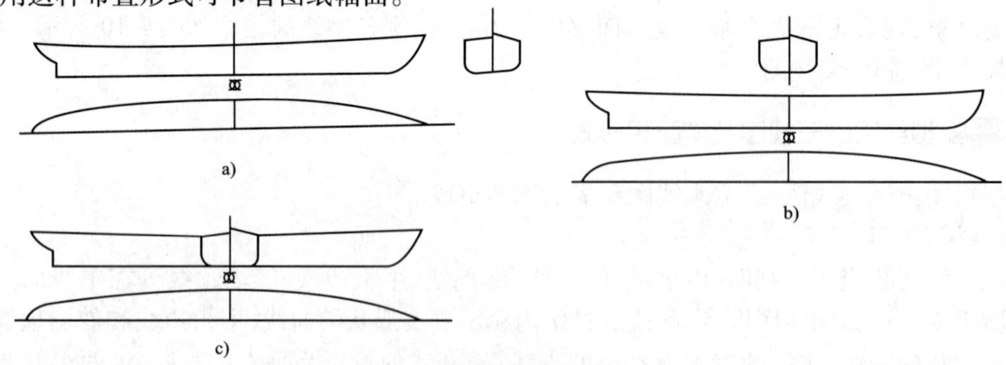

图 3-11　型线图的布置形式

第二节　型线的编号及标注

为了便于绘制、识读和使用型线图，对每条型线都要进行编号和标注，标注时要注意整齐、美观、清晰，在格子线相交处不允许标注任何字样。具体标注方法，见图 3-10。

1. 纵剖线的编号与标注

纵剖线的编号方法是：以纵剖线距中线面的距离大小进行编号，如纵剖线距中线面 1100mm，则该纵剖线编号即为 1100 纵剖线，依次称为 2200 纵剖线，其余类推。中纵剖线在水线半宽图和横剖线图中用船体中线符号“℄”表示。所有纵剖线的编号，在半宽水线图上标注在格子线的首、尾两端，在横剖线图中标注在基线的下方，在纵剖线图上应沿着每根纵剖线的上方且标注在首、尾部分，字体应尽可能与型线垂直。

2. 横剖线的编号与标注

横剖线的编号方法是：从尾垂线开始至首垂线依次用 0、1、2、…，10（或 20）等数字编号。在首、尾端增添$\frac{1}{4}$站或$\frac{1}{2}$站横剖线时，则用$\frac{1}{4}$、$\frac{1}{2}$、$1\frac{1}{4}$、$1\frac{1}{2}$以及$9\frac{1}{4}$、$9\frac{1}{2}$或$19\frac{1}{4}$、$19\frac{1}{2}$等表示。如果在首、尾垂线以外再增添横剖线，则尾垂线以后用$-\frac{1}{4}$，$-\frac{1}{2}$，-1 等表示；在首垂线以前用$10\frac{1}{4}$，$10\frac{1}{2}$或$20\frac{1}{4}$，$20\frac{1}{2}$等表示。

横剖线的编号在纵剖线图中，标注在基线的下方，在半宽水线图中标注在船体中线的下方，在横剖线图中标注在横剖线的上方，字体尽可能与型线垂直。

3. 水线的编号与标注

水线编号的方法是：以水线距基平面的距离大小进行编号，如水线距基平面 500mm，则该水线编号为 500*WL*，其余类推。

水线的编号在纵剖线图和横剖线图中标注在格子线的外侧，相应的水线上方。在半宽水线图中，水线编号标注在水线首尾部分，编号沿着型线，写在型线的上方，字体尽可能与型线垂直。

如果横剖线图重叠在纵剖线图中，则横剖线图中可不标注水线编号。基线用“*BL*”标注。

4. 甲板边线、舷墙顶线的标注

甲板边线、舷墙顶线在三个视图中均以相应的文字标注在曲线上方，字体尽可能与曲线垂直。

型线编号标注时，如果型线稠密，型线间没有地方书写时，可用引出线标注在视图的外面，编号写在引出线水平线的上方。

第三节　型线图的尺寸标注

外板型表面和甲板型表面都是曲面，如果用一般方法标注定形尺寸和定位尺寸，则尺寸

标注十分繁复。为了完整、清晰而又简便地表示船体大小和型表面的各部分尺寸，型线图中的尺寸标注采用了下列几种形式：

(1)列出船体主尺度，表示船体外形的大小。

(2)列出型值表，提供各型线交点的坐标值作为确定型线的定形尺寸。

(3)在视图中标注站号、水线号和纵剖线号作为确定型线的定位尺寸。

(4)在视图中直接标注型值表中不易提供的有关尺寸。

一 船体主尺度

船体主尺度是表示船体外形大小的基本量度，通常有以下几项，见图3-12。

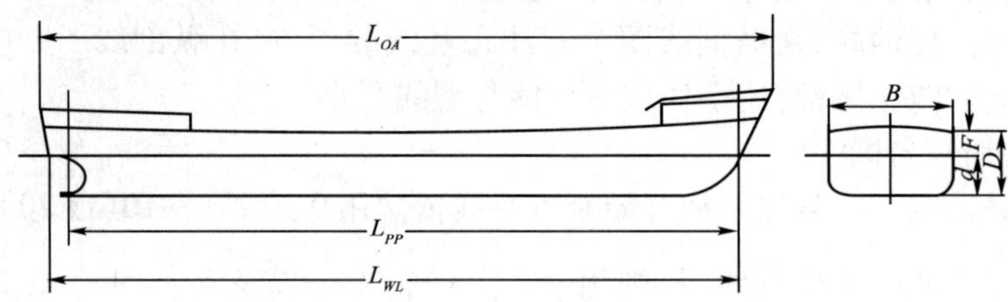

图3-12 船体主尺度

1. 总长 L_{0A}

船体型表面(包括两端上层建筑在内)最前端和最后端之间的水平距离，称为总长，以 L_{0A} 表示。

2. 设计水线长 L_{WL}

设计水线与首尾轮廓线交点之间的水平距离，称为设计水线长，以 L_{WL} 表示。

3. 垂线间长 L_{PP}

首垂线与尾垂线之间的水平距离，称为垂线间长，以 L_{PP} 表示。

首垂线是通过设计水线前端点所作的横向平面与中线面的交线。

尾垂线是根据不同船型和要求，通过某一固定点所作的横向平面与中线面的交线，这些固定点是：

(1)设计水线后端点；

(2)设计水线与舵柱后缘的交点；

(3)设计水线与舵杆中心线的交点。

4. 型宽 B

船体型表面之间垂直于中线面的最大水平距离，称为型宽，以 B 表示。

5. 型深 D

在船体中站面处，甲板边缘(无特殊说明，通常指上甲板边线)至基线间的垂直距离，称为型深，以 D 表示。

6. 吃水 d

在船体中站面处，设计水线至基线间的垂直距离，称为吃水，以 d 表示。

7. 干舷 F

在船体中站面处，型深 D 与吃水 d 的差值，称为干舷，以 F 表示。

此外，型线图中还列有梁拱高和首尾舷弧高等值。

二　型值与型值表

1. 型值

船体型表面的形状在型线图中是用一系列曲线来表达的，而这些曲线的投影主要是通过曲线上若干点的投影得到。点的投影可由表示点的空间位置的坐标值来确定。这些确定船体型线空间位置的各点的坐标值称为型值。

为了确定船体型线上点的型值，通常将船体置于一个直角坐标系内，选择中线面、中站面和基平面为坐标平面，见图 3-13。船长方向为 x 轴，是中线面与基平面的交线。船宽方向为 y 轴，是中站面与基平面的交线。船深方向为 z 轴，是中线面与中站面的交线。3 根坐标轴的交点为坐标原点 O，在这样的直角坐标系中船体型线上任一点 A 的位置由 x_a，y_a，z_a 三个型值确定，其中：

x_a 表示 A 点至中站面的距离，称 A 点的长度值。

y_a 表示 A 点至中线面的距离，称 A 点的半宽值。

z_a 表示 A 点至基平面的距离，称 A 点的高度值。

根据点的投影规律，点在某一视图中的投影只需要 x、y、z 三个型值中的两个型值就可确定。如 A 点在纵剖线图中的投影 a'，只需要 x_a 和 z_a 就可确定，A 点在半宽水线图中的投影只需 x_a 和 y_a 就可确定，A 点在横剖线图中的投影 a''只需 y_a 和 z_a 就可确定。

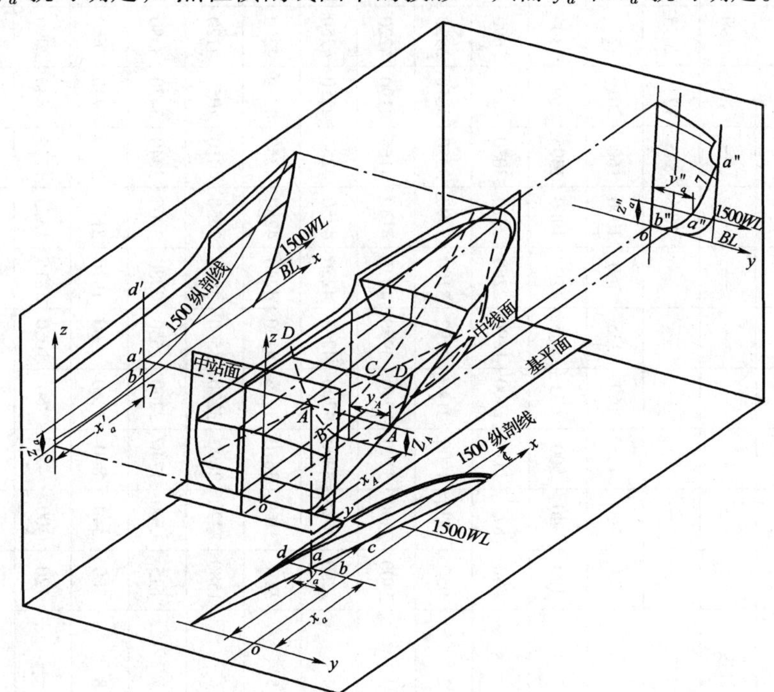

图 3-13　船体上的直角坐标系

型 值 表

表 3-2

站号	半宽值(mm)															高度值(mm)							
	船底	250 WL	500 WL	1000 WL	1500 WL	2000 WL	2500 WL	设计水线	3000 WL	3500 WL	上甲板边线	尾楼甲板边线	首楼甲板边线	外板顶线	舷墙顶线	1000纵剖线	2000纵剖线	3000纵剖线	上甲板边线	尾楼甲板边线	首楼甲板边线	外板顶线	舷墙顶线
尾封板	—	—	—	—	—	—	—	—	420	1390	2280	3080	—	3080	—	—	—	—	4170	6270	—	6345	—
0	—	—	—	—	—	—	180	845	1235	2075	2850	3615	—	3615	—	2890	3450	4300	4100	6200	—	6275	—
$\frac{1}{2}$	80	100	125	160	235	360	1000	1600	2010	2750	3360	4010	—	4010	—	2500	2990	3720	4070	6170	—	6245	—
1	100	340	500	675	905	1295	1900	2395	2695	3300	3810	4200	—	4200	—	1240	2580	3250	4050	6150	—	6225	—
$1\frac{1}{2}$	380	875	1149	1500	1890	2260	2710	3050	3250	3690	4050	4250	—	4250	—	360	1700	2750	4020	6120	—	6195	—
2	950	1530	1900	2140	2792	3100	3390	3550	3670	3920	4150	4250	—	4250	—	60	580	1850	4000	6100	—	6195	
3	2400	2890	3290	3740	3970	4075	4140	4165	4190	4220	4250	—	—	—	4250	50	99	300	4000		—	—	5450
4	3250	3625	3900	4200	4245	4250	4250	4250	4250	4250	4250	—	—	—	4250	50	99	180	4000		—	—	4900
5	2210	3160	3610	3975	4160	4240	4250	4250	4250	4250	4250	—	—	—	4250	50	100	198	4000		—	—	4900
6	1580	2220	2690	3220	3560	3800	3950	4010	4050	4120	4190	—	—	—	4250	50	160	790	4020		—	—	4950
7	615	1300	1740	2260	2650	2980	3205	3340	3420	3580	3800	—	—	—	4090	180	740	2050	4170		—	—	5100
8	200	540	840	1260	1600	1910	2175	2340	2440	2660	3150	—	—	—	3690	680	2170	4190	4440		—	—	5350
$8\frac{1}{2}$	120	300	451	760	1050	1315	1575	1745	1840	2090	2675	—	3780	—	3880	1420	3320	5230	4610	—	—	—	6200
9	100	151	251	440	605	790	980	1100	1200	1330	2110	—	3200	—	3330	2530	4600	6360	4790	—	6690	—	6900
$9\frac{1}{2}$	80	100	110	190	260	350	470	560	640	810	1510	—	2500	—	2705	3990	6030	—	5030	—	6880	—	7210
10	—	—	—	—	—	—	—	70	135	275	840	—	1740	—	1960	5690	—	—	5240	—	7140	—	7555

由于型线图中的型线是相交的,它们的交点是相交型线的共有点。如果提供 A、B 两型线交点的型值,则这些型值既可用来确定 A 型线,又可用来确定 B 型线。这样就可以做到提供有限的型值而能确定全部型线。

2. 型值表

型值表是记录型线图上各型线交点型值的表格,见表 3-2。型值表常分为两部分,在型值表的左边部分,表中第一横栏提供了某一站号的横剖线与各水线、甲板边线、舷墙顶线交点的半宽值。表中的第一纵栏则表示了每根水线或甲板边线、舷墙顶线与各横剖线交点的半宽值。在型值表的右边部分,表中的每一横栏提供了某一站号的横剖线与各纵剖线、甲板边线、舷墙顶线交点的高度值。表中的每一纵栏则表示了某根纵剖线或甲板边线、舷墙顶线与各横剖线交点的高度值。

横剖线与纵剖线交点的半宽值以及横剖线与水线交点的高度值,已由纵剖线距中线面的距离以及水线距基平面的距离确定,是一定值,因此型值表中不再提供。

型值表提供的只是横剖线与其他型线交点的半宽值和高度值,而其长度值则由横剖线编号(即站号)确定,也是个定值。因为某一站离中站面的距离是确定的。如 3 号横剖线(以 10 站为例)离中站面 2 个站距,而站距为$\frac{L_{pp}}{10}$,所以 3 号横剖线与其他型值交点的长度值是 $2\times\frac{L_{pp}}{2}$,其余类推。

由此可见,型值表完整地提供了型线交点在 x、y、z 三个方向的型值,这些型值表示型线交点在视图中的位置,并由此确定了各型线在视图中的投影。

3. 首、尾尺寸

首、尾尺寸是表示首、尾轮廓线的大小。它是以其与水线、横剖线、甲板边线、舷墙顶线等交点坐标值,直接以尺寸的形式标注在视图中,见图 3-10。

第四节　型线图的画法

型线图是根据船体主尺度、型值表以及首尾尺寸来绘制的,现以图 3-14 所提供的有关数据来介绍型线图的画法。

一　选取比例和决定布图形式

1. 选取比例

型线图采用的比例通常有 1∶25、1∶50、1∶100、1∶200 等几种,选用时主要根据对型线精度的要求和船舶尺度的大小而定。一般来说,精度要求高或船舶尺度较小,比例应选大些,船舶尺度较大或精度要求低,比例可选小些。

2. 决定布图形式

视图的布置形式,主要根据船舶尺度大小和线型变化情况而定,通常尺度大或线型变化大的船舶可采用分离布置。对于图 3-14 提供的数据,该货轮属小型船舶,且线型变化比较

大，故考虑选择采用分离布置的形式。

主 尺 度

总　　长	49.90m	型　　深	4.00m
垂线间长	45.00m	吃　　水	2.80m
型　　宽	8.50m	梁 拱 高	0.17m

型 值 表

站号	半宽值(mm)										高度值(mm)						
	700 WL	1400 WL	2100 WL	设计水线	3500 WL	上甲板边线	尾楼甲板边线	首楼甲板边线	外板顶线	舷墙顶线	1500纵剖线	3000纵剖线	上甲板边线	尾楼甲板边线	首楼甲板边线	外板顶线	舷墙顶线
尾封板	—	—	—	—	1390	2280	3080	—	3080	—	3600	6100	4170	6270	—	6345	—
0	—	—	—	850	2080	2850	3620	—	3620	—	3180	4390	4100	6200	—	6275	—
1	560	860	1410	2400	3300	3810	4200	—	4200	—	2150	3250	4050	6150	—	6225	—
2	2150	2720	3150	3550	3920	4150	4250	—	4250	—	250	1850	4000	6100	—	6175	—
3	3520	3940	4100	4170	4220	4250	—	—	—	4250	80	300	4000	—	—	—	5450
4	4100	4200	4250	4250	4250	4250	—	—	—	4250	80	180	4000	—	—	—	4900
5	3770	4110	4250	4250	4250	4250	—	—	—	4250	80	200	4000	—	—	—	4900
6	2930	3500	3810	4000	4120	4190	—	—	—	4250	80	790	4020	—	—	—	4920
7	1960	2580	3020	3340	3580	3800	—	—	—	4090	370	2050	4170	—	—	—	5070
8	1020	1530	1950	2340	2660	3150	—	—	—	3600	1370	4190	4440	—	—	—	5350
9	320	560	810	1090	1460	2110	—	3200	—	3330	3580	6360	4790	—	6690	—	6940
10	—	—	—	70	280	840	—	1740	—	1960	6620	—	5240	—	7140	—	7560

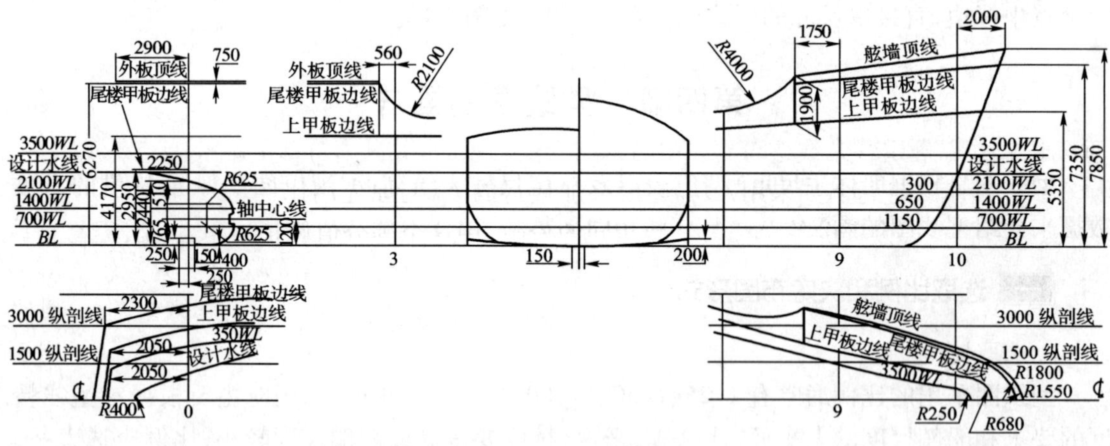

图 3-14　某船主尺度、型值表及其他尺寸

二 画格子线

格子线是型线图的 3 组型线在视图中的投影。型线图的绘制精度在很大程度上取决于

格子线是否准确，下面介绍画格子线的步骤和方法。

1. 作纵剖线图的基线

根据视图布置的形式和船体主尺度，在图纸上合理地布置视图的位置，画出纵剖线图的基线。基线为格子线的基准线，要求要十分平直，见图 3-15。

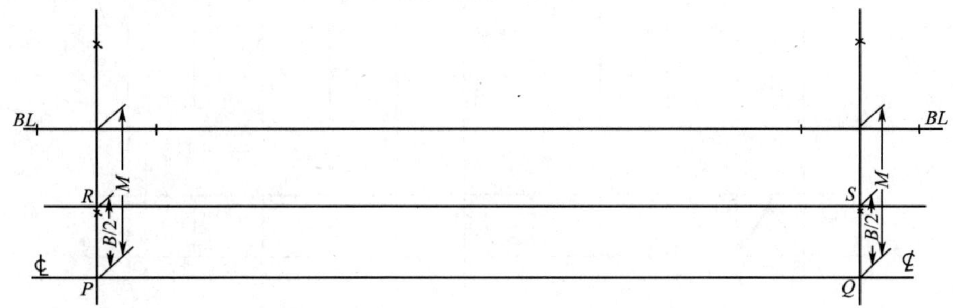

图 3-15　作格子线(一)

2. 作首垂线和尾垂线

根据尾端点至尾垂线的距离(本例为 2900mm)，及总长 L_{0A} 的尺寸，在基线上确定尾垂线点(即 0 站位置)，然后用比例尺量取垂线间长 L_{PP} 以确定首垂线点(即第 10 站或第 20 站位置)。过此两点作基线的垂线，并延长至半宽水线图的位置，见图 3-15。

量取 L_{PP} 时，不能用站距叠加的方法，必须用整个比例尺来量取，以减少积累误差，保证垂线间长的准确性。

3. 作半宽水线图的船体中线和型宽线

根据半宽水线图的布图位置，在首、尾垂线上用分规或三角尺自基线起量取相同距离(如 M)，得船体中线与首、尾垂线的交点(如图 3-15 中的 QP 点)，并从这两点沿首、尾垂线向上量取 $B/2$(B 为型宽)，得型宽线上两点(如 S、R 点)。用直尺或丁字尺分别连接 P、Q 和 S、R 各点，即得船体中线和型宽线，见图 3-15。

4. 作纵剖线图和半宽水线图的站线

在纵剖线图的基线和半宽水线图的船体中线上，根据型值表的站数(本例为 10 站)等分垂线长 L_{PP}，以确定各站线的位置。等分时，可用分规量取站距 $\triangle L_{PP}$(本例 $\triangle L_{PP} = L_{PP}/10$)从尾垂线起沿基线进行。如果用 $\triangle L_{PP}$ 逐段叠加量得的 L_{PP} 与原先用比例尺量得的 L_{PP} 不一致时，应把不足或多余部分等分成与站数相同的份数，用这个等分值修正站距 $\triangle L_{PP}$，用修正后的 $\triangle L_{PP}$ 再等分垂线间长 L_{PP}，直到两者一致为止。然后用修正后的 $\triangle L_{PP}$ 沿半宽水线图的船体中线等分 L_{PP}，连接基线和船体中线上的对应各点，得纵剖线图和半宽水线图中的各站线，见图 3-16。

5. 作横剖线图的船体中线、基线和型宽线

将纵剖线图的中站线(本例为 5 号站线)向上延长作为横剖线图的船体中线。根据横剖线图的布图位置，在船体中线上取一点 F，过 F 点作船体中线的垂线，作为横剖线图的基线，再以 F 点为起点，沿基线用分规或纸条向左、右量取 $B/2$ 的距离得两点，过此两点分别作基线的垂线，即为横剖线图的型宽线，见图 3-16。

纸条是绘制船体图样时移取尺寸的常用工具，通常在质地较好的纸张上用锋利的刀片

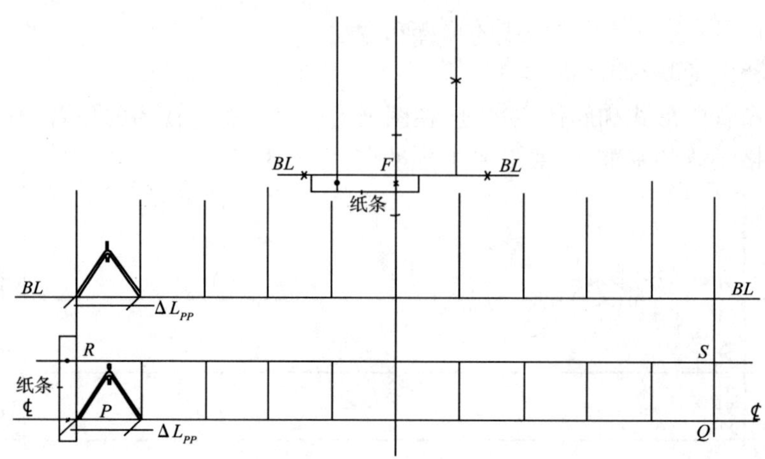

图 3-16　作格子线(二)

沿着直尺裁得,纸条宽约 8~10mm,长度视移取尺寸大小而定。使用时,先将纸条的一边紧靠半宽水线图中的 0 号站线(也可紧靠 10 号或 20 号站线),在纸条上录下 *PR* 或 *QS* 两点间的距离,即 *B*/2,然后将纸条移至横剖线图的基线上,向 *F* 点的左右各录下 *B*/2 的距离,这样可以保证横剖线图与半宽水线图的半宽值一致,若用尺量取 *B*/2 距离,会使两次量取的数值有误差,影响精度。

6. 作纵剖线图和横剖线图的水线

在纵剖线图中,以基线为准,沿尾垂线量取设计吃水的距离,并用水线间距(本例为 700mm)等分(与作站线的等分方法相同),得设计水线及其他各水线的分点,用纸条或分规移取尺寸,在首垂线和横剖线图中的型宽线上,录下各水线点,用直尺连接对应点,即得纵剖线图和横剖线图中的各水线,见图 3-17。

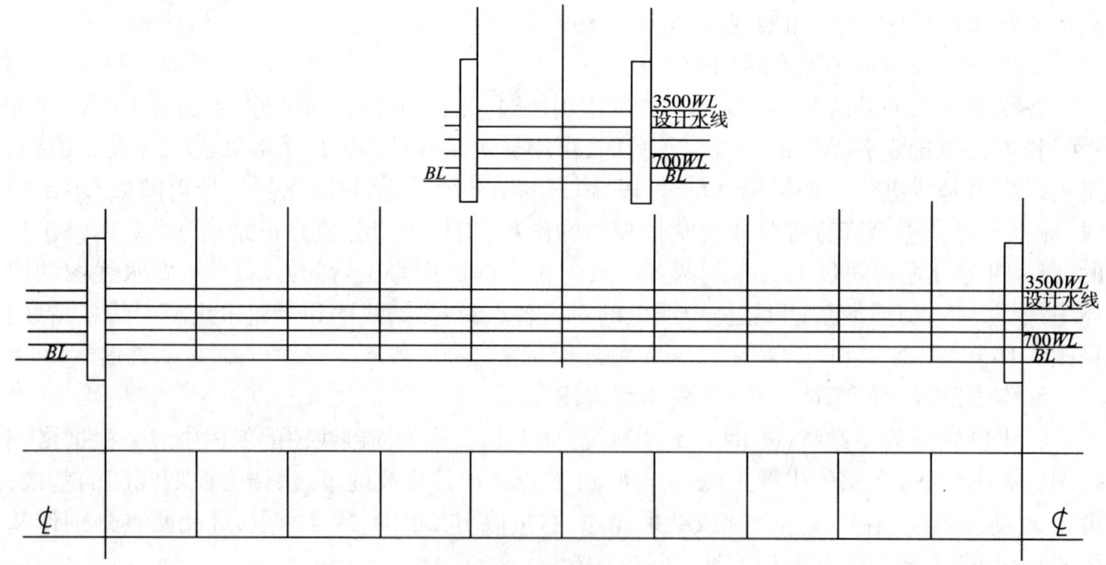

图 3-17　作格子线(三)

7. 作半宽水线图和横剖线图的纵剖线

在半宽水线图中以船体中线为准，沿 0 号站线向上量取邻近舷侧的纵剖线距中线面的距离（本例为 3000mm），并用纵剖线间距（本例为 1500mm）等分，得各纵剖线的分点，再用纸条或分规将各分点移至 10 号站线（本例为 10 站）和横剖线图上的基线及最高水线上，用直尺连接对应各点即得半宽水线图和横剖线图上的各纵剖线，见图 3-18。

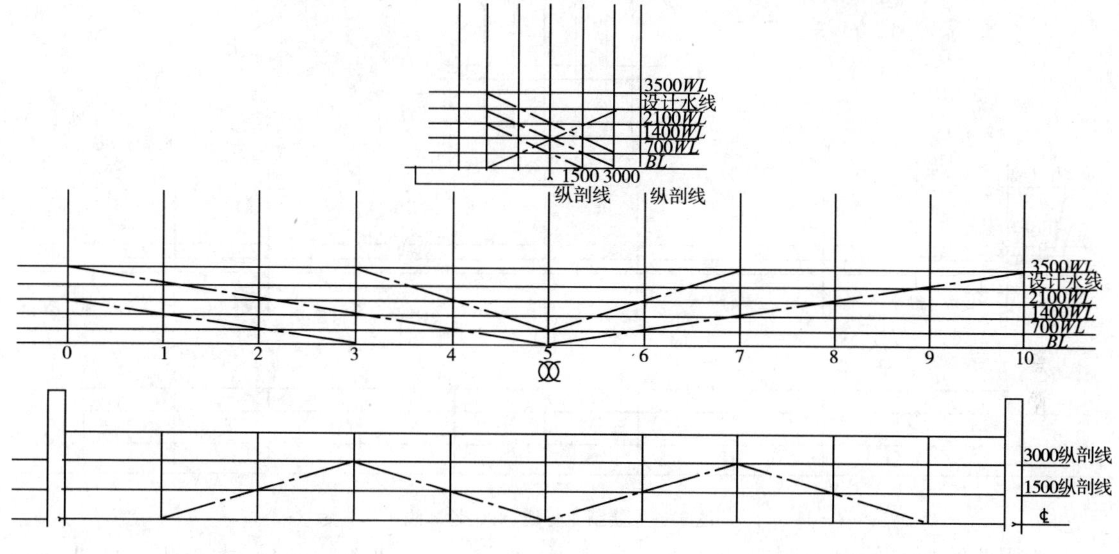

图 3-18 作格子线（四）

8. 检验格子线

格子线底稿画好后，需对其精度进行检验。格子线的检验可从两方面进行。

（1）检验对应的格子线间距在 3 个视图中是否相等，即纵剖线图与半宽水线图的站距是否相等；半宽水线图与横剖线图的纵剖线间距是否相等；横剖线图与纵剖线图的水线间距是否相等。检验可用分规或纸条进行。

（2）检验格子线的平行和垂直。由于纵剖线之间、站线之间及水线之间的间距各自相等，相互又都垂直或平行，所以格子线可以看作由许多矩形组成。根据矩形对角线必通过两中线交点的原理，格子线的平行和垂直可用对角线法来检验，见图 3-18。如对角线不通过两中线交点，则需找出原因，加以纠正。

9. 格子线上墨

为了避免绘制型线时，因修改型线而将格子线擦掉，所以格子线需要上墨线，为了便于识别，通常设计水线、船体中线和基线用红色墨水绘制，其他线条用蓝色或黑色墨水绘制。为了保证型线图的精确性，格子线要尽量画得匀细，通常线条宽度不超过 0.1mm，墨线与铅笔线底稿必须重合，以免破坏格子线的精度。墨线上完后，用铅笔写上格子线的编号，以免绘制型线时搞错。

三 绘制型线

1. 绘制纵剖线图的龙骨线及首、尾轮廓线

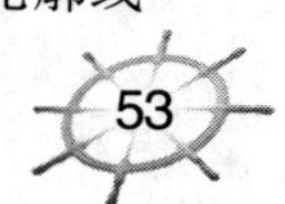

如果是水平龙骨,则龙骨线与基线重合,不必专门绘制(本例为水平龙骨)。如果是倾斜龙骨,则龙骨线根据所给倾斜尺寸绘制。

首、尾轮廓线可根据提供的有关尺寸,用比例尺量取,得各点,再用船用曲线板光顺连接各点,得首、尾轮廓线,见图 3-19。

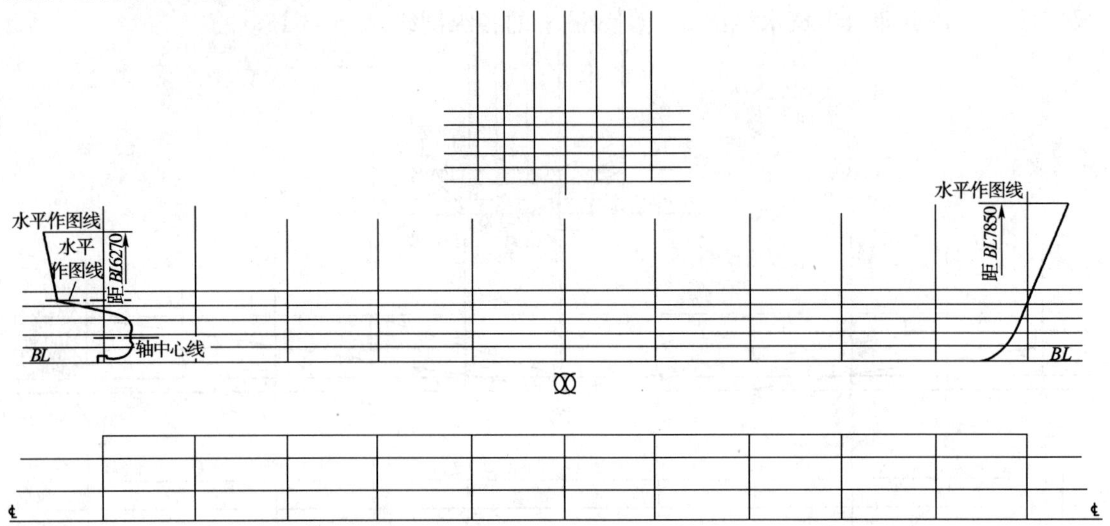

图 3-19 绘制龙骨线、首尾轮廓线

船用曲线板是绘制船图中曲线的专用工具,通常由 85 块形状各异、大小不一的曲线板组成一套,用赛璐珞或塑料等材料制成。使用曲线板绘制曲线时,应使曲线板的边缘尽可能多的通过曲线上各点。如果曲线板边缘不能一次通过曲线上各点时,可分几段逐段绘制。但必须注意,每次绘曲线,曲线板边缘至少应通过曲线上 3 点,并且在绘制下一段曲线时,必须使曲线板的边缘与上一段曲线重合一部分,以保证整条曲线的光顺。

2. 绘制纵剖线图的外板顶线和舷墙顶线

根据型值表右边部分外板顶线和舷墙顶线纵栏的高度值,用比例尺沿纵剖线图的每根站线从基线向上量取其型值,得外板顶线和舷墙顶线上各点。利用压条或曲线板光顺连接各点,得纵剖线图的外板顶线和舷墙顶线,见图 3-20。

压条也是绘制船体曲线的专用工具,通常断面为矩形,长为 0.5 ~ 2.0m,用弹性较好的木材或塑料制成。

舷墙顶线高低过渡的连接曲线及外板顶线与舷墙顶线过渡曲线(本例为圆弧)的作法是:先以 a' 点为圆心,连接圆弧半径值为半径作圆弧 $\overset{\frown}{c'd'}$,然后用同一圆规沿,$\overset{\frown}{c'd'}$ 圆弧移动,再作圆弧与低处舷墙线相切,见图 3-20。

3. 绘制半宽水线图的外板顶线和舷墙顶线

根据型值表左边部分外板顶线和舷墙的半宽值,用比例尺沿各站线量取型值,得外板顶线、舷墙顶线与各横剖线的交点在半宽水线图上的投影。外板顶线、舷墙顶线与船体中线的交点,可根据投影规律,从纵剖线图中求得(用纸条或分规量取),见图 3-21。再根据型线首端的圆弧半径和尾端形状的有关尺寸(或尾端圆弧半径)画出首端圆弧和尾端形状(或尾端

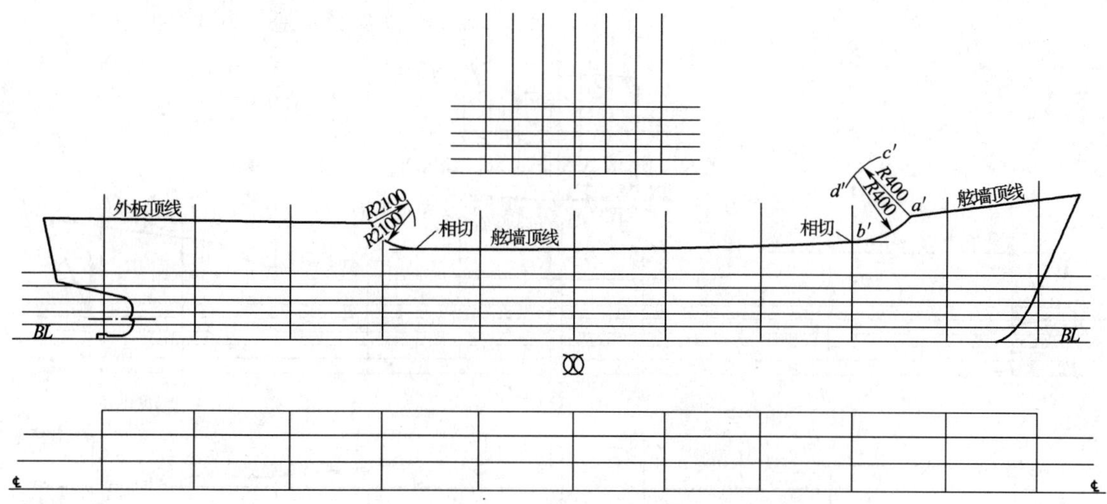

图 3-20　绘制纵剖线图的外板顶线、舷墙顶线

圆弧），然后用压条压出曲线并与首端圆弧相切（若尾端也为圆弧，也应与尾端圆弧相切）。等检查光顺后，画出曲线。

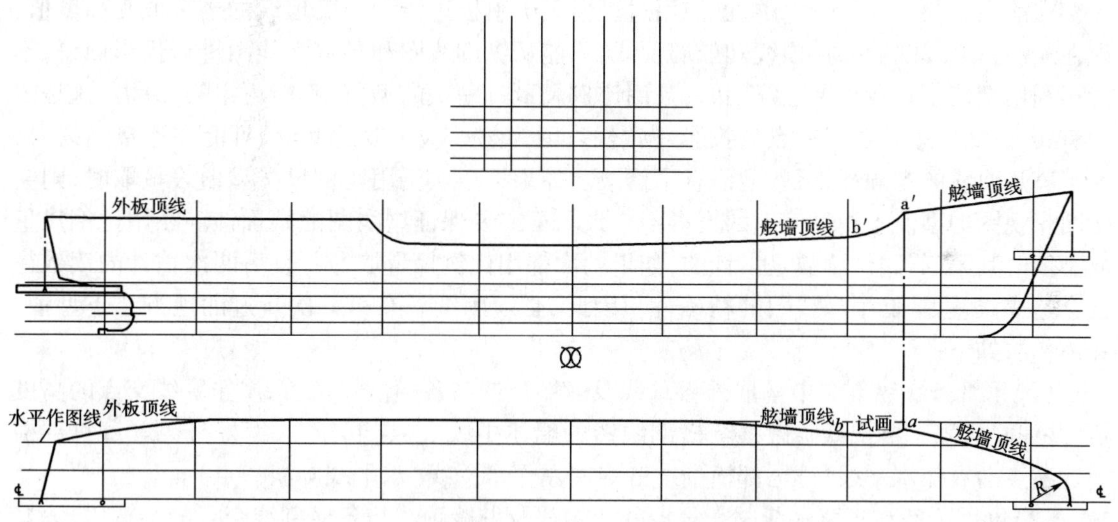

图 3-21　绘制半宽水线图的外板顶线、舷墙顶线

舷墙顶线宽狭过渡曲线的作法是：将突变点 a' 和切点 b'，投影到半宽水线图中的舷墙顶线上得 a、b 两点，然后根据 a、b 两点用曲线板先试画一曲线，使舷墙顶线宽狭处得到光顺过渡。曲线的最后确定，要在绘制横剖线图中舷墙顶线时，再根据点的投影规律而定。

4. 作横剖线图的中横剖线、外板顶线和舷墙顶线

根据型值表左边部分中横剖线（即 5# 横剖线）横栏中的半宽值，在横剖线图上用比例尺沿各水线量取得各点，然后再根据船底升高值（本船为 200mm）作船底线（如无升高值则船底与基线重合），用曲线板光顺地连接各点，底部曲线应与船底线相切，舷部曲线应与最大半宽线相切，见图 3-22。

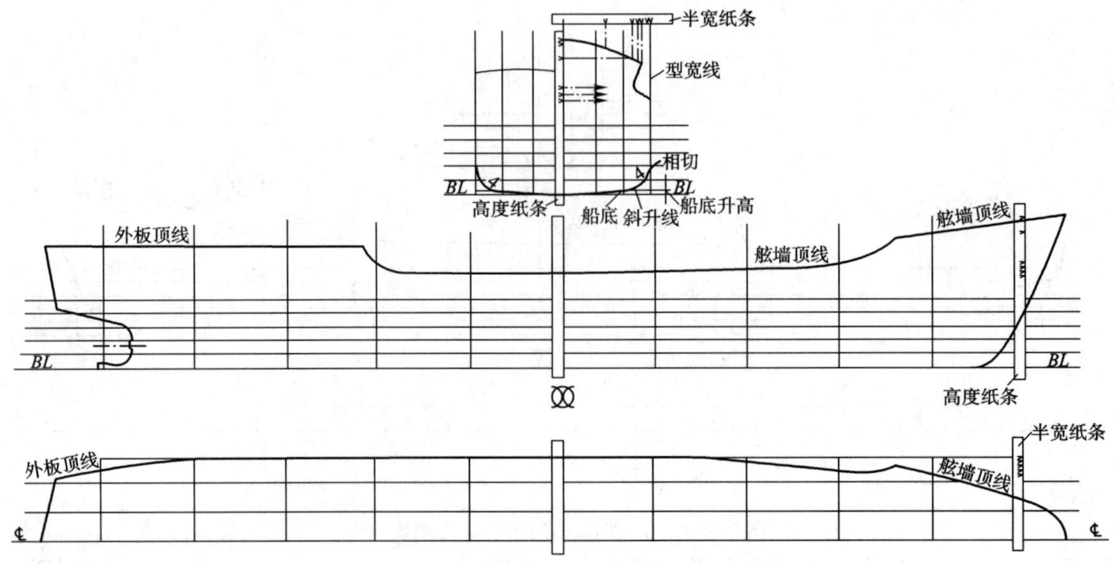

图 3-22 绘制横剖线图的中横剖线、舷墙顶线

在前面步骤 2 和步骤 3 中,已使用过型值表中甲板边线和舷墙顶线的半宽值和高度值,现在绘制横剖线图的外板顶线和舷墙顶线,只能从纵剖线图和半宽水线图进行投影而得,不能再利用型值了。在绘制型线图时,凡用比例尺量过一次的型值,不能再量第二次。这是因为有两个原因:第一要保证点的投影一致性。因为第一次量取的型值,可能在连接曲线时,为了满足曲线的光顺性,某些型值有了修改。如果第二次仍用比例尺按型值表量取时,则会使两个视图的型值不相等使点的投影不一致。第二要保证型线图的精确性。在用比例尺量取型值时其第三、四位读数是估计的,如果两次都用比例尺量取,则前、后两次估计的读数往往会造成误差,降低了型线图的精确性。因此,必须用纸条在第一次量过的地方录下型值,具体作法如下:

(1)用纸条在纵剖图中量取外板顶线及舷墙顶线与各横剖线及首、尾轮廓线交点的高度值,并编好号码。再把纸条搬移至横剖线图的船体中线上,点下各点,编好号码。过首部横剖线各点向右作水平线,过尾部横剖线各点向左作水平线(水平线画淡一点)。

(2)再用纸条在半宽水线图上量取外板顶线及舷墙顶线与各横剖线交点的半宽值,编好号码,再把纸条搬移至横剖线图上,沿着上述所作对应的水平线上量取半宽值,得到各点,用曲线板连接各点就得到外板顶线及舷墙顶线在横剖线图上的投影。

舷墙顶线高低过渡曲线的画法是:根据纵剖线图上突变点 a' 和切点 b' 的高度值及半宽水线图上 a、b 点的半宽值求得横剖线图上的 a''、b'' 点。然后在纵剖线图的过渡圆弧线上任定一点 c',根据投影规律在半宽水线图上求得 c 点,并由 c、c' 两点按点的投影规律在横剖线图上求得 c'',将 $a''c''b''$ 连成光顺曲线,见图 3-23。如果通过 c'' 不能使 $a''c''b''$ 连成光顺曲线,则可使 c'' 的高度值不变,而修改其半宽值,使 $a''c''b''$ 曲线光顺,然后根据光顺曲线上的 c'' 的半宽值修改半宽水线图上的 c 点,画出 abc 曲线。如果 abc 曲线也不能连成光顺时,则可再放弃 c 点而将曲线连接光顺,再根据新的 c 点半宽值修改横剖线图中的 c'' 点,这样反复修改直至两

视图中的曲线光顺，投影一致为止。在纵剖线图的过渡弧上定的点多，绘制的过渡曲线的精度就高。由于过渡曲线通常较短，所以一般定出 1 ~2 点即可。

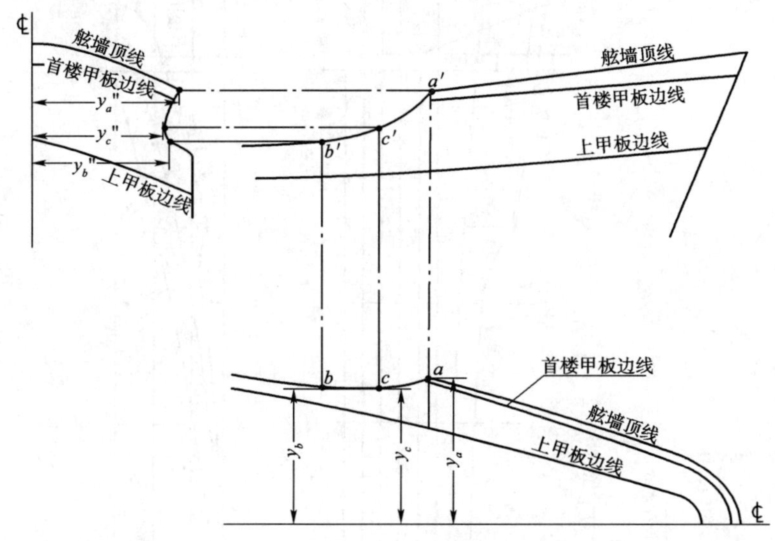

图 3-23　舷墙顶线中过渡曲线的投影

5. 绘制甲板边线

1）绘制纵剖线图的甲板边线

根据型值表右边部分甲板边线（包括上甲板边线、首楼甲板边线、尾楼甲板边线）纵栏的高度值，用比例尺沿每根站线量取型值，得甲板边线与各横剖线的交点在纵剖线图上的投影，用压条光顺连接各点，得纵剖线图的甲板边线，见图 3-24。

2）绘制半宽水线图的甲板边线

根据型值表左边部分纵栏提供的型值，用比例尺沿着各站线量取甲板边线的半宽值，得甲板边线与各横剖线的交点在半宽水线图上的投影。甲板边线与船体中线的交点，可根据投影规律，从纵剖线图中求得，可用分规或纸条量取，见图 3-24。再根据甲板边线首端的圆弧半径和尾端形状的有关尺寸（或尾端圆弧半径）画出首端圆弧和尾端形状（或尾端圆弧），然后用压条压出曲线并与首端圆弧相切（若尾端为圆弧时，也应与尾端圆弧相切）。等检查光顺后，画出曲线。

3）绘制横剖线图的甲板边线

甲板边线与横剖线交点的高度值用纸条在纵剖线图上量取，半宽值在半宽水线图中量取，并分别记下编号。然后把纸条搬移至横剖线图上，定出各点，甲板边线与船体中线的交点可根据投影规律由纵剖线图中得到。用曲线板光顺连接各点，得横剖线图的甲板边线，见图 3-24。

6. 绘制半宽水线图中的设计水线

设计水线的形状对船舶航海性能有较大影响，一般不可轻易改动它的型值。具体画法如下：

用比例尺沿着各站线量取设计水线的半宽值，得设计水线与各横剖线的交点在半水线

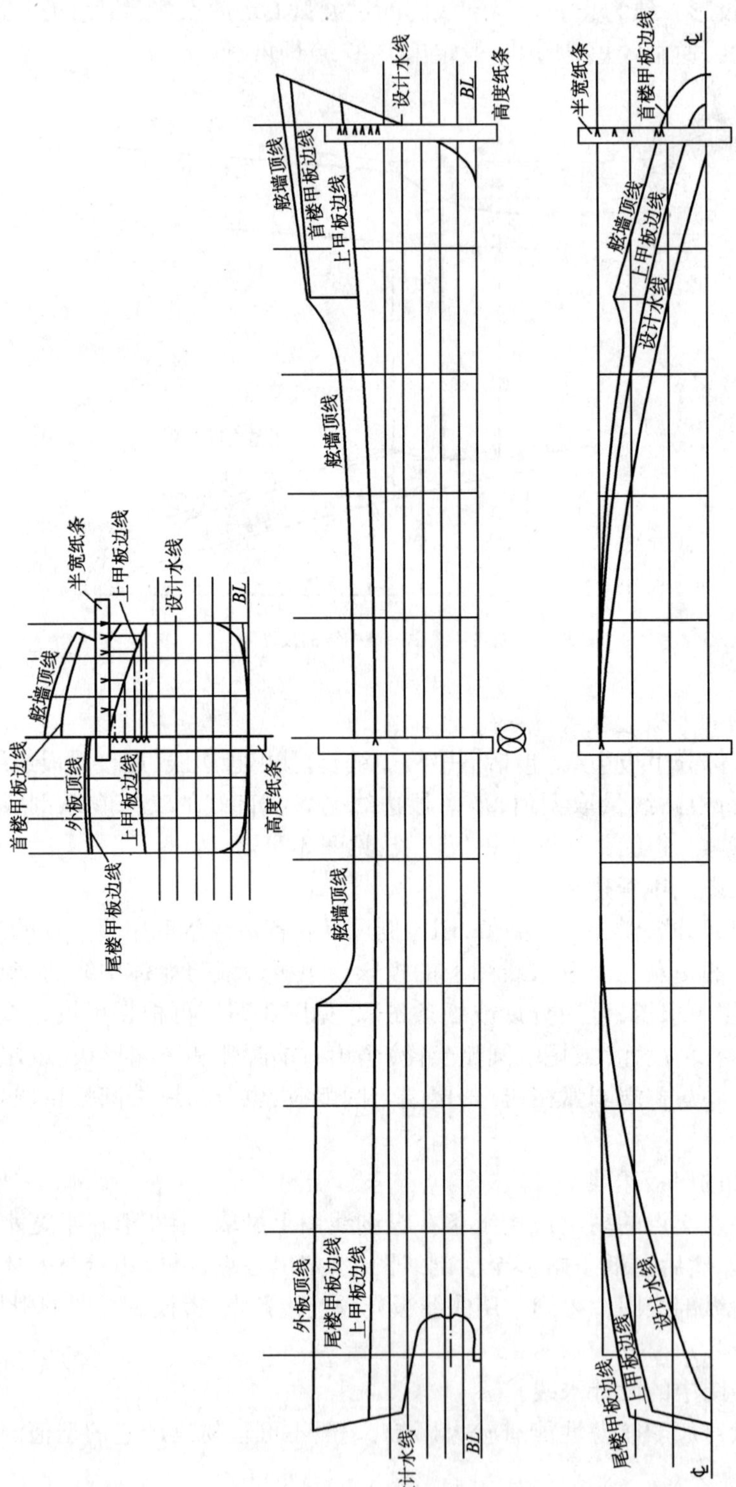

图 3-24　绘制甲板边线和设计水线

图上的投影，设计水线与船体中线的交点，可从纵剖线图中投影求得，见图3-24。再根据设计水线首、尾端圆弧半径画出首、尾端圆弧，然后用压条或曲线板画出曲线并与首、尾端圆弧相切。

7. 绘制横剖线图中的各横剖线

用比例尺沿各水线量取横剖线与各水线交点的半宽值，沿各纵剖线量取横剖线与各纵剖线交点的高度值，得横剖线与水线、纵剖线的交点；横剖线与设计水线的交点，用纸条在半宽水线图中移取；与船体中线的交点，由纵剖线图中的相应站线与中纵剖线交点确定；与外板顶线、舷墙顶线、甲板边线的交点前面已经得到，用曲线板光顺连接各点，得横剖线图中的各横剖线，见图3-25。

当横剖线各点不能连成光顺曲线时，必须修改某些点的型值，使型线光顺。修改时，横剖线与设计水线交点的型值一般不允许修改，以免影响船舶航海性能。

8. 绘制半宽水线图中的各水线

用纸条在横剖线图中量取水线与各横剖线交点的半宽值，移至半宽水线图中相应的站线上（制作纸条时，可以每根水线作一条）。水线与船体中线的交点，要根据投影规律在纵剖线图上用纸条移取。然后根据水线首、尾圆弧半径作出圆弧（或根据有关尺寸，作出尾端形状），用压条压出曲线并与首、尾圆弧相切，待检查光顺后画出曲线，见图3-26。

如果水线上各点不能连成光顺曲线，则需要修改不光顺处某些点的型值，以使型线光顺。但这些点的型值变动，将引起横剖线图中横剖线相应点的型值变化，从而可影响横剖线的光顺性。为此，修改时应从全局考虑，既要保证水线的光顺，又要保证横剖线的光顺。同时，还要满足它们之间的投影一致。

9. 绘制尾封板曲线

尾封板与外板型表面的交线称为尾封板曲线。本例画法如下：

（1）半宽水线图中，尾封板曲线与外板顶线、甲板边线、水线的交点已在作图步骤1、5、8中得到。与船体中线的交点，可根据投影规律，由纵剖线图上量取。用曲线板光顺连接各点，得尾封板曲线在半宽水线图中的投影，见图3-27。

（2）用纸条在半宽水线图中分别移取尾封板曲线与外板顶线、甲板边线和水线交点的半宽值和长度值。然后将半宽值纸条移至横剖线图，在外板顶线、相应的甲板边线和水线上得尾封板曲线各点。与船体中线的交点，可根据投影规律由纵剖线图上量取，用曲线板连接各点，得尾封板曲线在横剖线图上的投影；然后再将长度型值纸条移至纵剖线图，在外板顶线、相应的甲板边线和水线上得尾封板曲线各点。用曲线板光顺连接各点，得尾封板曲线在纵剖线图上的投影，见图3-27。

10. 绘制纵剖线图中的各纵剖线

用纸条将横剖线图中纵剖线与各横剖线、尾封板曲线交点的高度值移至纵剖线图中相应的站线和尾封板曲线上；再用纸条将半宽水线图中纵剖线与各水线、甲板边线、外板顶线、舷墙顶线交点的长度值移至纵剖线图中相应的水线、甲板边线、外板顶线、舷墙顶线上，得纵剖线上各点，用曲线板光顺连接各点，得纵剖线图上的纵剖线，见图3-27。如果横剖线图与纵剖线图采用重叠布置的形式，则纵剖线画到横剖线图处中断。

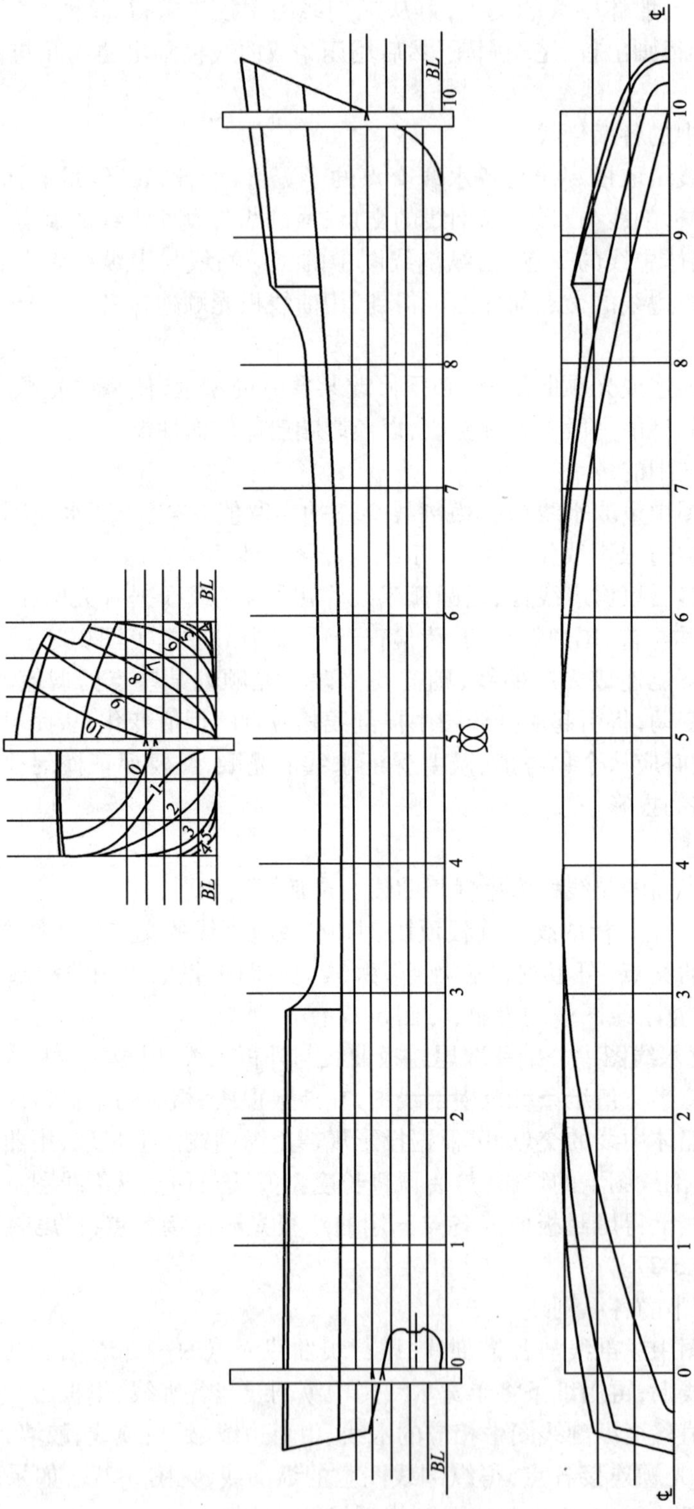

图 3-25　绘制横剖线图上的各横剖线

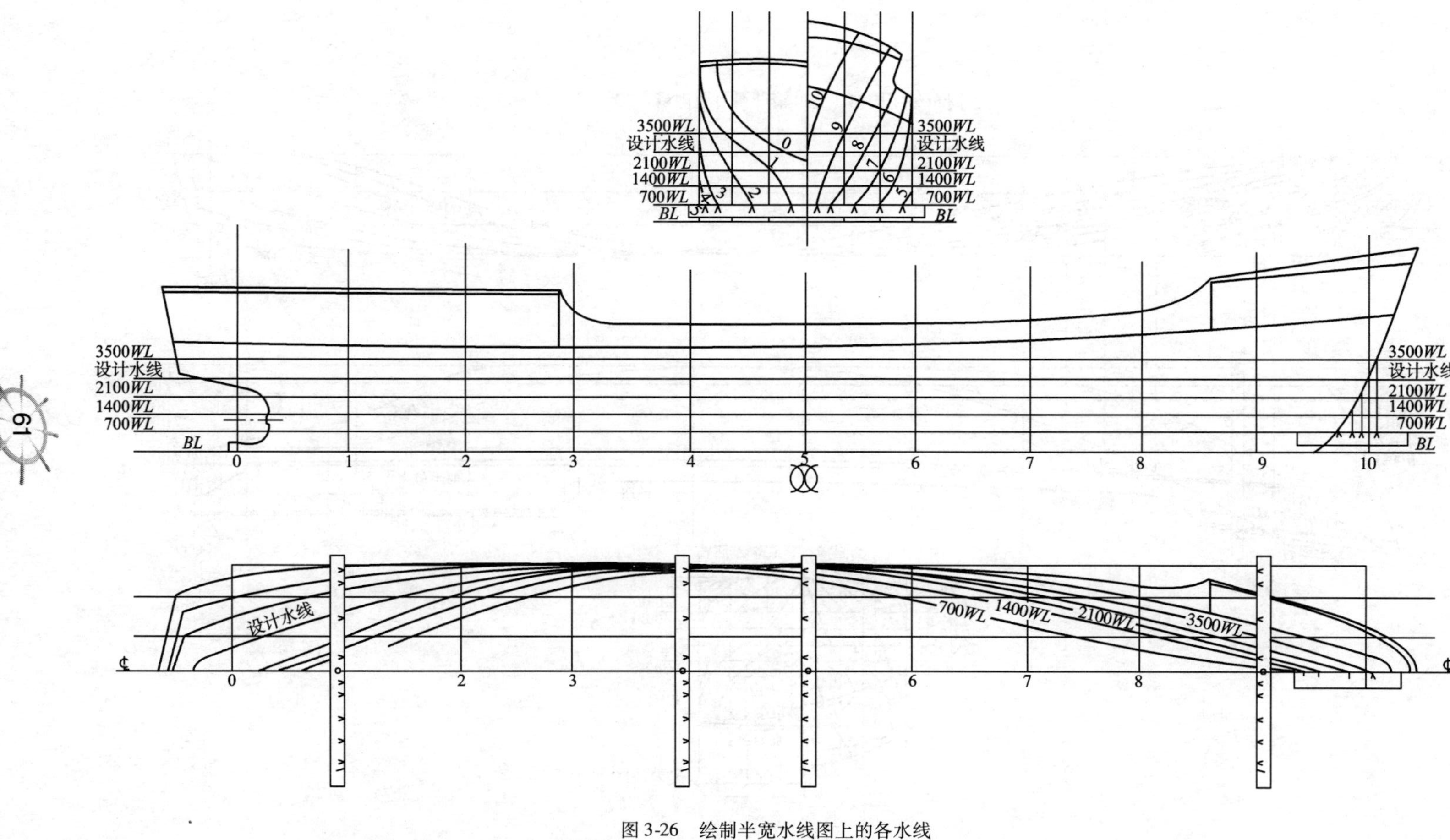

图 3-26　绘制半宽水线图上的各水线

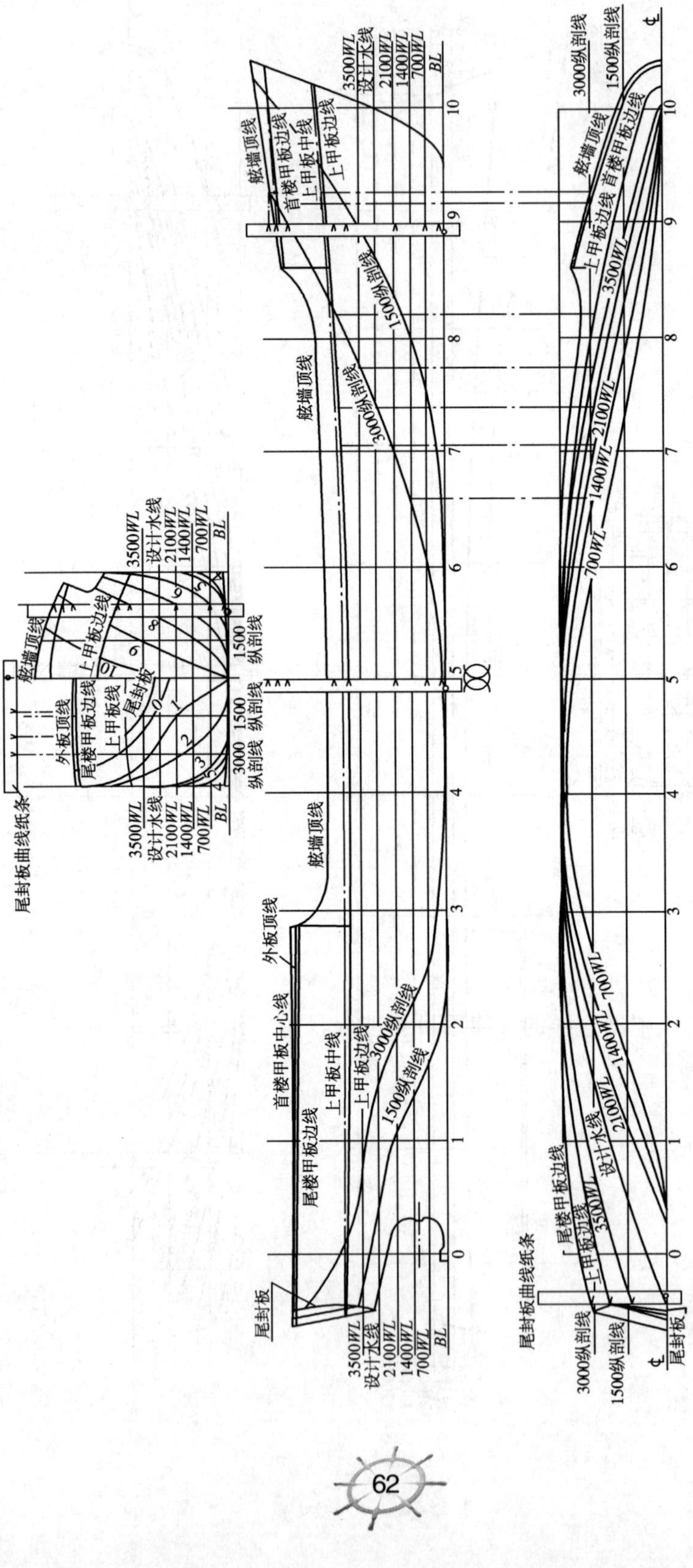

图 3-27　绘制尾封板曲线和纵剖线图上各纵剖线

如果纵剖线上各点不能连成光顺曲线，则需要修改不光顺处某些点的型值，并以修改后的型值修改横剖线图和半宽水线图中相应点的型值，使有关型线都能光顺。

修改型线是一项细致的工作，对型线某一处的修改，常会引起型线上相邻部分的变化，并且牵涉其他型线。所以在修改型线之前，要对型线有关部分加以观察和分析，然后着手进行。如图 3-28 所示：1500 纵剖线如果按横剖线图中，c''、d''、b''、e''和半宽水线图中 c、d、b、e 投影而得 c'、d'、b'、e'等点连接时，曲线不光顺。为使曲线光顺（如图中虚线所示），需变动 c'、d'、b'、e'至 c'_1、d'_1、b'_1、e'_1。为此，要相应修改 8 号横剖线、1400*WL*、2100*WL* 和设计水线、而修改 8 号横剖线和 1400*WL* 等水线又可能引起其他型线的修改。修改纵剖线时，如果单一变动纵剖线上点的型值，往往型值修改量较大，对其他型线的影响也较大。为此，可先适当变动半宽水线图中 1400*WL*、2100*WL* 与 1500 纵剖线交点的型值，再变动纵剖线图中 1500 纵剖线与水线、横剖线交点的型值，这样使型值修改量小，型线也容易修改光顺。

四 检验型线

型线绘制结束后，需要对型线的精确性进行检验。型线的精确性体现在型线的光顺、协调和投影一致三方面，通常就从这三方面进行检验。

1. 光顺性

型线的光顺性是指各型线的曲率应和缓地变化，不应有局部凹凸起伏和突变现象存在。单根型线的光顺性通过目测加以检验。检验时，用眼从型线的端部顺着型线的变化方向观察，看其是否光顺。

2. 协调性

型线的协调性是指同组型线间的间距大小应该有规律地变化，不应有时大时小的现象存在。

船体型线变化的特点通常是：沿船长方向，中部变化比较平缓，首尾两端型线变化较大；沿船深方向，底部型线变化较大。因此，反映在横剖线图中，站距相等的相邻两横剖线的间距，首尾部大，中部小。如图 3-28 的横剖线图中，9 号和 8 号横剖线间距大于 8 号与 7 号横剖线的间距。反映在半宽水线图中，水线间距相等的相邻两水线的间距通常底部较大，如图 3-28 的半宽水线图中，700*WL* 与 1400*WL* 的间距大于 1400*WL* 与 2100*WL* 的间距。初步检验型线协调性时，可以根据这样的规律用目测进行。

3. 投影一致性

型线的投影一致性是指型线上任一点在三视图中的投影应符合点的投影规律。对型线投影一致性进行检验时，通常主要检验型线交点在三视图中的投影是否符合投影规律。如图 3-28 所示：1500 纵剖线与 2100 水线交点 B 在三视图中的投影 b、b'、b''应满足“长对正”（$x_b = x_{b'}$）、“高平齐”（由格子线保证）、“宽相等”（由格子线保证）的投影规律。其中 B 点的长度型值在型值表中是不提供的，但型线画好后，该点的长度型值必须满足 $x_b = x_{b'}$，检验时应加以注意，不能忽略。又如 1500 纵剖线与 8 号横剖线交点 c 在三视图中的投影 c、c'、c''也应符合投影规律：“长对正”（由格子线保证）、“高平齐”（$z_{c'} = z_{c''}$）、“宽相等”（由格子线保证）。检验时要注意高度型值 $z_{c'} = z_{c''}$。

产生型线不光顺、不协调和投影不一致的原因主要有：图中量取型值时可能有错误；连接

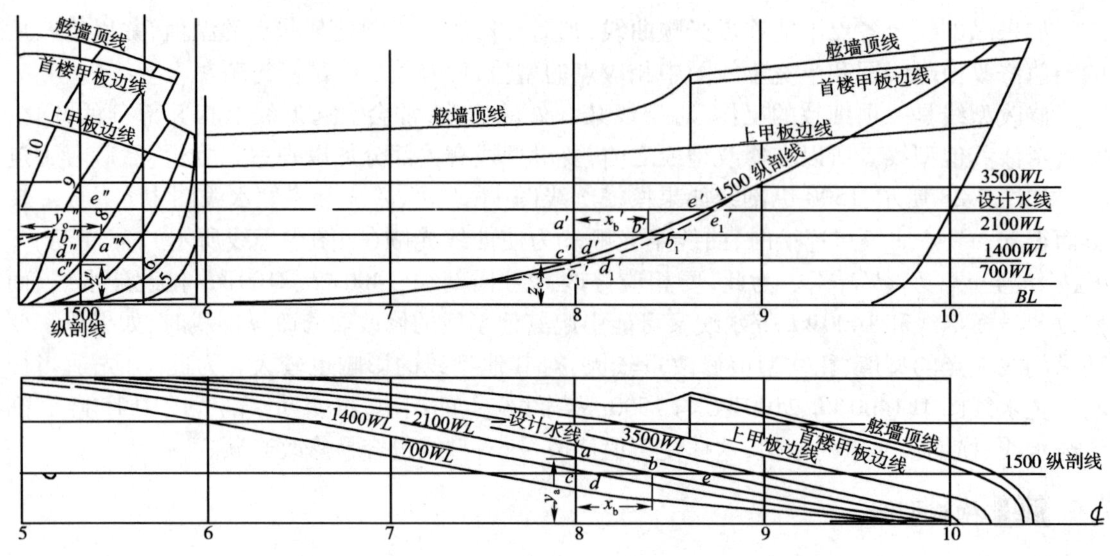

图 3-28　型线的修改

曲线时没有通过规定的点；格子线做得不够准确；型值可能有错误；用曲线板分段连接曲线时，两段间的连接不好，当发现型线有不光顺、不协调及点的投影不一致时，必须找出原因进行修正。

光顺性、协调性与投影一致性常常是矛盾的，但它们又是统一的，因为船体表面是一个光顺的曲面，如果不能同时满足这三个方面的要求，则说明这张型线图没有正确地反映船体

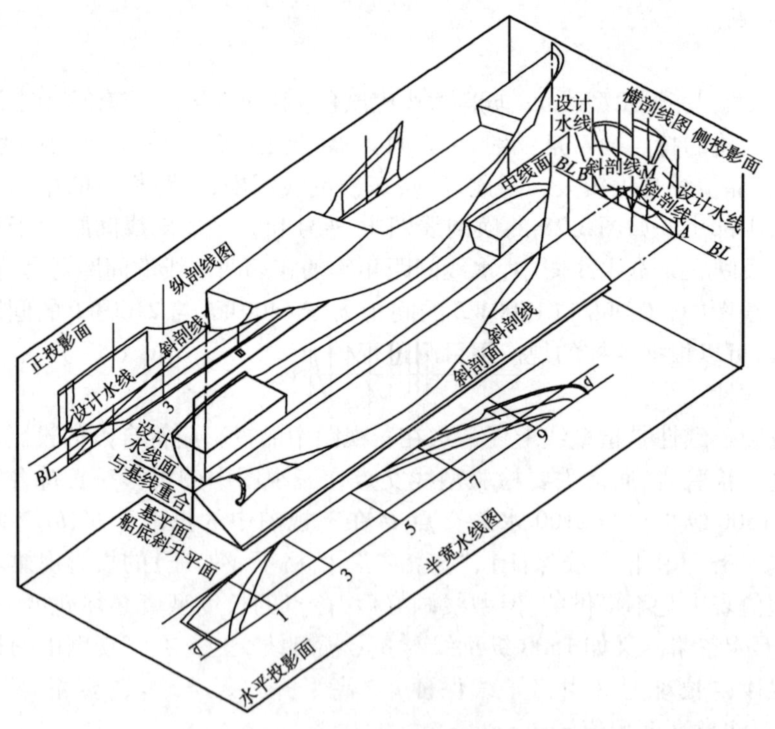

图 3-29　斜剖面与斜剖线

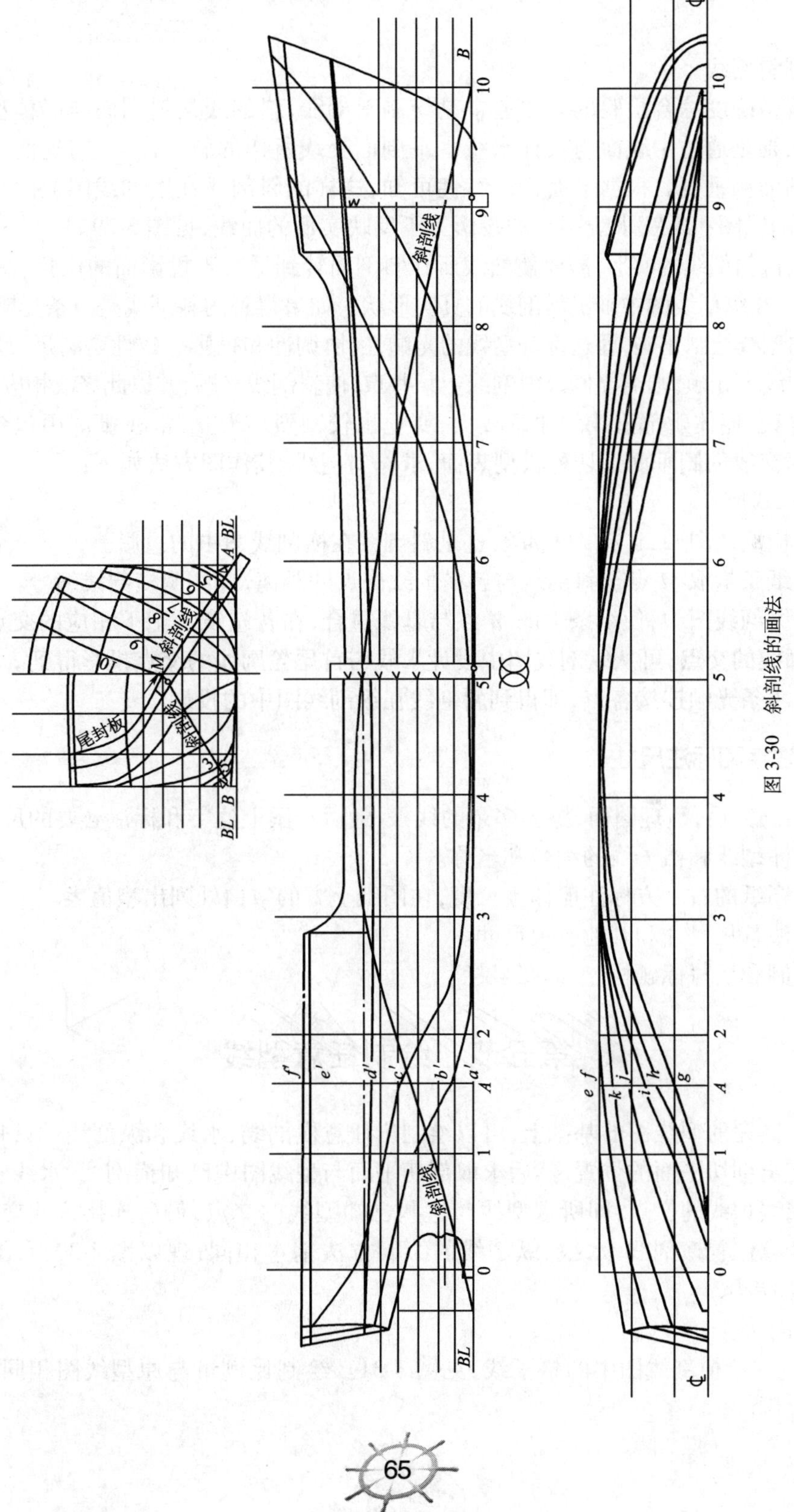

图 3-30　斜剖线的画法

的真实形状。因此在修改某一型线时，其他有关型线也应作必要的修改，直到满足三方面的要求为止。

4. 绘制斜剖线

对型线精确度综合检验的方法通常是绘制斜剖线，斜剖线是斜剖面与船体型表面的交线。斜剖面则是通过中线面与设计水线水平剖面交线所作的斜平面，它与这两个平面相倾斜而与中站面相垂直。根据平面投影特性可知，这样的斜剖线在横剖线图上的投影积聚为直线，在纵剖线图和半宽水线图中的投影为不反映实形的曲线，见图 3-29。

为了获得斜剖线的实形，需要使曲线所在斜剖面转到平行于投影面的位置。一般转至与中线面平行，在纵剖线图中画出斜剖线的真实形状。如果得到的斜剖线是一条光顺的曲线，则表明该处的型线绘制正确，即这部分型线的光顺性、协调性和投影一致性是满足要求的。如果得到的斜剖线不光顺，则需要修改斜剖线上某些点，使斜剖线光顺，并以此修改相应的型线。

一般来说，船体舭部型线的曲率较大，变化也较剧烈。为此，常在舭部用包含中线面与设计水线面交线的侧垂面剖切外板型表面，求作斜剖线，其作图方法如下：

如图 3-30 所示：

(1)在横剖线图中，连接 *MA*、*MB*，这是斜剖线在横剖线图中的投影。

(2)用纸条量取 *M* 点至斜剖线与各横剖线交点的距离，并注明横剖线编号。

(3)在纵剖线图中，使纸条上的 *M* 点与基线重合，在各站线上记下相应的交点。斜剖线与首尾轮廓线的交点，可从纵剖线图中设计水线与首尾轮廓线的交点投影得到。

(4)用压条光顺连接各点，即得到斜剖线在纵剖线图中的投影。

五 注字和标注尺寸

型线图画完后，整理图面，擦去多余的线条，最后在图上注字和标注必要的尺寸。

(1)标注型线和格子线的编号和名称。

(2)在图纸的右上方标注船体主尺度，在图纸上方的空白处列出型值表。

(3)标注首尾尺寸和其他有关尺寸。

(4)绘制和填写标题栏、反向图号栏。

第五节 绘制任意型线

在已绘制完的型线图的基础上，可以绘制出任意横剖线、水线和纵剖线。只是首先要在型线图中定出剖切平面的位置，然后求取剖切平面与型线图中已知横剖线、水线、纵剖线、甲板边线及舷墙顶线的交点，即所求型线与这些已知型线的交点，最后连接这些交点，得到所求型线。任意位置横剖线、水线、纵剖线的绘制方法基本相同，现以图 3-30 中 *A* 横剖线为例，说明作图步骤：

1. 作格子线

即图 3-30 中横剖线图中的格子线，见图 3-31。绘制比例可与原型线图相同，也可根据需要另选比例。

2. 量取交点型值

若绘制比例与原型线图相同，可用纸条在半宽水线图中量取 g、h、i、j、k、d、e、f 各点的半宽值；在纵剖线图中量取 a'、b'、c'、d'、e'、f' 各点的高度值，并记下编号。如果绘制比例与原型线图不同，则应先按型线图的比例用比例尺量取，并记下各点型值。

3. 画出型线

将纸条放在格子线相应编号的水线、纵剖线上，记下交点。若绘制比例不同时，则可根据记下的型值，按所选用的比例，用比例尺量取。用曲线板光顺连接各点，得 A 横剖线，见图 3-31。

通过肋骨平面所作的横剖线称为肋骨型线。图 3-10 中基线下方的肋位编号位置是船体上所有肋骨平面的位置，通过全船肋骨平面作出的横剖线就是全船的肋骨型线，它是肋骨型线图的组成部分之一。

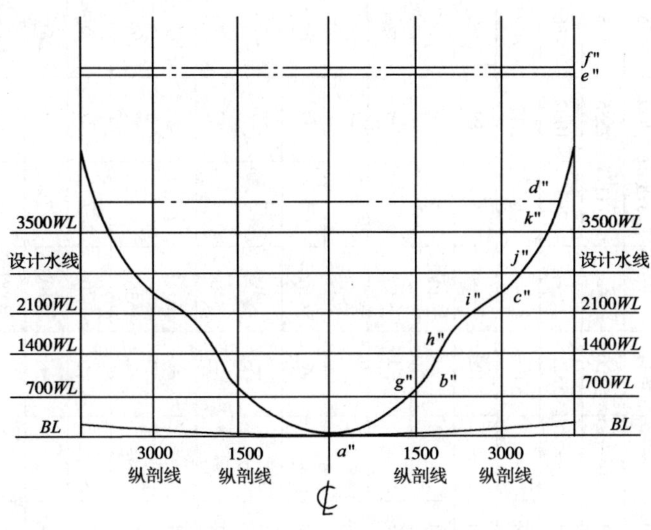

图 3-31 任意位置横剖线的画法

习 题

1. 根据沿海货船的主尺度、型直表及其有关尺寸，以 1:100 的比例，绘制该船的型线图。

(1) 主尺度：

总 长	64.63m	设计吃水	3.80m
垂线间长	59.00m	肋 距	0.60m
型 宽	10.80m	梁 拱	0.22m
型 深	5.10m		

(2) 型值表见习表 3-1。

(3) 其他有关尺寸见习图 3-1。

2. 根据习图 3-2，补齐该图中的水线、纵剖线，并绘制斜剖线。

型 值 表

习表 3-1

项目 站号	距船体中线之半宽(mm)										距基线之高度(mm)							
	475 WL	950 WL	1900 WL	2850 WL	3800 WL	4750 WL	上甲板边线	首部升高甲板线边	尾楼甲板边线	舷墙顶线	950 纵剖线	1900 纵剖线	2850 纵剖线	3800 纵剖线	上甲板边线	首部升高甲板边线	尾楼甲板边线	舷墙顶线
0	—	—	—	—	908	1967	2806	—	—	3403	3833	4677	5966	—	5895	—	—	7000
1	223	293	474	912	2038	3096	3840	—	4634	—	2898	3699	4495	5684	5760	—	7851	—
2	592	859	1456	2156	3090	3917	4450	—	5120	—	1111	2555	3556	4594	5657	—	7868	—
3	1251	1790	2622	3333	3979	4534	4863	—	5321	—	263	1062	2196	3528	5496	—	7762	—
4	2200	2896	3741	4237	4621	4944	5123	—	5400	—	14	317	913	1954	5389	—	7670	—
5	3126	3834	4524	4859	5064	5208	5280	—	5400	—	8	87	353	921	5300	—	7591	—
6	3849	4460	4983	5173	5273	5343	5369	—	—	5400	7	30	144	451	5228	—	7527	—
7	4394	4884	5226	5324	5370	5390	5400	—	—	5400	7	27	57	219	5174	—	—	6650
8	4733	5122	5334	5381	5400	5400	5400	—	—	5400	7	27	47	93	5132	—	—	6232
9	4906	5271	5387	5398	5400	5400	5400	—	—	5400	7	27	47	67	5108	—	—	6208
10	5023	5324	5400	5400	5400	5400	5400	—	—	5400	7	27	47	67	5100	—	—	6200
11	4924	5232	5367	5390	5392	5395	5397	—	—	5400	7	27	47	67	5117	—	—	6217
12	4683	5003	5248	5310	5345	5367	5374	—	—	5388	7	27	47	92	5164	—	—	6264
13	4320	4670	4974	5120	5215	5277	5303	—	—	5350	7	27	46	192	5244	—	—	6343
14	3831	4200	4581	4811	4974	5087	5150	—	—	5260	7	27	66	449	5358	—	—	6435
15	3152	3652	4000	4309	4552	4749	4894	—	—	5103	7	31	261	1410	5501	—	—	6600
16	2292	2696	3201	3501	3884	4198	4601	—	—	4881	8	226	1194	3552	5670	—	—	6830
17	1353	1769	2265	2650	2977	3370	3881	4552	—	4941	200	1156	3460	5690	3864	7263	—	8060
18	612	905	1326	1654	1998	2373	—	3825	—	4350	1038	3583	5691	7298	—	7339	—	8185
19	128	269	499	730	995	1332	—	2898	—	3569	3650	5882	7349	—	—	7417	—	8310
20	—	—	—	—	80	280	—	1739	—	2531	6348	7696	—	—	—	7494	—	8434

舷墙顶线
上甲板边线
首部升高甲板边线
4750WL
3800WL
2850WL
1900WL
950WL
475WL
BL
2900
1450
200
2230
1700
500
6030
7110
810
1800
R1200
392
270
R1190
400
500
100
1000
1700
200
R2250
820
2000
7550
8550
600
400
48
300
全船肋距 600
3800 纵剖线
2850 纵剖线
1900 纵剖线
950 纵剖线
4750WL
3800WL
R3200
R2260
R1180
R170
R120
R1850
R920

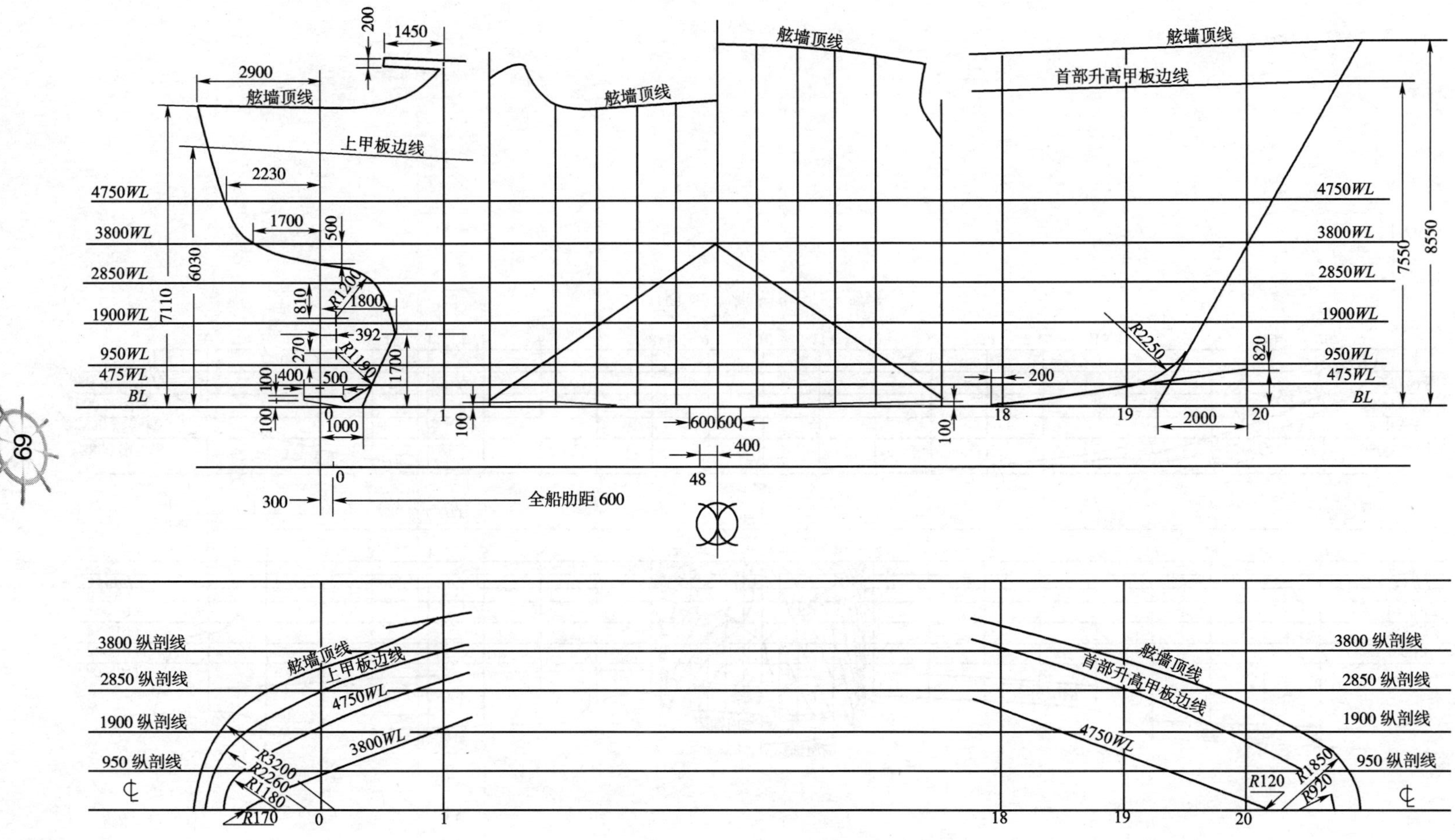

习图 3-1　其他有关尺寸

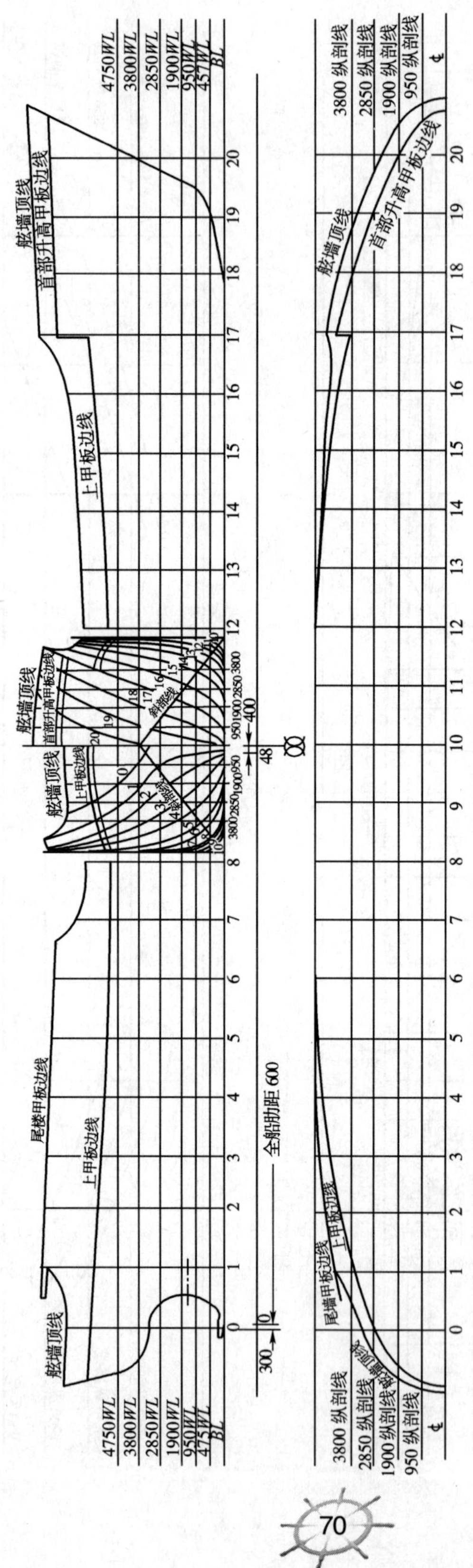

习图 3-2　补齐图中有关型线

第四章　总 布 置 图

总布置图是表示全船总体布置的图样,它比较集中的反映了船舶的技术、经济性能,是重要的全船性图样之一,它的主要的用途是:

(1)表示船舶上层建筑的型式、舱室的划分、主要机械、设备、武备、门窗、扶梯、通道等的布置情况。

(2)进行其他设计和计算的依据。如进行全船重量和重心位置计算,船舶设备和结构设计等的依据。

(3)作为绘制其他图样的依据。如绘制各类设备、系统布置图;门、窗、扶梯布置图;木作、绝缘布置图等的依据。

(4)在施工时,可作为对舾装工作的指导性图样。

第一节　总布置图的组成、表达内容及特点

总布置图由主要量度栏和一组视图组成,见图 4-1。(见书末插页　图 4-1　总布置图)

一　主要量度栏

主要量度栏中列有说明船舶技术、经济性能的一组数据,通常布置在图纸的右上方。其内容一般有:船体主尺度、排水量、载货量或载客量、主机功率、主机转速、航速、船员定额、续航力以及各层甲板间高度等。

二　总布置图的一组视图

1. 侧面图

侧面图是指从船舶右舷向正影面投影(即正视)所得到的视图,通常绘制在图纸上方,见图 4-1。侧面图是总布置图的主视图,它表达的基本内容是:

(1)表示船舶侧面外貌。具体来说,表示首、尾轮廓、龙骨线和舷墙的形状,上层建筑的形式、船型、舵和推进器的类型以及舷窗、烟囱、桅的设置等。

(2)表明主要舱室划分的概况。船体内部空间由内底板、甲板、平台分成若干层,每层空间又由舱壁或围壁划分成不同用途的舱室。根据内底板、甲板、平台、舱壁或围壁的数量及设置位置就可确定舱室划分的情况以及这些舱室在船长和船深方向的具体位置。侧面图主要表达主船体内舱室划分概况。

(3)表明船舶设备布置的概况。通常在侧面图中可以看到锚、系泊、救生、起货、舵等设备布置的概况。

(4)表明门、窗、扶梯等布置概况。对于舱室和设备较多的船舶,如舰艇、大型客船等,为

了比较清晰地表示船体内部的布置,常以中纵剖视图代替侧面图,或者另画中纵剖视图表示。中纵剖视图是以中线面剖切船体后向V投影面投影所得的剖视图。为了使图面清晰而且表示方便,规定各种设备不论是否被中线面所剖切,在图中一律画其轮廓投影。对于船体构件,也只画出被中线面剖切到的横向构件(如横梁、肋板、横舱壁等)的剖面形状和在中线面内的纵向构件(如中桁材、甲板纵桁、纵舱壁)等的投影,其余构件均省略不画。

2. 甲板、平台平面图

甲板、平台平面图是总布置的俯视图。它们是沿上一层甲板、平台的下表面剖切后,向该甲板、平台投影(即俯视)而得到的视图,对于最上层甲板或平台则是从其上方向水平投影面俯视。如图4-1中,罗经甲板平面图是在罗经甲板上方俯视投影所得的视图;驾驶甲板平面图就是沿罗经甲板下表面剖切船体后,将驾驶甲板及其上方的有关布置进行投影而得到的视图。艇甲板平面图则是沿驾驶甲板下表面剖切船体后将艇甲板及其上方的有关布置进行投影而得到的视图,其余甲板、平台平面图形的所得,依此类推。它们表示的是该甲板、平台到上一层甲板、平台之间整个空间的布置情况。甲板、平台平面图通常绘制在侧面图的下方,且按甲板、平台的位置,从上而下排列,见图4-1。甲板、平台平面图表示的基本内容是:

(1)甲板或平台上舱室划分和舱内设备、用具等布置的情况,以及这些舱室和设备、用具等在船长和船宽方向的位置。

(2)甲板或平台上舱室外船舶设备、机械的布置情况以及这些设备、机械在船长和船宽方向的位置。

(3)甲板或平台上通道、门、窗、扶梯的布置。

3. 舱底平面图

舱底平面图是沿最下层甲板或平台下表面剖切船体后而得到的俯视图,它绘制在图样的最下方,见图4-1。舱底平面图表示的基本内容是:

(1)对于双层底部分,表示双层底上面的舱室、设备布置的情况以及双层底空间液舱布置的情况。

(2)对于单底部分,表示船底构件上方舱室、设备布置的情况。

对于舱室、设备繁多的船舶,为了把主要舱室中的设备等表示清楚,有时还绘制横剖面图。横剖面图是在主要舱室部位用横向平面剖切船体,然后把剖切平面附近的设备和船体构件向侧面投影而得到视图。对各种设备不论是否被剖切到,也只画外形轮廓投影。

总布置图的侧面图、甲板平面图、平台平面图、底平面图从不同方向反映了船舶总体布置情况,它们之保持着对应的投影关系。

三 总布置图的特点

总布置图中表示的内容繁多且涉及面广。为了便于使用,图纸幅面又不宜过大,故图样采用小比例绘制。这样,如果全船的机械、设备、用具、门、窗、扶梯等都按投影方法绘制,则视图既繁复又不清晰。为完整表示全船总体布置情况,又便于绘制和识读,总布置图采用了一些特殊的表示方法。

1. 图形符号表示法

船用的各种设备、家具、门、窗、舱口盖、栏杆、灯具及绝缘敷料等。在总布置图中都采用形象化的图形表示。图形符号由 GB/T 3894—2008/ISO1964：1987《造船　船舶布置图中元件表示法》具体规定。常用的图形符号见表 4-1。《造船　船舶布置图中元件表示法》标准中对图形符号的尺寸没有具体规定，绘图时需要根据欲表达的设备、家具等的外形比例绘制。

船舶布置图图形符号

表 4-1

名称		图形符号	名称		图形符号
门	金属		固定方窗		
	非金属		水平移窗		
水平移门	金属		垂直移窗		
	非金属		带盖人孔		
弹簧门			金属舱口盖		
出入舱盖			带扶手的有垫座椅		或
抽屉			台子		或
双层抽屉或多层抽屉			淋浴喷头		
床头柜			盥洗盆		
单人床			独立式浴缸		
双层床			蹲式便器		
长凳或普通座位			小便器	平背式	
有垫座位或沙发		×××××		角式	

续上表

名　　称	图形符号	名　　称	图形符号
普通座椅	或	燃煤炉灶	
煤箱		从下层甲板上来的梯	
操舵仪		叠加梯	
磁罗经		直梯	或
雷达显示器		固定栏杆,表示栏杆数目的符号	
桅灯	或	链条栏杆,表示栏杆数目的符号	
尾灯	或	救生圈	
左舷灯		救生浮	
右舷灯	或	救生衣	
向上梯	+	气胀救生筏	
划桨救生艇	OL　(供侧视图选用)	导缆孔	
机动救生艇	ML　(供侧视图选用)	单滚轮导缆钳	
双柱带缆桩		多滚轮导缆器	
单十字带缆桩		系泊羊角	
导缆钳		缆绳卷筒	

标准中规定的基本图形符号还可以与其他图形符号组合使用,例如带有门柜和双层抽屉的单人床可“　”表示,有淋浴喷头的嵌入式浴缸“　”等。

凡是国家标准中未提到的各种特殊设备等,可用与其实际形状相似的图形符号来表示。

2. 图中不直接标注定形尺寸和定位尺寸

为了详尽地表示出欲表示的内容,又使图面保持清晰。总布置图中通常不标注具体尺寸。机械、设备、用具的精确尺寸由设备明细表或其他专用图样提供。机械、设备、用具等在船体上的定位尺寸,船长方向由肋位号确定,船宽方向以中线面为基准,船深方向由其所在的甲板、平台确定,具体的尺寸数字以及船体外形轮廓的尺寸,需要时可按比例从图中直接量取。

四 常用图线及其应用范围

总布置图中常用的图线及其应用范围如下:

(1)细实线:可见轮廓线,如各种设备、船体外板、甲板、平台以及开口等的可见轮廓线等。

(2)粗实线:钢质栏杆、梯的扶手、板材、型材剖面的简化线,如表示船体外板、金属舱壁与围壁、船体构件等的剖面。

(3)细虚线:不可见轮廓线。

(4)粗虚线:不可见板材的简化线,如不可见甲板、平台、横舱壁、内底板、肋板、金属围壁等的简化线。

(5)细点划线:中心线、开口对角线、液舱范围线等。

(6)细双点划线:假想位置线,如上甲板的开口轮廓线、单底船的肋板边线等。

(7)粗单点划线:表示链索的简化线,如锚链、系船索。

图形符号所用图线有细实线、粗实线、细虚线、粗虚线、细点划线等,具体可见表4-1。

第二节 识读总布置图

识读总布置图主要是了解船舶的类型、大小、上层建筑型式、舱室的划分以及机械、设备、用具等的布置。下面以图4-1为例说明读图的方法。

一 阅读标题栏和主要量度栏

读标题栏和主要量度栏,目的是对船舶类型及主要性能有个概括的了解。本船是一艘冷藏货船,总长49.90m,垂线间长45.00m,型宽8.50m,型深4.00m,设计吃水2.80m、满载排水量598t、载货量167.6t。本船允许超载,超载时最大吃水3.10m,相应的超载排水量684t,超载时载货量为243.6t。主机功率441kW,航速11.80kn,船员人数18人。并且可以知道载燃油34.4t、淡水18t,由此可以估计本船的续航力和自给力。

二 读侧面图

识读侧面图的目的主要是了解船舶的外形、上层建筑的型式、船体的舱室和设备的布置概貌。

1. 了解船舶外貌

本船为倾斜式船首、方尾、水平龙骨、单舵、单螺旋桨的尾机型船。设有首楼和尾楼,尾

楼上有烟囱和装设天线、信号灯的三脚桅。两个货舱之间设有一桅杆,桅杆上设有两副起货吊杆。

2. 了解主船体内舱室划分

本船主船体由上甲板和内底板划分为船舱和双层底舱两部分。船舱中的#5、#21、#26、#47、#70、#73 六道横舱壁划分为尾尖舱(后压载水舱)、机舱、冷冻机舱、后货舱、前货舱、清水舱、首尖舱(首压载水舱)等 7 个舱室。双层底舱位于#17 ~ #64 肋位之间,由水密肋板划分为燃油舱、压载水舱、备用清水舱。

3. 了解上层建筑内舱室划分概况

本船设有尾楼和首楼。尾楼设于船尾至#23 肋位之间,由尾楼甲板、驾驶甲板和罗经平台划分成 3 层空间。上甲板至尾楼甲板的空间里,由围壁划分为舵机舱、厨房、餐厅等舱室。

其余各层空间的划分未表示,可见相应的甲板或平台平面图。首楼设于#70 肋位至船首,首楼内划分有灯间、杂物间、油漆间等舱室。

4. 了解设备布置概况

罗经平台上布置有磁罗经、探照灯、扩音喇叭。并设有三脚桅,桅杆上装有无线电天线、雷达天线、信号灯。驾驶甲板上布置有机舱顶棚、船名灯牌。尾楼甲板上布置有系泊设备、救生设备、烟囱等。上甲板上设有起货设备、机动工作艇,通风筒及系泊设备、扶梯等。首楼甲板上设有锚设备和系泊设备。各种设备详细布置情况可与相应的甲板或平台平面图联系起来看。

三 详细了解全船的布置情况

详细了解全船布置情况,可以逐层甲板,逐个舱室根据甲板平面图、平台平面图和舱底平面图对照侧面图进行详细阅读;也可以根据需要,对某一设备或某一部分内容进行详细阅读。不论是全面了解,还是根据需要局部了解,在阅读时必须使平面图与侧面图、平面图与平面图配合起来,相互对照,这样才能全面了解布置情况。现举例说明读图方法。

1. 了解首部锚及系泊设备的布置

首部锚设备和系泊设备布置在首楼甲板上,见图 4-2。从图 4-2 的平面图中可见;锚设备由起锚机 1、锚链 2、止链器 3、锚链筒 4、锚 5 组成。它们对称于船体中线布置,起锚机的链轮轴线位于#74 肋位,止链器位于#76 ~ #77 肋位之间,锚链筒在甲板上开口的中心位于#78 $\frac{1}{2}$肋位处,在外板上开口的中心位于#81 肋位附近,锚链使锚与起锚机联系在一起。系泊设备由缆索卷车 6、带缆桩 7、双滚轮导缆钳 8、普通导缆钳 9 组成。它们对称于船体中线布置。缆索卷车共 3 部,其中两部的轴线位于#71 肋位,另一部的轴线位于#82 $\frac{1}{2}$肋位上。带缆桩共有两对,一对靠近船舷,中心位于#74 肋位附近,另一对在锚链筒开口的两侧,中心位于#79 肋位附近,一对双滚轮导缆钳的中心位于#84 肋位处,一对普通导缆钳的中心则位于#71肋位处。各设备在船宽方向的定位尺寸可在图中按比例量取。

2. 了解船员房间的布置

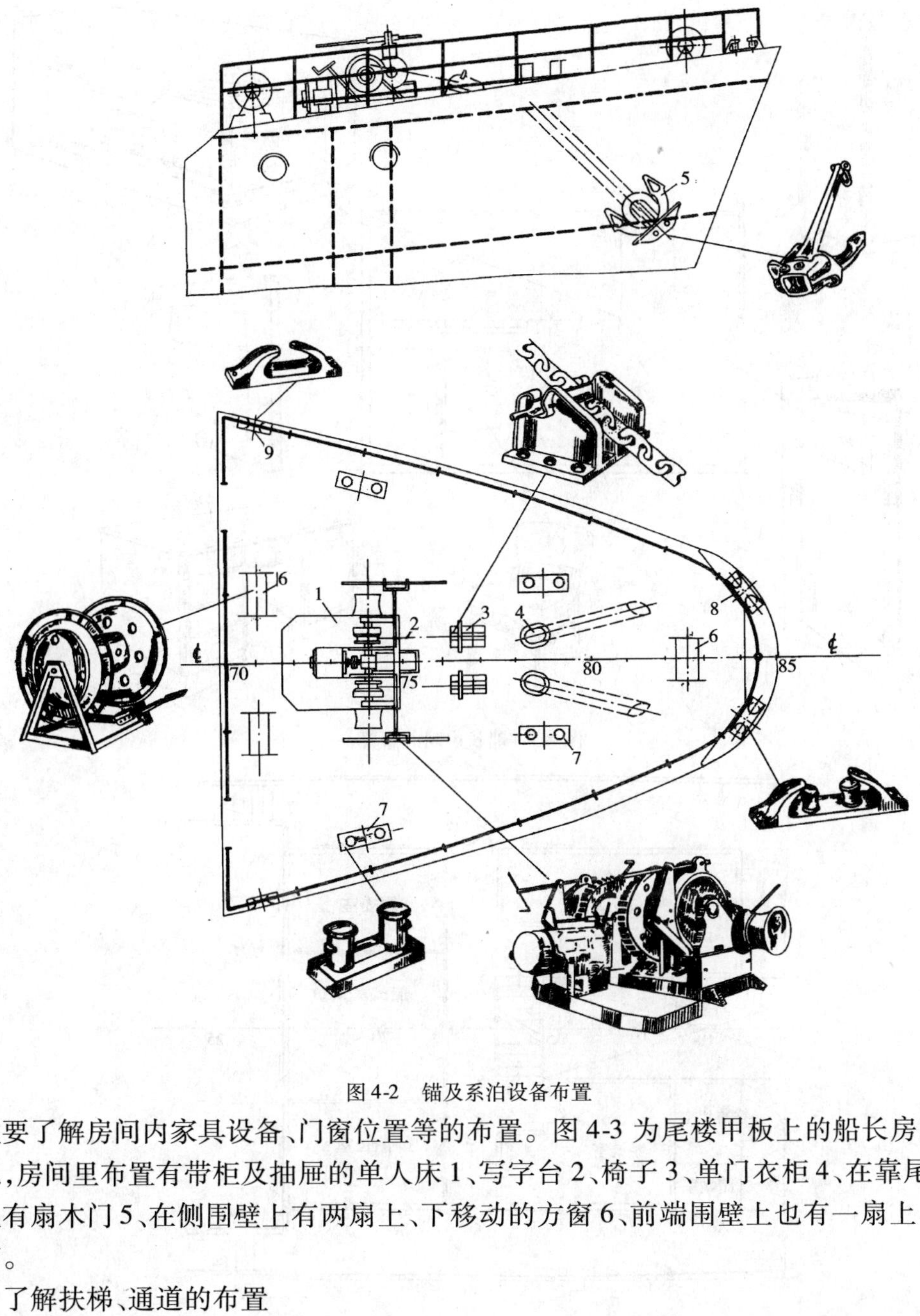

图 4-2 锚及系泊设备布置

主要了解房间内家具设备、门窗位置等的布置。图 4-3 为尾楼甲板上的船长房间，从图中可见，房间里布置有带柜及抽屉的单人床 1、写字台 2、椅子 3、单门衣柜 4、在靠尾部的横围壁上有扇木门 5、在侧围壁上有两扇上、下移动的方窗 6、前端围壁上也有一扇上、下移动的方窗。

3. 了解扶梯、通道的布置

主要了解室内外出入通道和上、下扶梯的布置情况。图 4-4 表示尾楼甲板上扶梯、通道布置的情况。由图中可见：在两侧纵围壁上，$^{\#}16\frac{1}{2}\sim{}^{\#}18$ 肋位之间布置有两扇木门 1 及 2，以沟通室内外，通过木门 1 可从右舷出入室内外；通过木门 2 可从左舷出入室内外。在 $^{\#}15\sim{}^{\#}18$ 肋位之间设有内通道。在甲板的两舷 $^{\#}23\sim{}^{\#}25$ 肋位之间设有室外扶梯 3、4；在甲板

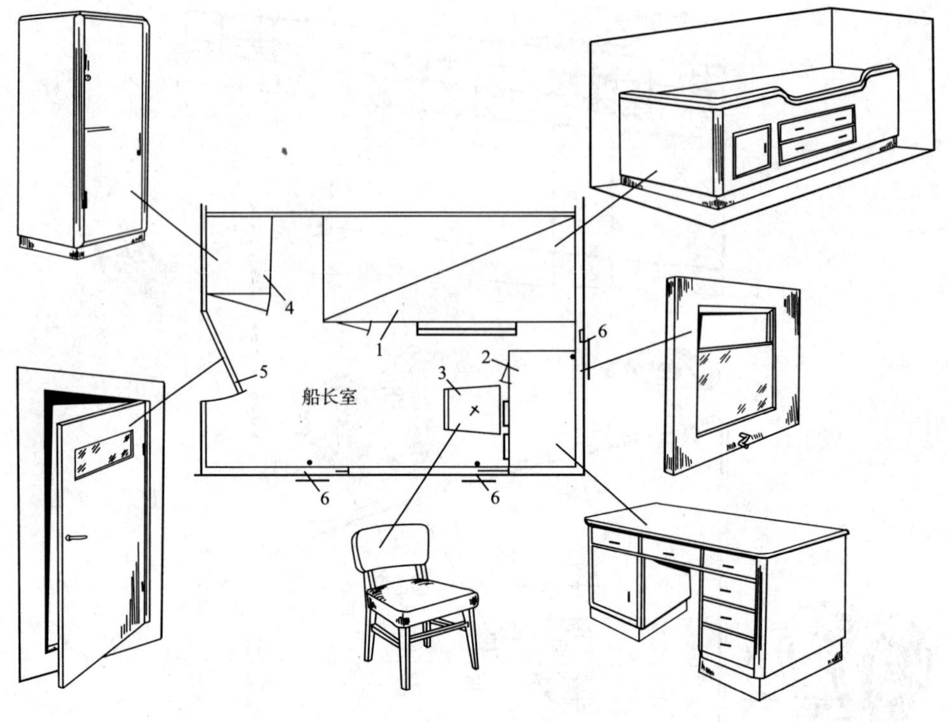

图 4-3　船长房间的布置

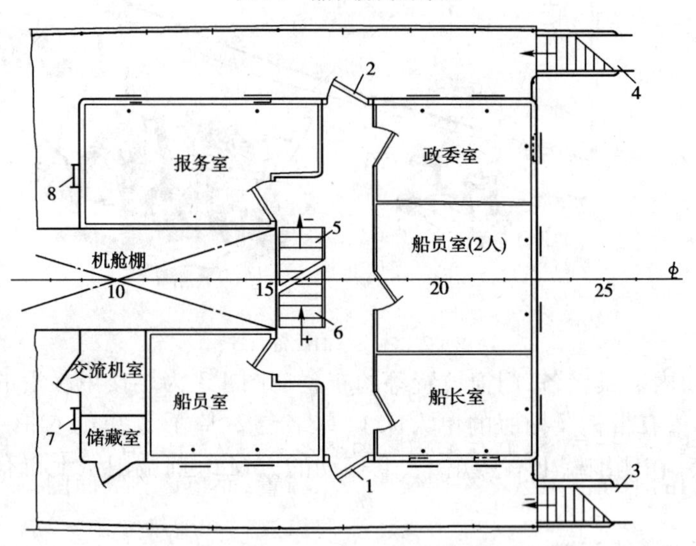

图 4-4　尾楼甲板上扶梯、通道的布置

中部#15 ~ #16 $\frac{1}{2}$肋位之间设有室内扶梯 5、6；在报务室和储藏室后端壁上设有直梯 7、8。扶梯 3、4、5 用来沟通尾楼甲板与上甲板间的上下联系，通过扶梯 3 可从尾楼甲板右舷室外下至上甲板；通过扶梯 4 可从左舷室外下至上甲板；通过扶梯 5 可从室内下至上甲板；扶上的箭头表示走向，"－"表示从本层甲板向下的扶梯，即表示向下沟通与下层甲板的联系。对照上甲板平面图，可在相应位置找到3部扶梯，其走向正好相反，其上标有“+”表示从本层甲板向上的扶梯，即表示向上沟通与上层甲板的联系。扶梯6及直梯7、8用来沟通尾楼甲板与驾驶甲板间的上、下联系。通过扶梯6可从内通道上至驾驶甲板；通过直梯7、8可从室外上至驾驶甲板。对照驾驶甲板平面图，可在相应位置找到一部向下的扶梯和两部直梯。由于扶梯布置涉及上、下两层甲板，读图时必须使上下层甲板平面图对照起来识读。

第三节　总布置图的绘制方法和步骤

绘制总布置图时，其表达内容的深度和广度视不同设计阶段有所不同。在初步设计阶段绘制的总布置图，主船体部分通常只表示出各种不同用途的船舱位置，上层建筑则根据舱室面积、驾驶视野、梯道和设备等的布置要求，表示其外形轮廓，在此阶段绘制机械、设备、武备等的简单的外形轮廓。在详细设计阶段，则要求详尽地表示全船舱室、设备、门、窗、扶梯等布置情况。不同设计阶段，总布置图表达内容的深广度虽然不同，但绘图步骤和方法还是基本一致的。通常绘制总布置图的步骤如下：

一　选取比例、图纸幅面及布置图面

1. 选取比例和图纸幅面

总布置图图样比例的大小应根据图样表达内容的深广度、船舶大小、设备繁简而定。通常初步设计阶段的总布置图的比例可选用小些；详细设计阶段的总布置图的比例可选用大些。船舶尺度大而设备比较简单的船舶，其总布置图比例可取小些。为了便于绘图，一般采用同一设计阶段中型线图的比例。常用的比例有1:100、1:50、1:25等。

图纸幅面主要是根据所选用的比例、船体主尺度、甲板层数等因素选择的。考虑到图样使用上的方便，图纸幅面不宜过大。当船舶甲板层数较多时，则视图可布置在两张或两张以上的图纸上。

2. 布置图面

选好图纸幅面后，可画出边框线及标题栏，并合理布置图面。通常，侧面图布置在图纸上方，甲板、平台、舱底平面图按自上而下的次序逐层对应布置在侧面图下方。先是上层建筑各层平台、甲板，其中包括尾楼甲板、救生艇甲板、驾驶甲板、罗经甲板、首楼甲板等，其次是主船体内各层甲板、平台，最下方是舱底图。为了减少图纸幅面，当上层建筑各层甲板的长度较小时，它们的平面图可以不按照投影关系布置，而布置在侧面图下方的适当位置。为了便于绘图和读图，肋位上下应尽量对齐。主要量度栏一般布置在图纸右上方。

二　绘制各视图的外形轮廓

1. 作基线和船体中线

根据各视图的位置，作出侧面图的基线；甲板、平台及舱底平面图的船体中线。并在基线和船体中线上根据肋距定出各肋位，轻轻地标注上肋位号。

2. 画侧面图外形

根据型线图给出的数据,画出首尾轮廓线、龙骨线、舷墙顶线。根据上层建筑型式、甲板层数、甲板间高度,画出上层建筑的外形。

3. 画甲板、平台、舱底平面图的外形

根据型线图给出的数据,画出主船体内各层甲板、平台、舱底及首尾楼甲板的平面图外形。其中与主船体外板相连的各层甲板、平台及舱底平面图的外形根据型线图中半宽水线图确定,其型值可查型线图的型值表;上层建筑中的其他各甲板、平台平面图的外形,可根据设计时确定的外形尺寸绘制。

三 绘制与分舱有关的船体构件

为了表明舱室和通道等布置情况,总布置图中需要画出与分舱有关的船体构件,其基本内容如下:

(1)在甲板、平台平面图中,根据舱室划分情况画出甲板上的舱壁及舱室围壁(甲板下的舱壁及舱室围壁一般省略不画)。

(2)在舱底平面图中,根据舱室划分情况画出纵、横舱壁或舱室围壁、水密肋板、水密底纵桁。

(3)在侧面图中,画出内底板、甲板、平台,并根据甲板、平台、舱底平面图中横舱壁、舱室围壁、水密肋板的位置画出横舱壁、舱室围壁(被右舷舱室遮挡的舱室围壁省略不画)、水密肋板。

四 绘制门、窗、开口、扶梯及液舱

(1)先在甲板、平台、舱底平面图中画出门、窗、开口和扶梯,然后投影到侧面图中相应的位置。

(2)在侧面图、舱底平面图中画出表示液舱的对角线。

五 绘制舱室设备及其他各种装置

先在甲板、平台平面图中画出舱室设备,船舶设备、通风装置、烟囱、机舱顶棚、栏杆、导航仪器、信号灯等,然后将它们投影到侧面图中相应的位置,画出舱室设备、船舶设备、通风装置、烟囱、机舱顶棚、栏杆、导航仪器、信号灯以及旗杆、舵、推进器等(各种设备、装置的不可见投影一般省略不画)。

六 检查、加深和在图中注字

全图绘制结束后,仔细检查是否有遗漏和错误。检查时可逐层甲板、平台及舱底平面图对照侧面图和有关视图进行。检查无误后,按图线要求加深,并在图中注字。注字的基本内容是:

(1)在视图上方标注视图名称(侧面图一般省略不注);在视图中标注各舱室的名称及肋位号。

(2)在图纸的右上方标注主要量度。

(3)填写标题栏及反向图号栏。

习 题

1. 总布置图的视图有哪几种？各视图是如何剖切和投影的？
2. 总布置图的表达特点有哪些？
3. 总布置图中常用的图线有哪些？各图线的含义？
4. 请熟悉总布置图中常用的图形符号。
5. 识读习图4-1所示长江2400t油船总布置图(见书末插页)，其要求如下：

(1)了解反映该船主要技术、经济性能的数据；

(2)了解该船的外貌特征，指出首楼和尾楼设置的位置；

(3)了解船舱和货油舱舱室划分的情况，并指出各舱在船长方向的位置；

(4)了解首部锚设备、系泊设备的组成，并指出各设备的位置；

(5)指出尾楼甲板上舱室划分情况，指出各舱室中家具布置情况。

第五章　船体结构图样基础知识

船体的结构主要是由外板和骨架两大部分组成。现代金属船体外板是由钢板制成，骨架则由具有一定截面形状的钢材——型钢所制成。图5-1所示船体某段的结构是由许多开孔和不开孔的钢板、角钢、T型钢、折边和不折边的肘板等组合而成。整个船体结构的表示方法，基本上就是钢板和各种型钢的表示方法。因此，阅读和绘制船体结构图样，首先必须掌握板材和各种型材的表达方法和尺寸注法。

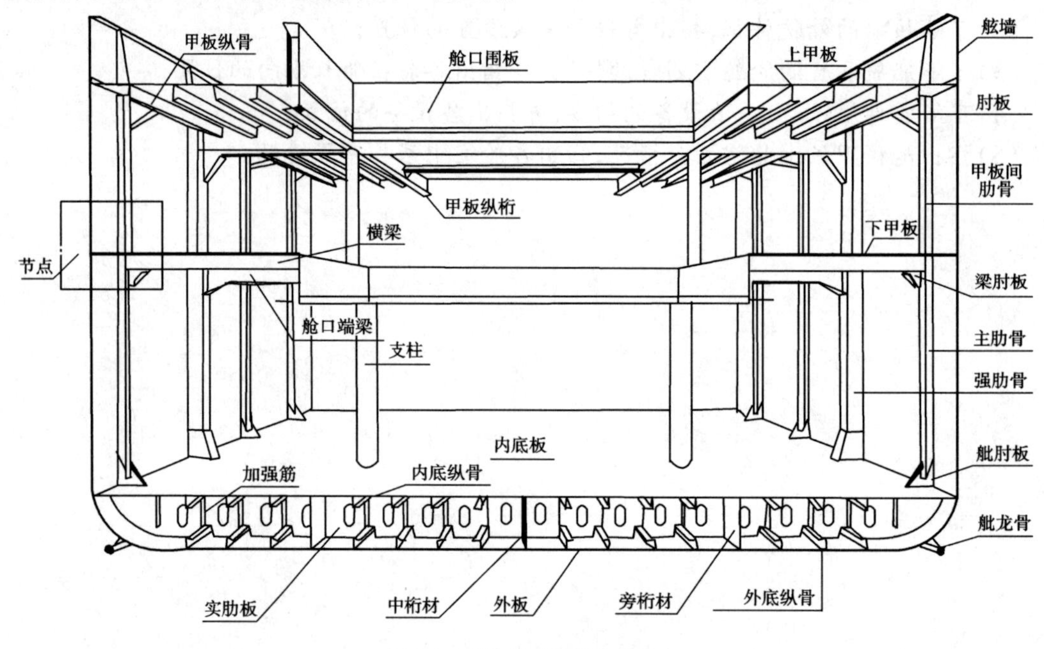

图5-1　船体主要构件的名称

第一节　板材与常用型材的表达方法

板材与型材的画法遵循正投影的基本原理，但由于绘制船体图样时要采用较小的比例，故板材与型材的画法和尺寸注法又有它的特殊之处，必须按国家和有关行业标准的规定进行。

一　板材的画法及尺寸注法

在船体结构图中，板材的轮廓线用细实线表示。小比例时，板材的厚度在图样上往往不能按比例绘出，因此规定：当板厚按比例缩小后，在图样上的尺寸小于或等于2mm时，将表示板厚投影的两条细实线的距离画成粗实线的宽度，而板厚的剖面用粗实线表示，不画剖面符号，即用涂黑代替剖面符号。板材断裂时，折断处用波浪线或折断线表示。

钢板的尺寸注法有3种:整块钢板材尺寸按“厚度×宽度×长度”集中标注;断裂钢板不标注折断方向尺寸;仅需知道厚度而没必要知道宽度和长度的图样中,仅标注出钢板的厚度。尺寸可标注在图形中,也可引出标注在图形外。

船体上常用的板材的形式有平直板材、弯曲板材和折边板材3种:

(1)平直板材:平直板材主要用于平面舱壁板、内底板和平台等部位,其画法及尺寸标注法见图5-2。

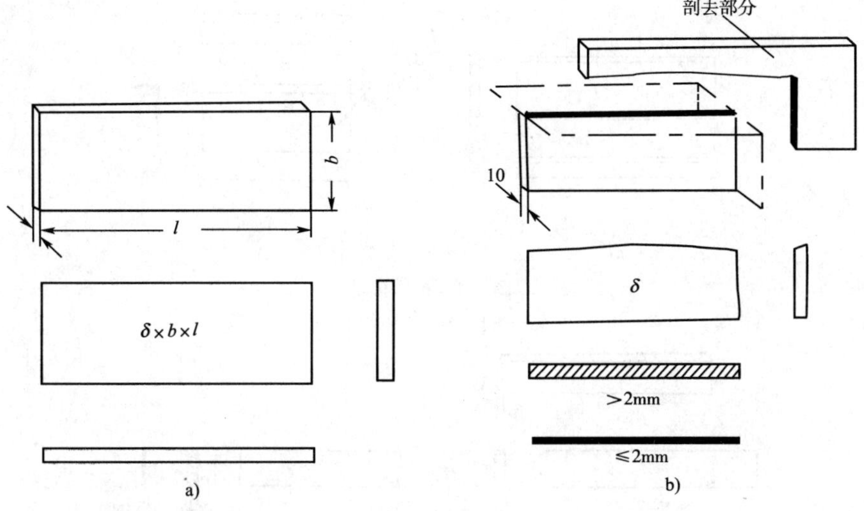

图5-2　平直板材

(2)弯曲板材:弯曲板材主要用于船体外板、甲板板等,其画法及尺寸标注法见图5-3。

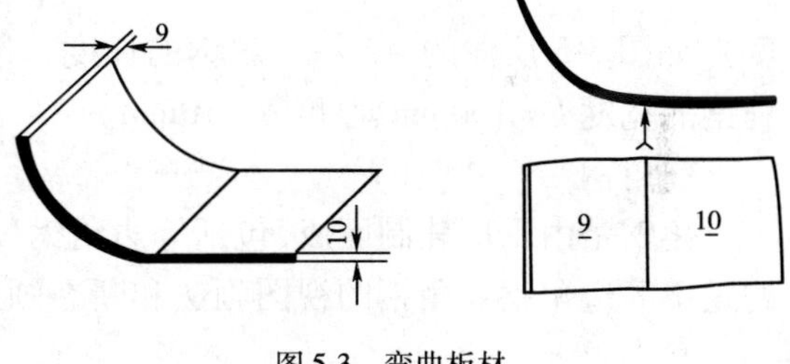

图5-3　弯曲板材

(3)折边板材:折边板材通常是将平直板材沿板边某一距离的直线折角而成(常为90°),它的视图画法见图5-4a),折断画法见图5-4b)。在小比例时,板材厚度及剖面的画法与平直板材相同。折边板材的尺寸数字前要标注折边符号“L”,尺寸按折边板材的“厚度×高度/折边宽度”形式标注。

二　常用型材的画法及尺寸标注

型材是断面具有一定几何形状的钢材,可由钢厂轧制或由板材组合焊接而成。严格地说,型材是由轧钢厂轧制而成,组合型材是由人工焊接而成。船体上常用的型材主要有扁钢、角钢、球扁钢、槽钢、工字钢、T型钢、圆钢和钢管等。

1.扁钢

扁钢是由钢厂轧制或用钢板剪、割而成的具有一定宽度的钢板条,故也称带钢。它的视图画法和断裂画法如图5-5所示,与钢板基本相同,只是断裂时仅断长度方向。

扁钢的尺寸表示方法是在扁钢断面符号“—”或FB之后写出其断面尺寸(宽度和厚

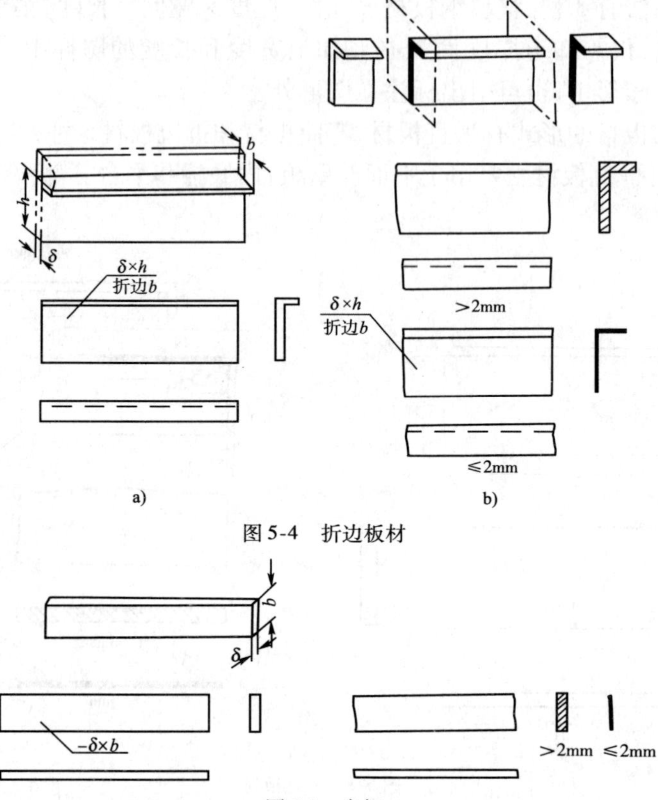

图 5-4　折边板材

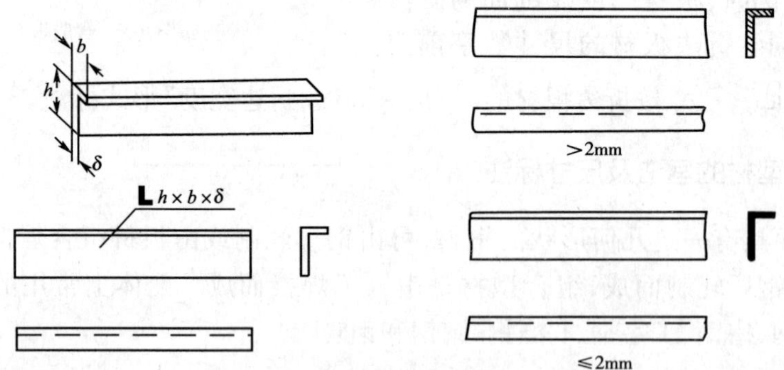

图 5-5　扁钢

度)，如图 5-5 所注的 $-\delta\times b$。扁钢的长度一般不写出。如 -100×10 或 FB100×10，即表示扁钢的宽度 $b=100$mm、厚度 $\delta=10$mm。

2. 角钢

角钢是由钢厂轧制而成，包括等边角钢(断面两边长相等)和不等边角钢，但船体中常用的是不等边角钢。角钢的视图画法和断裂画法与折边钢板的画法相同，见图 5-6。

图 5-6　角钢

角钢尺寸表示方法与扁钢相同，即在断面形状符号之后，写出角钢断面的两边之长和厚度，如图 5-6 中∟ $h\times b\times\delta$。如：∟ 100×63×8，即表示不等边角钢的长边 $h=100$mm、短边

$b=63\text{mm}$、厚度 $\delta=8\text{mm}$。如：∟ 100×100×10，即表示等边角钢，其断面尺寸为两边长 $h=b=100\text{mm}$、厚度 $\delta=10\text{mm}$。同样，角钢的长度在图样中一般不必写出。

3. 球扁钢

球扁钢也是由钢厂轧制的型钢，它的视图画法和断裂画法都与角钢基本相同，见图 5-7。

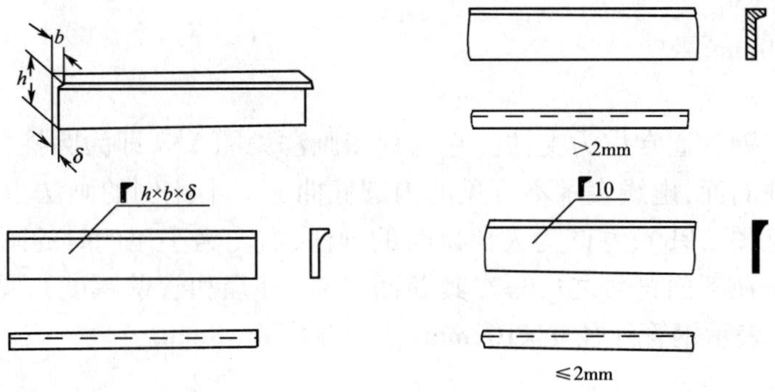

图 5-7　球扁钢

球扁钢的尺寸表示方法有两种：一种与角钢表示法相同，即在断面形状符号"⎡"或 HP 之后写出断面尺寸，如图 5-7a）中的⎡ $h\times b\times\delta$。如：⎡200×44×10（也可写成 HP200×44×10）即表示球扁钢高 $h=200\text{mm}$、球缘宽度 $b=44\text{mm}$、厚度 $\delta=10\text{mm}$。另一种是在球扁钢断面形状符号或 HP 之后写上球扁钢编号，如图 5-7b）中的⎡20b 或 HP20b。这里 20 为球扁钢的编号，同时又表示其高度为 200mm（通常高度 = 编号数 ×10）。至于其他尺寸可由编号数查型钢表获得。

4. 组合 T 型钢

在船体的结构中某些较大的骨架常用组合 T 型钢结构。它是由水平的面板和垂直的腹板焊接而成。它的视图画法，当采用小比例绘制时（即按比例缩小，板厚≤2mm），其腹板规定用粗虚线表示，见图 5-8a）（在画小比例时的不可见板材的板厚投影多用此法表示）。T 型钢的断裂画法见图 5-8b）。

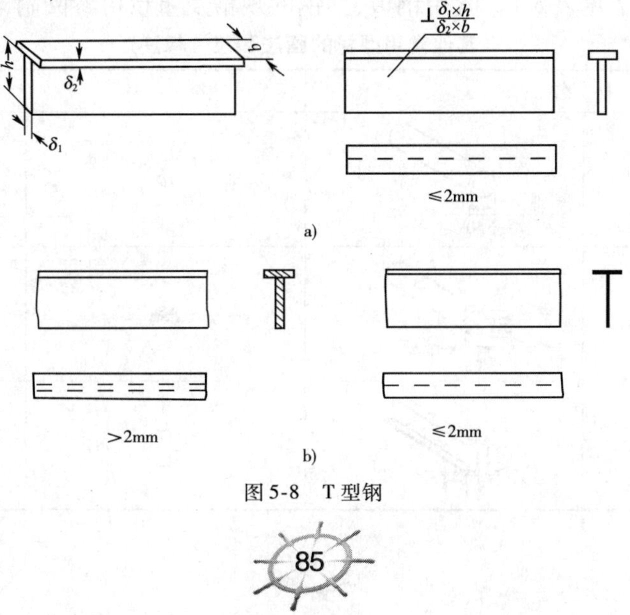

图 5-8　T 型钢

组合T型钢的尺寸表示法是在T型钢的断面符号之后写出它的断面尺寸，如图5-8中的$\perp\frac{\delta_1 \times h}{\delta_2 \times b}$。尺寸中的分子为腹板的断面尺度（厚度×高度）。分母为面板的断面尺寸（厚度×宽度）$\perp\frac{8 \times 300}{12 \times 150}$，即表示T型钢的腹板厚度$\delta_1 = 8$mm、高度$h = 300$mm；面板厚度$\delta_2 = 12$mm、宽厚$b = 150$mm。

5. 钢管

在船体结构中钢管通常作为支柱。它的视图画法见图5-9，即为圆柱曲面的投影。实线表示可见的外圆柱曲面，虚线表示不可见的内圆柱曲面。小比例的画法也与其他型钢相同。钢管的断裂画法见图5-9b)，左图为大比例时的画法，右图为小比例时的画法。

钢管的尺寸是在断面符号之后写出其断面尺寸（外径和管壁厚度），见图5-9中的$\phi d \times \delta$。如$\phi 102 \times 8$，即表示钢管外径$d = 102$mm，管壁厚度$\delta = 8$mm。

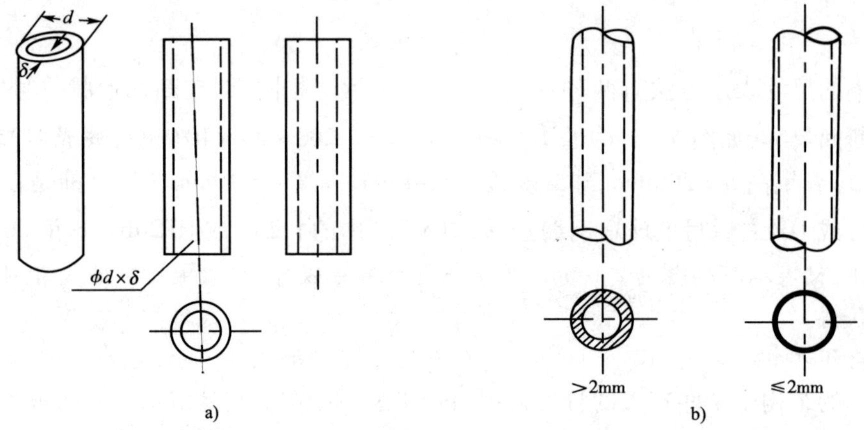

图5-9　钢管

除上述几种型钢外，船体构件中常用的型材尚有槽钢、工字钢、半圆钢及圆钢等。它们的画法及尺寸表示法见表5-1。常用钢板、型钢的规格及重量可参阅附录二。

其他常用型材的画法和尺寸标注　　表5-1

型材名称		符号	尺寸标注法
圆钢	φ50	φ	φ50
半圆钢	50　25	◓	◓50×25
槽钢	200　7　73	[	[20a [200×73×7

续上表

型材名称		符号	尺寸标注法
工字钢	250　116　8	I	I25a　I250×116×8
T 型钢	6　300　8　120	T	T $\frac{8\times120}{6\times130}$
组合工字钢	7　300　10　100	I	$\frac{7\times300}{\text{I}2(10\times100)}$
组合角钢	12　400　ϕ60　16　240	┗●	$\frac{12\times400}{16\times240\ \phi60}$
组合球扁钢	10　300　ϕ50	┃●	$\frac{10\times300}{\phi50}$
组合箱形梁	12　500　16　400	⊥⊥	⊥⊥ $\frac{2(12\times500)}{16\times400}$

三　肘板的画法及尺寸标注

肘板是由板材加工而成的板件，通常作构件间的连接，以减少端点连接处的应力集中。肘板的形式一般有 T 型肘板、折边肘板、无折边肘板 3 种。在用小比例绘图时，视图可以简化绘制，见图 5-10。

肘板的尺寸以集中标注的形式标注，其中折边肘板和 T 型肘板的尺寸数字前还需分别标注符号“∟”和“⊥”。

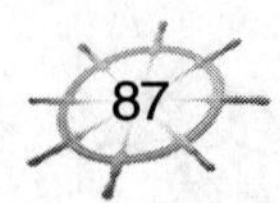

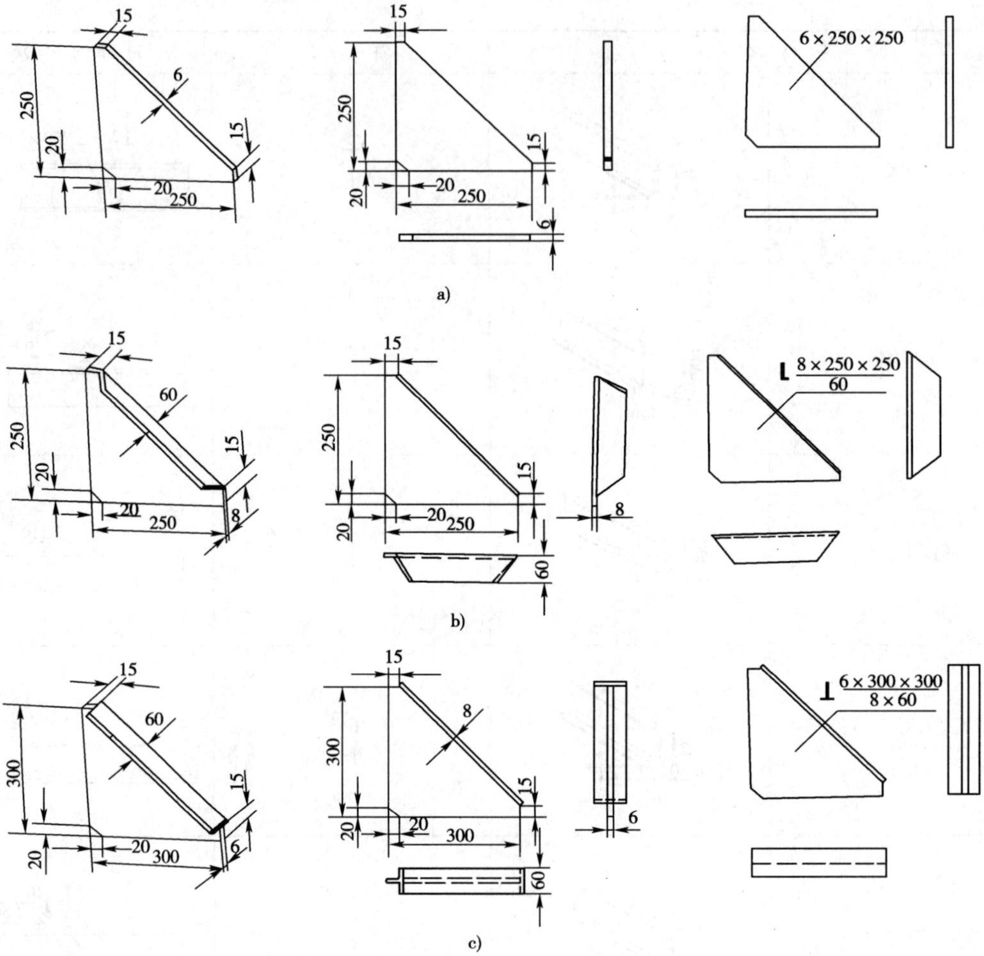

a)

b)

c)

图 5-10　肘板

a)无折边肘板;b)折边肘板;c)T 型肘板

第二节　板材、型材连接的表达方法

船体构件相互连接以形成牢固的整体,它们的连接方式基本分为板材与板材的连接、型材与型材的连接,型材与板材的连接等几种形式。

一　板材与板材连接的画法

板材与板材的连接通常有对接、搭接,角接、交叉连接和加覆板等几种连接形式,它们的表达方法见图 5-11。

其中:

图 5-11a)为钢板对接,即两块钢板的边缘相对的连接。

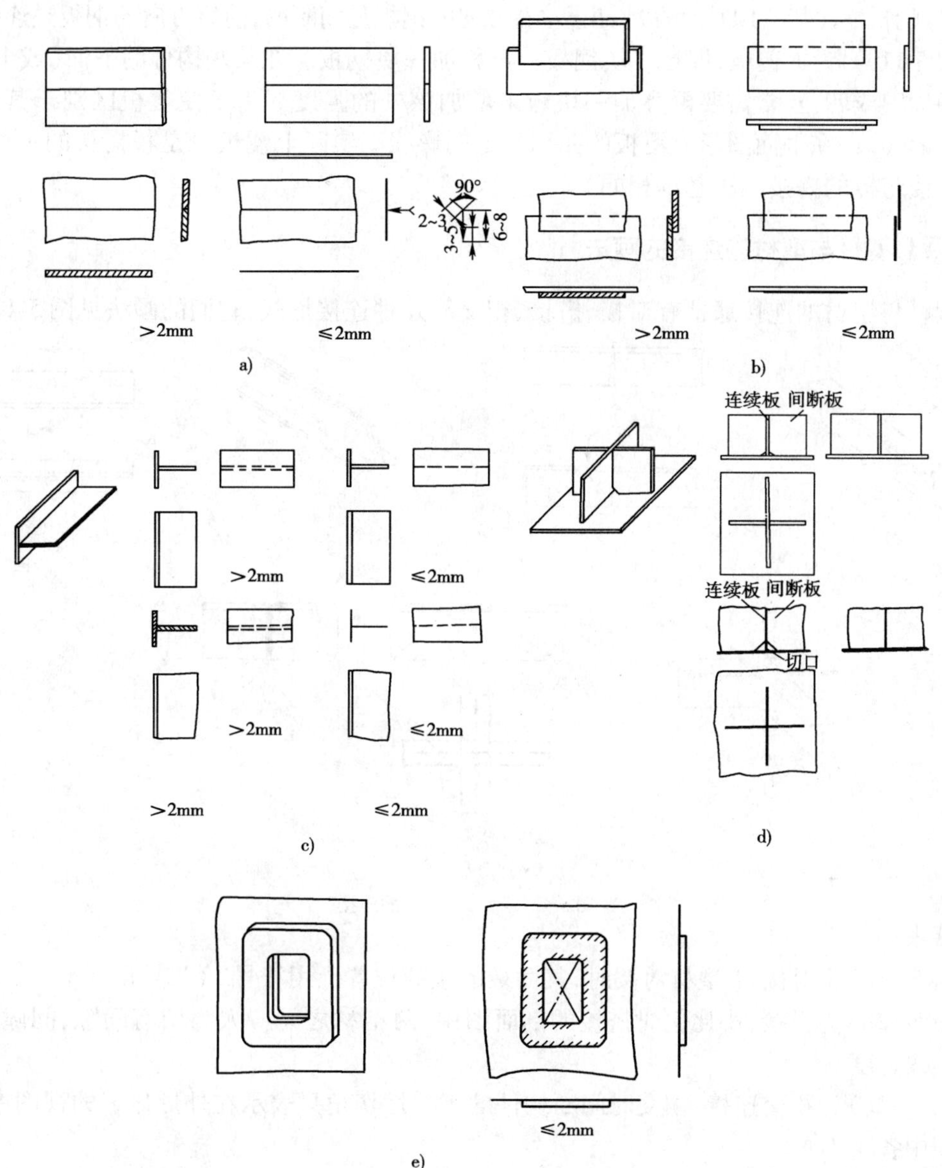

图 5-11　板材与板材的连接

图 5-11b）为搭接，即两块板的板边重叠一部分的连接。小比例绘图时，为清晰表达两板的搭接位置，剖面图中的两条粗实线间要人为留一条粗实线粗度的间隙。

图 5-11c）为角接，即板材与板材成一定角度的连接，当两块板成 90°连接时，称为垂直连接。

图 5-11d）为交叉连接，即两板相交连接。两板相交连接时，必然有一板连续一板间断。如何在视图中来区别板和板的连续和间断呢？通常在间断的钢板上与连续钢板的连接处开有切口（切口的大小由有关标准规定，见附录三）。如遇水密结构，钢板上不能开切口，则可由结构

的特点判别。从图5-11d)中可以看出,左右方向的钢板是间断的,前后方向的钢板是连续的。

图5-11e)为加覆板,即在一块钢板上再叠加一块钢板。在某些构件的下面(或上面)和开口的周围或四角,常需要再叠加一块板来增加该处的强度。为了使覆板区别于其他构件和板上的开口,在平面图形上覆板的四周画上阴影线。实际上覆板也是板搭接的一种,所以它的画法与板的搭接画法基本相同。

二 型材与型材的连接的画法

型材与型材的连接通常有对接、搭接、相交等几种连接形式,它们的画法见图5-12。

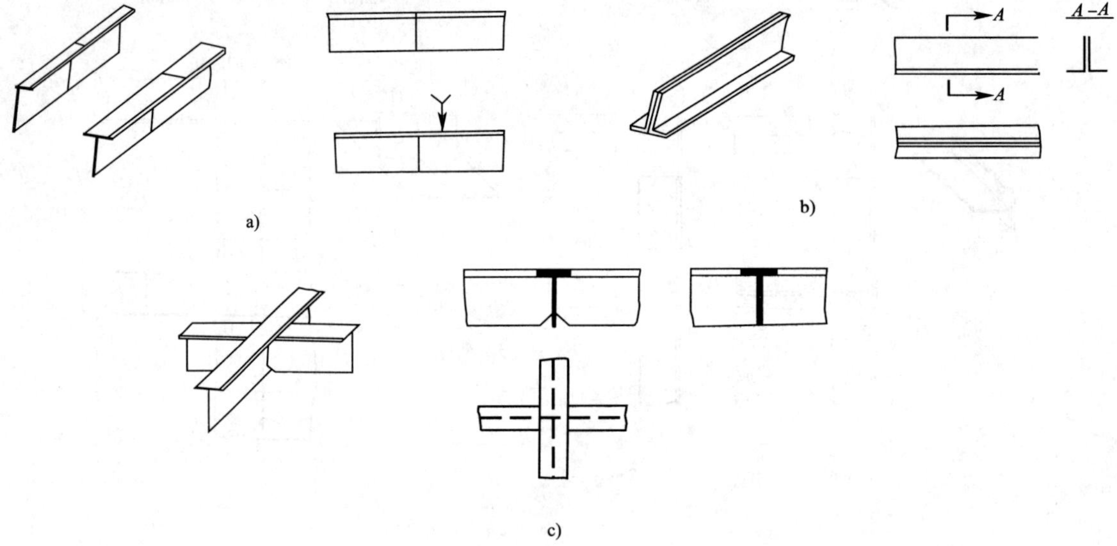

图5-12 型材与型材的连接

其中:

图5-12a)为对接,T型材对接时,其面板的接缝位置上用符号"Y"表示。

图5-12b)为搭接,小比例时搭接的剖面图中,两型材之间应人为留有间隙,间隙的大小为粗实线宽度。

图5-12c)为相交连接,相交时间断构件的工艺性切角只表示在外形显著的视图中,在其他视图中省略不画。

三 型材与板材的连接的画法

型材与板材的连接形式通常有如下几种:

1. 角接

型材的一边与板材成一定角度的连接称角接(通常多为90°)。在现代钢质船舶上,型材和板材的连接绝大多数都是采用角接形式,它的画法有视图画法和简化画法两种:

1)视图画法

如角钢与板材角接的视图见图5-13。图5-13a)为俯视图中角钢不可见的画法;图5-13b)为角钢可见的画法。

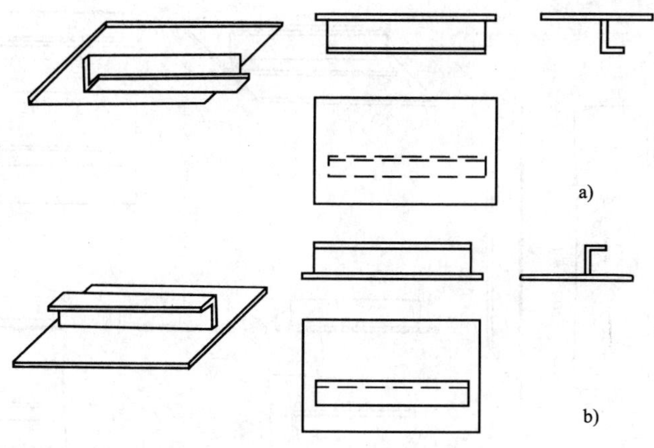

图5-13　型材与板材角接

2)简化画法

若型材角接的根数比较多时,在俯视图中会出现许多线条,既不便于画图,又不便于看图(尤其在小比例时),所以通常采用简化画法。图5-14a)为型材不可见时的画法,即用一根细虚线表示普通型材的不可见投影;图5-14b)为角钢可见时的画法,即用一根细点划线表示普通型材的可见投影。如果在多根型材中有尺度较大的型材(通常为T型钢,在船体结构中作为强构件)为不可见时,用粗双点划线表示,见图5-14c);当较大型材为可见时,则用粗点划线表示,见图5-14d)。

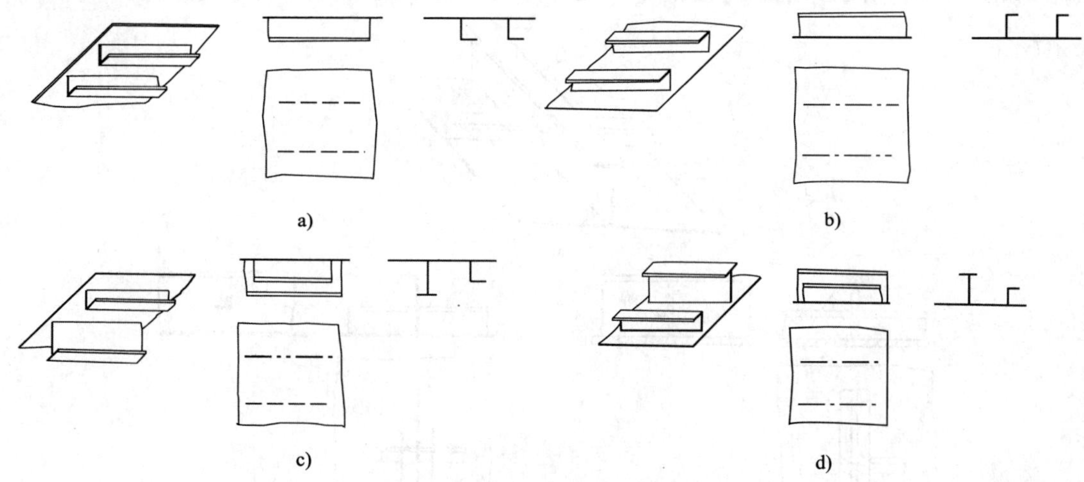

图5-14　型材与板材角接的简化画法

有时为了结构和工艺上的要求,将型材端部削斜,其画法见图5-15。削斜的尺寸及标注要求可见附录四。

2. 搭接

型材的一边与板材叠合连接称为搭接。这种连接形式只有在船体的局部地方使用。如有些大、中型船舶上采用的舷边角钢连接。搭接的画法如图5-16所示。在断裂画法中,当板厚按比例缩小且不大于2mm时,型材断面和板材断面的粗实线应留有间隙。这与板材搭接时相同。

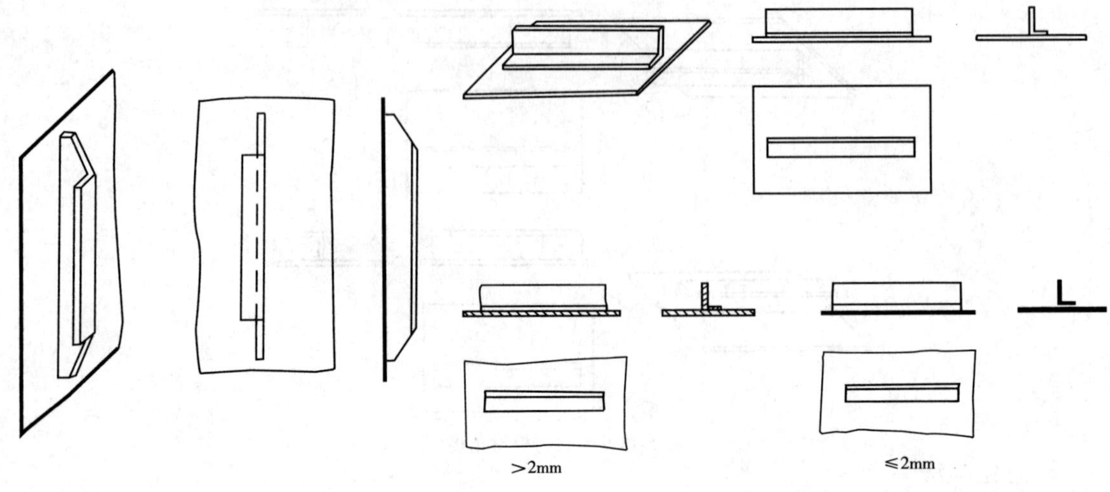

图 5-15　型材端部削斜

图 5-16　型材与板材的搭接

3. 肘板连接

为使型材与板材,型材与型材有效连接,并起到传递力的作用,常在型材与板材、型材与型材之间用肘板连接,如图 5-17 所示就是肘板连接的一种形式。它的画法在大比例时(如图 5-17b)所示),俯视图和侧视图中,肘板厚度的不可见部分,用两条细虚线表示;小比例画法时(如图 5-17c)所示),肘板厚度的不可见部分允许用粗虚线表示。

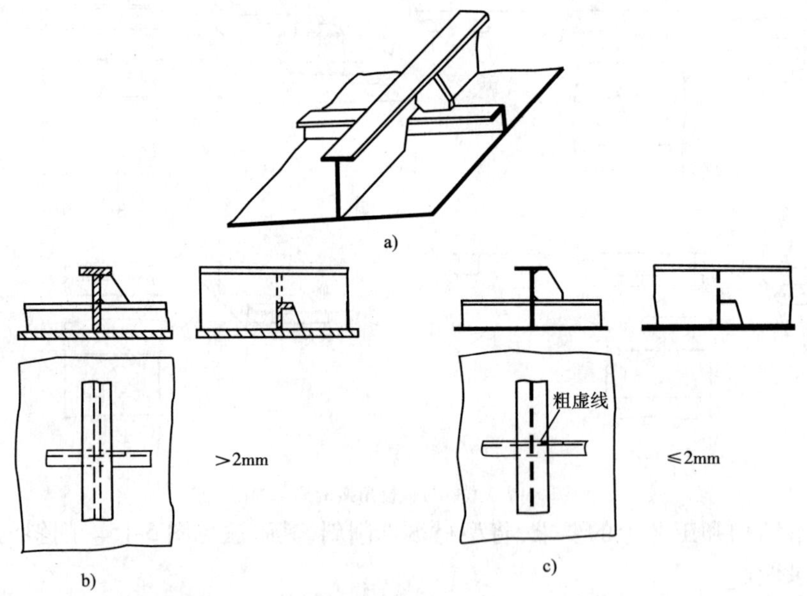

图 5-17　肘板连接

四　型材贯穿的画法

当型材与板材或与一尺度较大的型材垂直相交时,为了保持尺度较小型材的连续性,往往在板材或较大的型材上开切口让较小的型材穿过,即称为贯穿。这种连接型式在船体结构中广泛采用。

根据结构和工艺上的要求，型材的贯穿有直通型，腹板焊接型、补板型和镶嵌型等 4 种形式，如图 5-18 所示，其切口补板的标准形式和尺寸由全国船舶标准化委员会专业标准规定，见附录五。采用标准形式的切口和补板，视图中只需标注切口、补板代号及补板的厚度；若采用非标准形式的切口和补板，则须注明切口和补板的全部尺寸。标准的注法如图 5-18c）中的$\frac{CT-9}{5}$，即为 T 型材穿过某水密板材，CT－9 为补板的型别，5mm 为加补板的厚度。

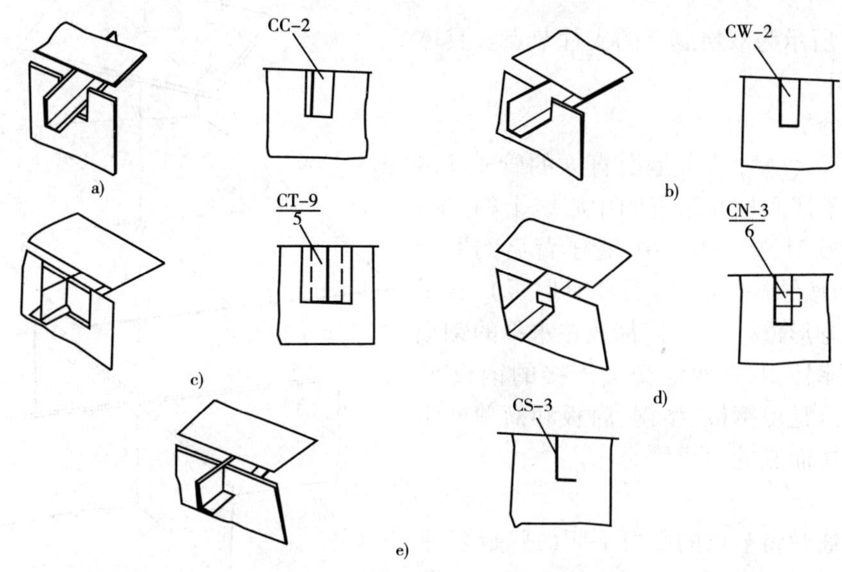

图 5-18　贯穿连接

a）直通型；b）腹板焊接型；c）水密补板型；d）非水密补板型；e）镶嵌型

第三节　船体结构节点视图

所谓节点就是船体纵（船长方向）、横（船宽方向）构件相互交汇的地方，见图 5-1。表示节点处结构详细情况的视图称为节点视图。节点是船体上局部结构，包含多个船体某一局部的结构。它的结构比较复杂，如图 5-19 所示的支柱节点。因此，掌握节点和局部结构的视图画法和识读方法，对于阅读和绘制船体的结构图样有很大的帮助。

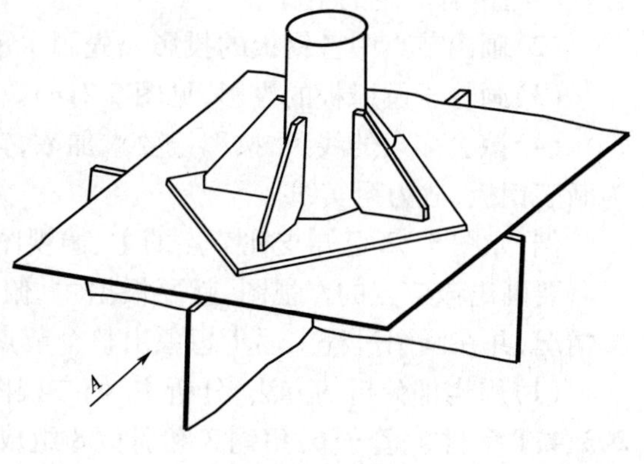

图 5-19　支柱节点

绘制和识读节点和局部结构的视图时，主要采用形体分析的方法，即将节点和局部结构分成单个的钢板、型钢或它们的简单组合，来分析画图和识图中的问题，然后加以综合以形成全局的概念。

节点是取自船体中的局部的结构，因此，钢板在长、宽方向，型钢在长度方向通常都是断裂的。又因船体的图样，通常都是采用较小的比例绘制，所以下面所述的节点和局部结构的画法，都采用小比例的断裂画法。

一 节点视图的画法

图5-20所示为双层底上的支柱节点。具体作图步骤如下：

1. 构件分析

从图5-20可知，节点是由直立的管子1，4块布置在管子底圆相互垂直的中心线上的三角形无折边肘板2（在立体图中，管子背后的肘板为不可见，但按结构情况，背后应有肘板），管子下面一块正方形覆板3，它们都放在水平的钢板4上，在水平钢板下有两块交叉连接的钢板5。这个支柱节点是由钢板、型钢、肘板和简单的组合件相互连接而成的。

2. 作图

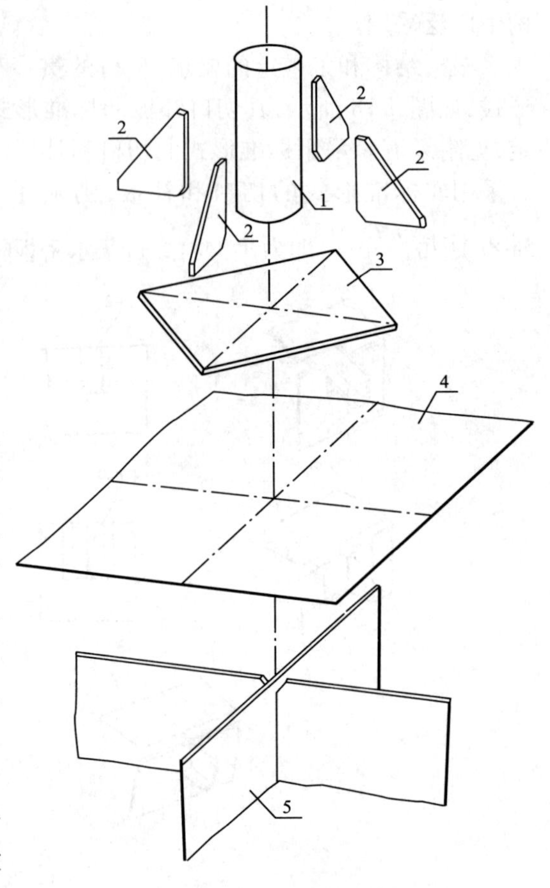

图5-20 支柱节点的构件分析

画图时通常将节点的主要平面（或轴线）平行（或垂直）投影面。视向选择时，主视图一般要求能反映出节点的主要结构特征。这个支柱节点，一般将水平钢板平行于水平投影面，垂直钢板平行于正投影面或侧投影面。选择*A*向（图5-19）作为主视图的投影方向，就能反映出节点的结构特征。其具体的作图步骤如下（图5-21）：

（1）画视图的定位线（图5-21a））。画定位线时应考虑节点的长、宽、高的外形尺寸，使各视图间留有一定的空隙。

（2）画出节点中各钢板的投影。先画水平钢板与覆板，后画交叉连接钢板，见图5-21b）。

（3）画管子及肘板的投影，见图5-21c）。

（4）擦去多余的线条，按图线要求加浓，完成全图，见图5-21d），水平钢板和交叉钢板都为断裂钢板，故为粗实线。

例：如图5-22已知支柱节点的主、俯视图，要求画出左视图。

要画出该节点的左视图，就要根据主、俯视图看懂节点的组成，各构件的相对位置和连接情况，并在画图过程中逐步想象出整个节点的结构情况。其步骤如下：

（1）用构件分析的方法，分析主、俯二视图。从图中可知节点是由水平钢板1；垂直钢板2、3、4；T型材5、管子6、角钢7和肘板8组成。然后逐一分析各构件的相对位置、相互间的连接关系，运用投影规律画出每个构件的左视图。

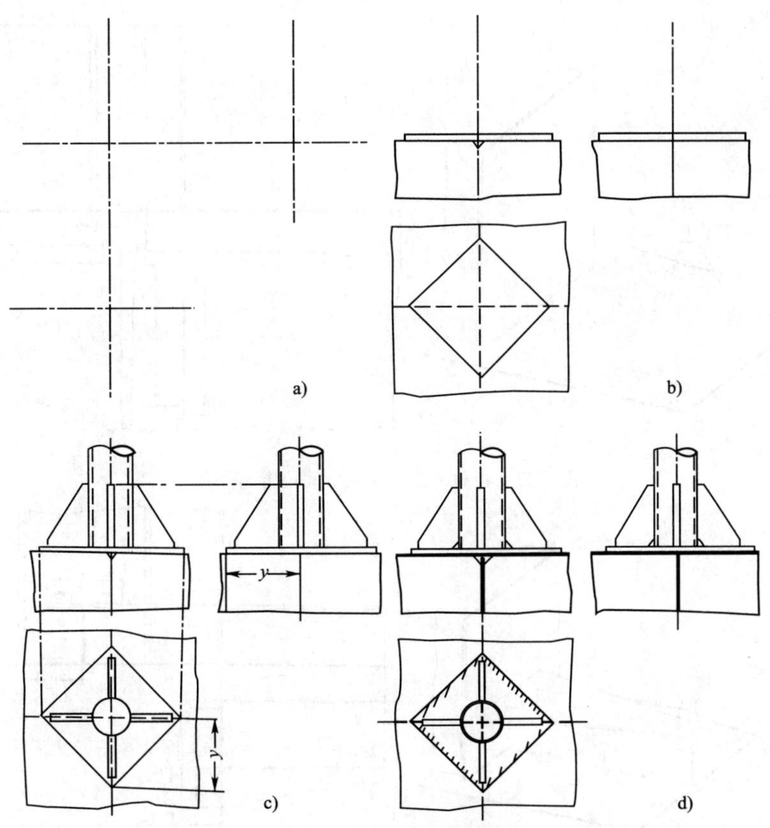

图 5-21　节点视图的画法

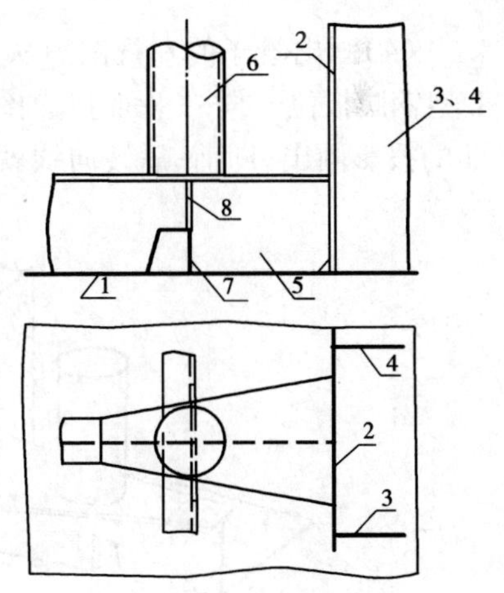

图 5-22　船底部支柱节点

(2)画出钢板 1、2、3、4 的左视图。根据主、俯视图的投影,可知钢板 1 是水平放置的,平行于水平投影面;钢板 2 在主、俯视图的投影都为断面,因此钢板 2 既垂直于水平投影面,又垂直于正投影面而平行于侧投影面;钢板 3 与 4 是相互平行的两块钢板,它们是垂直于水平投影面,平行于正投影面,因而也垂直于侧投影面。又根据它们在视图中的上、下、前、后、左、右的位置关系,可以看出,钢板 2、3、4 位于钢板 1 之上;钢板 3、4 位于钢板 2 之右;钢板 4 位于钢板 3 之后。根据上述分析,就可想象出 4 块钢板的空间位置,然后根据投影规律画出它们的左视图,见图 5-23。

(3)画出 T 型钢的左视图。从主、俯二视图中可看出,T 型钢面板平行于水平投影面,垂直于正投影面,因而也垂直于侧投影面;面板在与钢板 2 连接部分的形状呈梯形;腹板平行于正投影面垂直于水平投影面,因而也垂直于侧投影面,它的一端与钢板 2 连接,且位于它的中央。据此分析可以想象出 T 型钢的形状和空间位置,然后按投影规律画出它的左视图,见图 5-24。

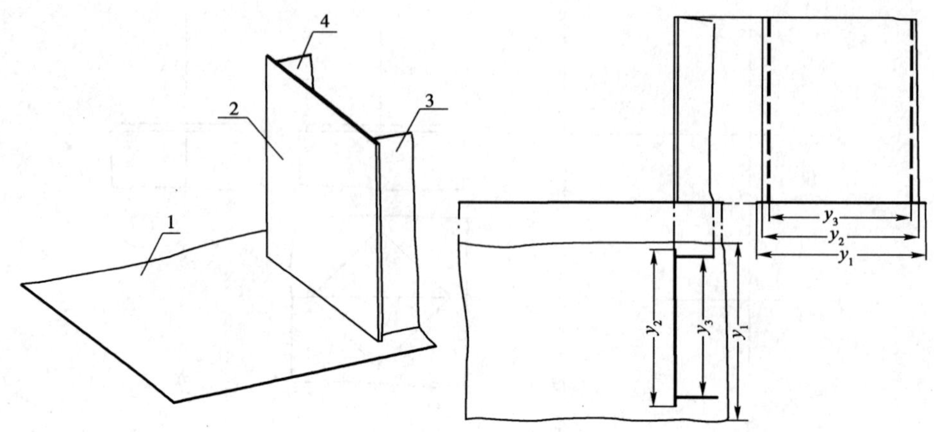

图 5-23　板材 1、2、3、4 的空间位置与作图

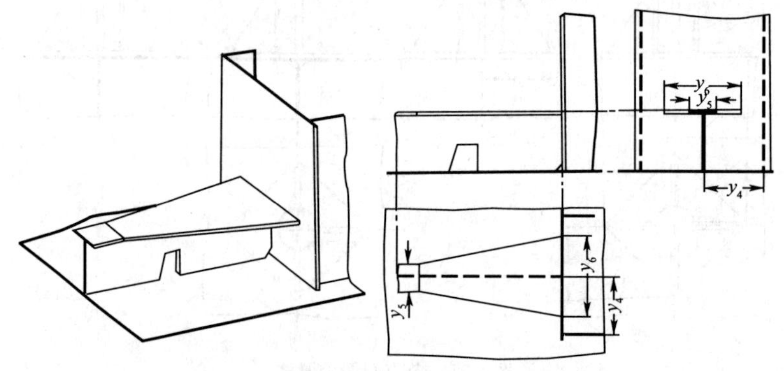

图 5-24　T 型材的空间位置与作图

(4)画出管子的左视图。从主、俯视图中可看出,管子位于 T 型钢面板之上,中心平面与 T 型钢腹板位于同一平面上,轴线垂直于水平投影面,它的空间位置及其左视图(可按圆柱面的投影画出,即前、后转向线就是它的投影轮廓线),见图 5-25。

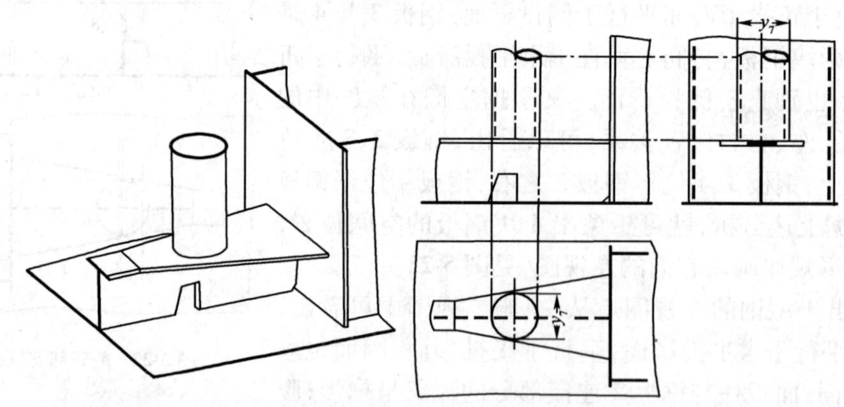

图 5-25　管子的空间位置与作图

(5)画出角钢的左视图。从主、俯视图中可知,角钢贯穿于 T 型钢,并垂直于正投影面,角钢的一边垂直于水平投影面而平行于侧投影面,并位于管子中心平面上;另一边折向左,

并平行于水平投影面而垂直于侧投影面。其空间位置与左视图见图5-26。

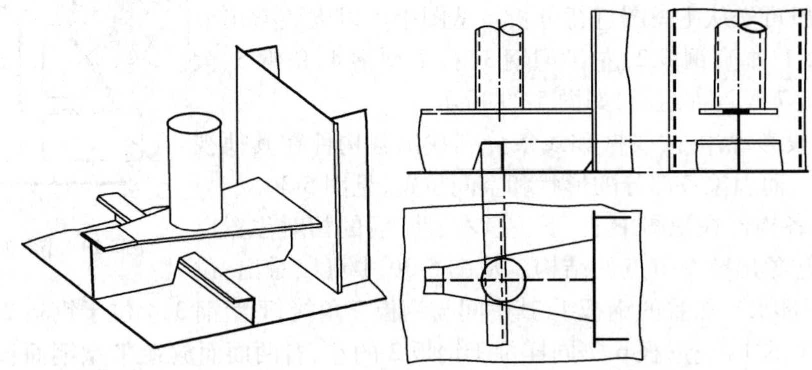

图5-26　角钢的空间位置与作用

(6)画出肘板的左视图。从主、俯二视图中可见,肘板是前、后两块,位于T型钢腹板的两边,用来连接角钢与T型钢。肘板的平面垂直于正投影面和水平投影面而与侧投影面平行,并与角钢的垂直边在同一平面内。它的空间位置与左视图见图5-27。

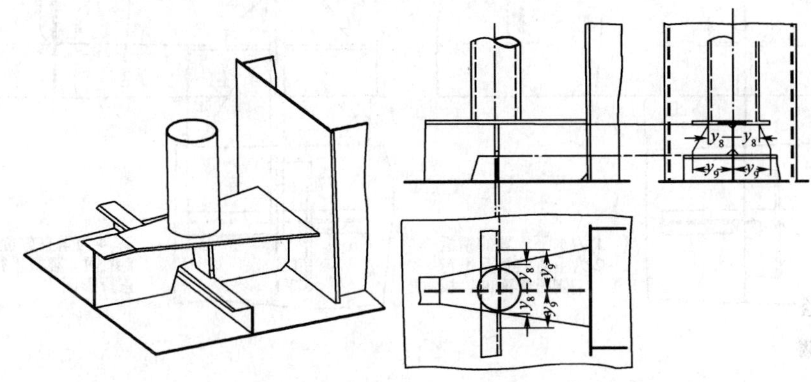

图5-27　肘板的空间位置与作图

这样对逐个构件的分析和画图,就能想象出节点的空间结构情况和画出节点的左视图。

二　节点视图的识读

识读视图的基本方法与画视图的基本方法一样,先对节点中的构件进行分析,弄清构件的组成,然后按投影规律看懂各部分的形状、空间位置以及它们间的相互连接关系。

现以用5-28船底纵骨节点的三视图为例,说明识读节点视图的步骤如下:

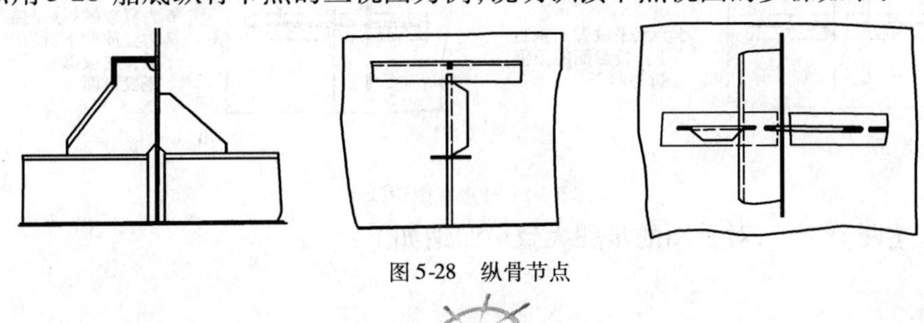

图5-28　纵骨节点

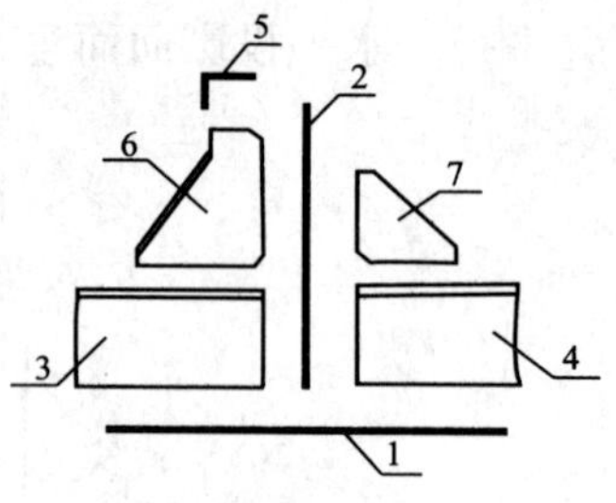

图 5-29　节点的构件分析

（1）对主视图进行形体分析。由于主视图反映节点的基本结构特征，一般可先从主视图进行分析。从图中可以大致看出节点由水平钢板 1、垂直钢板 2、左 T 型钢 3、右 T 型钢 4、角钢 5、大肘板 6、小肘板 7 等构件组成，如图 5-29 所示。

（2）根据投影规律，按线框和线条分别找出各构件在其他视图中的投影，从而想象各部分的形状和空间位置，见图 5-30。

（3）根据各构件在视图中上、下、左、右、前、后的相对位置以及连接情况，想象出整个节点的结构。从图 5-30 中可以看出：位于节点的最下部水平放置的钢板 1，其中间与钢板 2 角接；T 型钢 3、4 位于钢板 2 的左、右两面，放在钢板 1 的中间；肘板 6、7 同样位于钢板 2 的左、右两面而放在 T 型钢面板的中央，肘板一边与 T 型钢面板连接，另一边与钢板 2 连接；角钢 5 与钢板 2 角接，且位于肘板 6 的上部并与它连接。这样就可想象出纵骨节点的空间结构情况，见图 5-31。

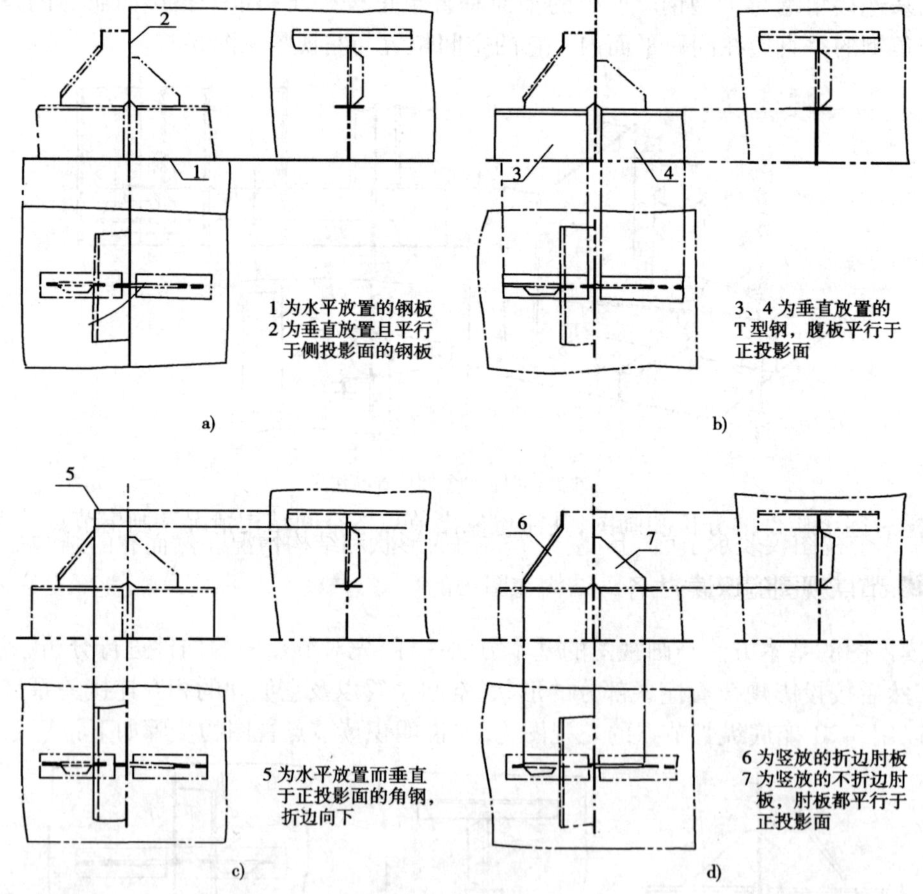

图 5-30　节点视图识读

通过上述两个例子，对看图的步骤大致可归纳如下：

(1)初步了解。根据节点的视图,用形体分析法初步了解节点是由哪些构件组成的。

(2)逐个解决。从反映节点结构特征的主视图着手,根据投影关系,对节点的每个构件的空间位置进行具体的分析。

(3)综合想象。通过对每个构件的分析以后,再用“定位置、明关系、合起来、想整体”的方法,确定各构件在节点中的上、下、左、右、前、后位置,以及相互之间的关系,从而想象出整个节点的结构情况。

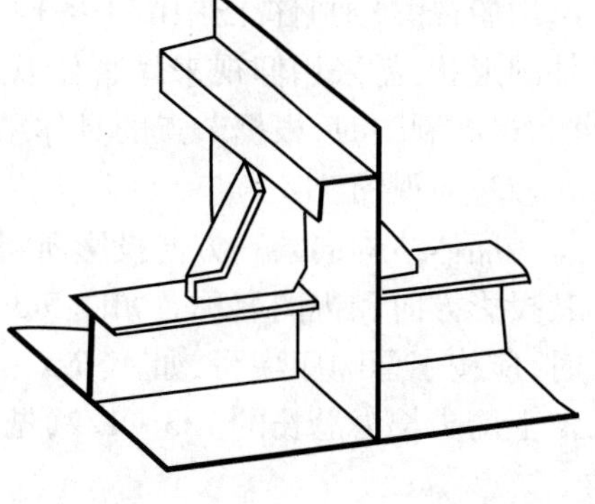

图 5-31　纵骨节点的立体图

在看图过程中,要边分析、边画图、边想象,这样有利于较快地看懂视图所表示的整个节点的结构情况。通常画图和看图的顺序是先钢板、后型钢、再肘板。

第四节　船体结构图样的表达方法

前面介绍了用主、俯、左 3 个视图来表达结构节点的组成和连接情况。但整个船体的结构是很复杂的,为便于识读,易于绘制,国家标准《金属船体制图》中规定了图样的画法。本节仅介绍船图中常用的几种表达方法。

一　视图

1. 基本视图

一般来说,物体都有 6 个面,即上、下、左、右、前、后面,这 6 个面即为物体的 6 个基本投影面。船体与结构向 6 个基本投影面的投影所得的图形为基本视图,基本视图的名称分别为主视图、俯视图、左视图、右视图、仰视图和后视图等。各投影面及视图配置方式如图 5-32 所示。在一张图纸中若按图 5-32b)配置各视图时,一律不标注视图的名称。而前面所讲的主、俯、左 3 个视图仅表示了前、上、左 3 个方向的形状和结构情况。然而有的结构节点单选用这 3 个视图并不能清晰表达各种结构在图中的投影,如图 5-33 所示的甲板下支柱节点,若

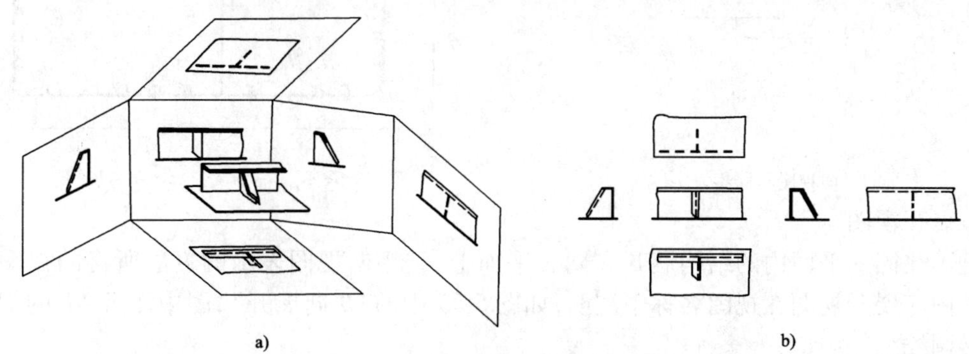

图 5-32　6 个基本视图及其配置

选用俯视图,则俯视图中由于各构件均被甲板遮住,画出后均为虚线,就不能清晰表达各构件的形状,需采用仰视来代替俯视。为此,上述 6 个基本视图,除主视图以外,其他各面视图,可在制图时,根据节点的具体结构情况选用。

2. 向视图

船体结构向某一方向投影所得的图形为向视图。向视图用符号与大写的拉丁字母表示其投影方向和视图名称。如图 5-34 及图 5-35 中的"*A* 向"。在同一张图纸上画几个向视图时,应按字母顺序注写,如 *A*、*B*、*C*……向。视向符号一般为长 15 ~25mm 的粗实线箭头,习惯上箭头长为总长的 1/3 ~1/2,见图 5-34b)。

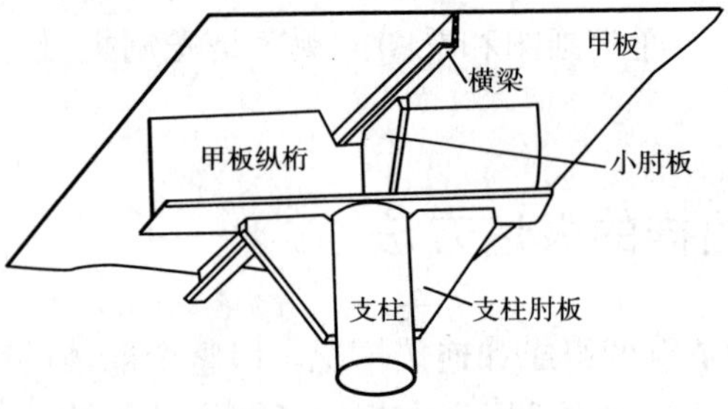

图 5-33　甲板下支柱节点

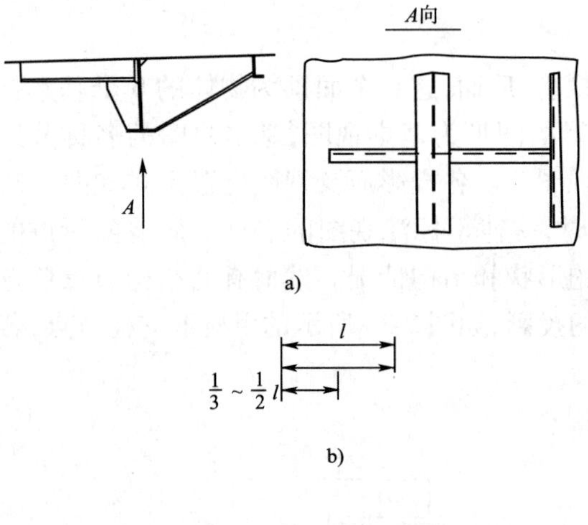

图 5-34　向视图的标注方法(一)

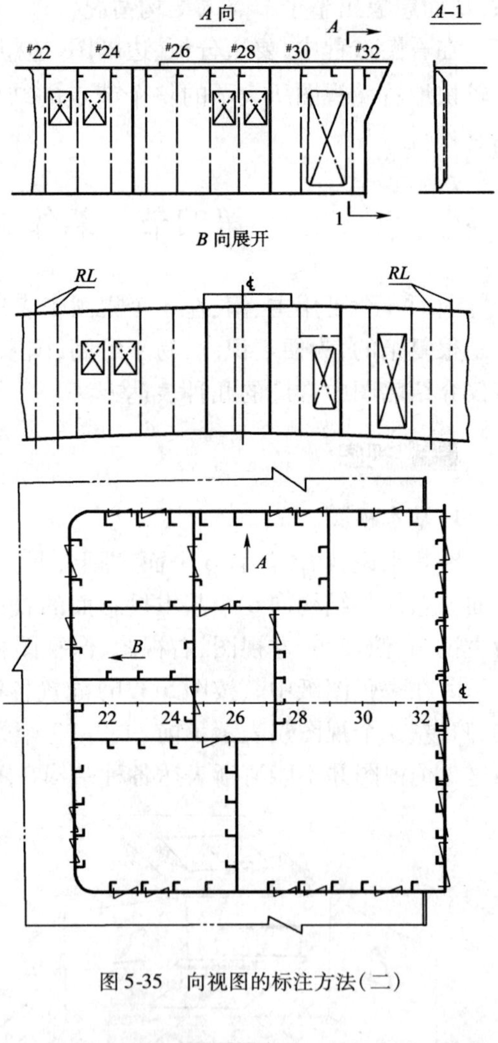

图 5-35　向视图的标注方法(二)

3. 展开视图

把不在同一平面内的结构展开在同一平面上,且用向视图表示的方法所得的视图称为展开视图。展开视图在视图名称中注明,如图 5-35 中的"*B* 向展开",图中注有 *RL* 的细点划线为转圆线。

展开视图常用于船舶上层建筑围壁板的展开。

二 剖面图

船图中，剖面图除了用于表达所剖构件的形状外，更主要的是用来表示欲表达构件与其相连构件间的连接情况。为此，船图中剖面图是假想在要表达的构件附近作一个剖切面，将位于视者与剖切面之间的部分移去，而把欲表达的构件及其直接相连的其他构件向投影面投影所得到的图形，船图中常见的剖面图有肋位剖面图，一般位置剖面图以及分剖面图。

1. 肋位剖面图

剖面图中以肋骨平面作为剖切平面得到的表示肋位处的结构情形的剖面图称为肋位剖面图。例如，为了表示图5-36a）舷侧结构中的#16肋位普通肋骨结构，可以假想取剖切面Ⅰ，

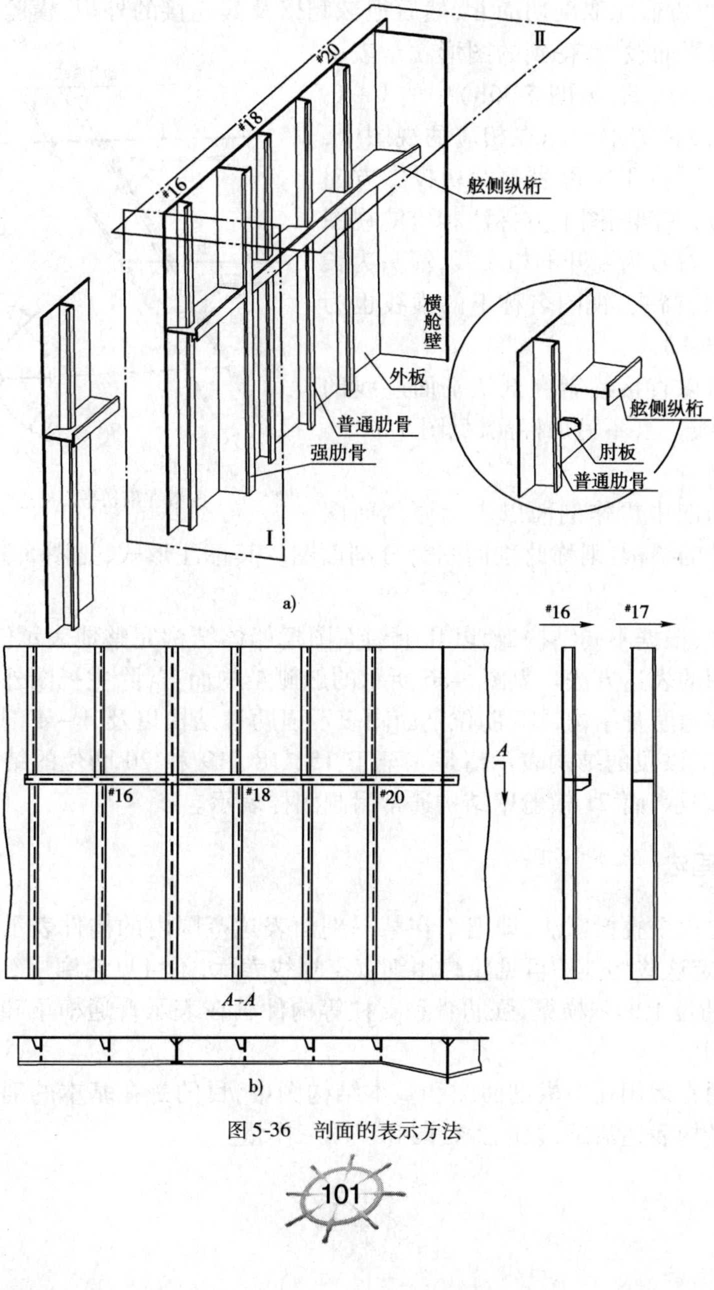

图5-36　剖面的表示方法

移去剖切面和视者之间的部分，而把#16 肋骨及与其连接的外板、舷侧纵桁和肘板向投影面投影，得到图形就是表示#16 肋骨结构的剖面图，见图 5-36b）中的$\xrightarrow{\#16}$。其标注形式是用肋位号与视向符号表示剖切位置、剖面图名称和投影方向。如$\xrightarrow{\#16}$即表示 16 号肋位剖面图，向船首看。粗实线大箭头的长一般为 15 ~25mm。箭头指向为投影方向，箭头指向左即表示向船尾看。箭头线上方标注肋位符号“#”和肋位编号，表示剖切位置，如图 5-36b）中的“$\xrightarrow{\#16}$”和“$\xrightarrow{\#17}$”。

2. 一般位置剖面图

除肋位外的所有其他位置的剖面图为一般位置剖面图。例如，为了表示图 5-36a）中的舷侧纵桁结构，可以假想取剖切面Ⅱ，然后把舷侧桁及其连接的外板、横舱壁、普通肋骨、强肋骨和肘板向投影面投影，得到的图形就是表示舷侧纵桁结构的剖面图，见图 5-36b）中的$\underline{A-A}$。通常情况下，一般位置剖面图在相应的视图中，用剖切符号与大写拉丁字母表示剖切投影方向和剖面名称（↱↰），在剖面图上方标注相应的视图名称$\underline{A-A}$。剖切符号为断开的粗实线，箭头为长 15mm 的细实线粗箭头，视图名称下的横线也为粗实线，见图 5-36b）。

剖面图也可以直接绘制在剖切平面迹线的延长线（细点划线）上，不另加标注，见图 5-37。

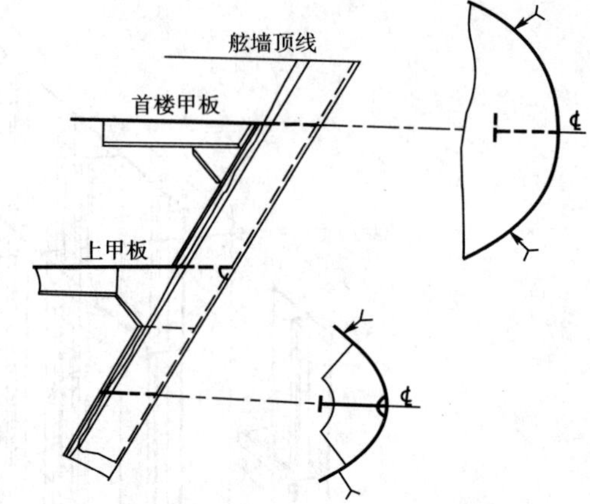

图 5-37　配置在剖切平面的迹线延长线上的剖面图

3. 分剖面图

如果在剖面图中再作剖面以表示原剖面图中尚未表示清楚的结构，则称此剖面图为分剖面图。其标注形式，见图 5-38，其中 1、2 是分剖面图的序号。

在主视图中，根据不同结构，辅以几个剖面图把船体结构完整地表示清楚，是船体结构图样中经常采用的表达方法。就图 5-36 所示的舷侧结构而言，除主视图外，再选择“#16”肋位剖面图表示普通肋骨结构，#17 肋位剖面图表示强肋骨结构以及 $A-A$ 剖面图表示舷侧纵桁结构，就可以把该段的结构表示清楚。至于#15、#18、#19 和#20 肋位的结构，因与#16 肋位相似，可以不再表示，而#21 横舱壁结构通常另画图样表示。

三　重叠画法

重叠画法也称重叠投影法，即把不在某一剖面表达范围内的构件表示在该剖面图的相应位置上，并规定这些构件的可见轮廓用细双点划线表示，不可见轮廓用细虚线表示。如图 5-39 所示，#36 肋位上的强横梁、强肋骨和支柱等构件画在表示普通横梁和普通肋骨结构的#35肋位剖面图中。

重叠画法通常运用在中横剖面图和基本结构图中，目的是在基本的剖面图中把船体某些局部变化的结构表达清楚，以减少绘图和识图工作量。

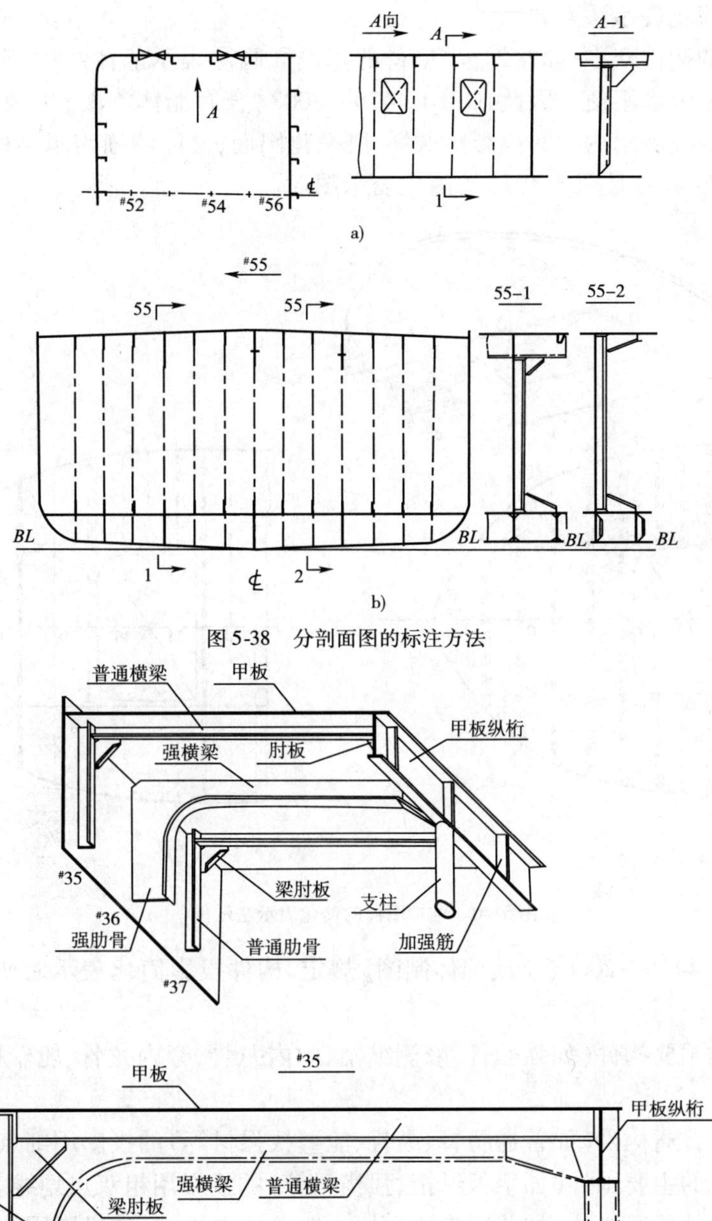

图 5-38　分剖面图的标注方法

图 5-39　重叠表示法(示例)

采用重叠画法时,要注意保证基本剖面图的图形清晰,否则应另外选择视图来表示。

四 简化画法

为了绘图方便,船图中采用了一些简化画法。常用的简化画法有:

1. 构件的简化表示法

组成船体的构件众多，如按钢板、型材的正投影画法表示船体结构，则图面往往线条繁多，给绘图、识图带来不便。因此，GB/T 4476—2008《金属船体制图》中规定，船体结构图中可采用不同的图线表示构件的投影。这样，既简化图面，又能清晰表示结构，既便于识图，又便于绘制。图 5-40b）是图 5-40a）的简化表示图形。

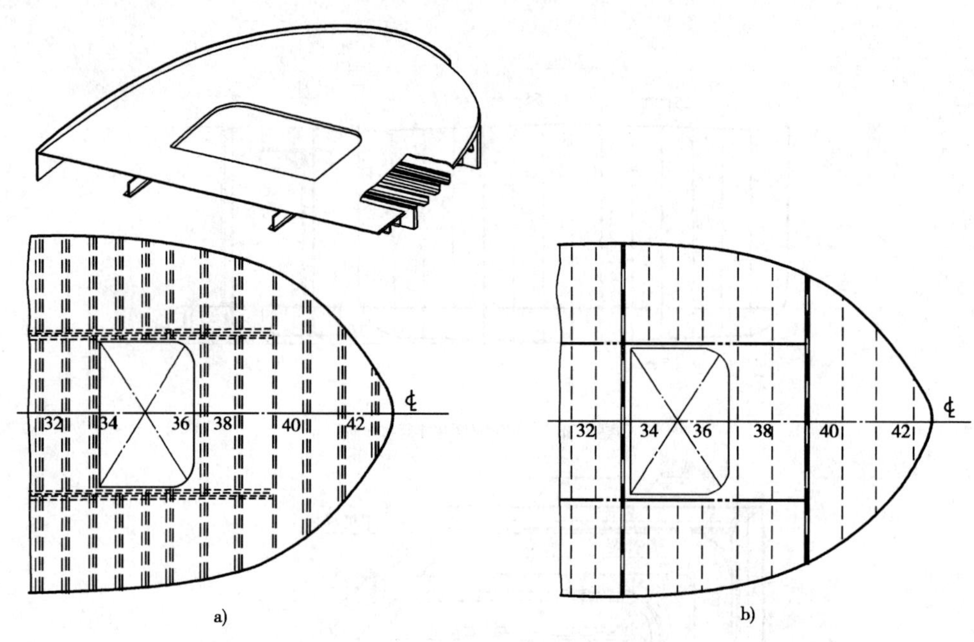

图 5-40 结构图样的简化表示法示例（一）

根据 GB/T 4476—2008《金属船体制图》规定，构件投影简化表示时所用的图线基本可归纳如下：

（1）可见的主要构件（如强肋骨、舷侧纵桁、中内龙骨、旁内龙骨、舱壁桁材等）的投影用粗点划线表示。

（2）可见的普通构件（如普通肋骨、纵骨、舱壁扶强材等）的投影用细点划线表示。

（3）不可见的主要构件（如甲板纵桁、强横梁等）的投影用粗双点划线表示。

（4）不可见的普通构件（如普通横梁、纵骨、舱壁扶强材等）的投影用细虚线表示。

（5）不可见的水密板材的投影用轨道线表示。

（6）不可见的非水密板材的投影用粗虚线表示。

图 5-41 是舱壁结构、舷侧结构及双层舱底结构图的简化画法示例。

2. 压筋围壁及槽形舱壁的简化表示法

GB/T 4476—2008《金属船体制图》中规定了压筋舱壁及槽形舱壁的简化表示法，如图 5-42 所示。图中细点划线为压筋中线，且表示压筋数量。符号“∪”、“∨”“⩛”表示压筋在平板正面，如图 5-42a）、图 5-42b）所示。符号“∩”、“∧”“⩚”则表示压筋在平板背面，如图

5-42c)、图 5-42d)所示。

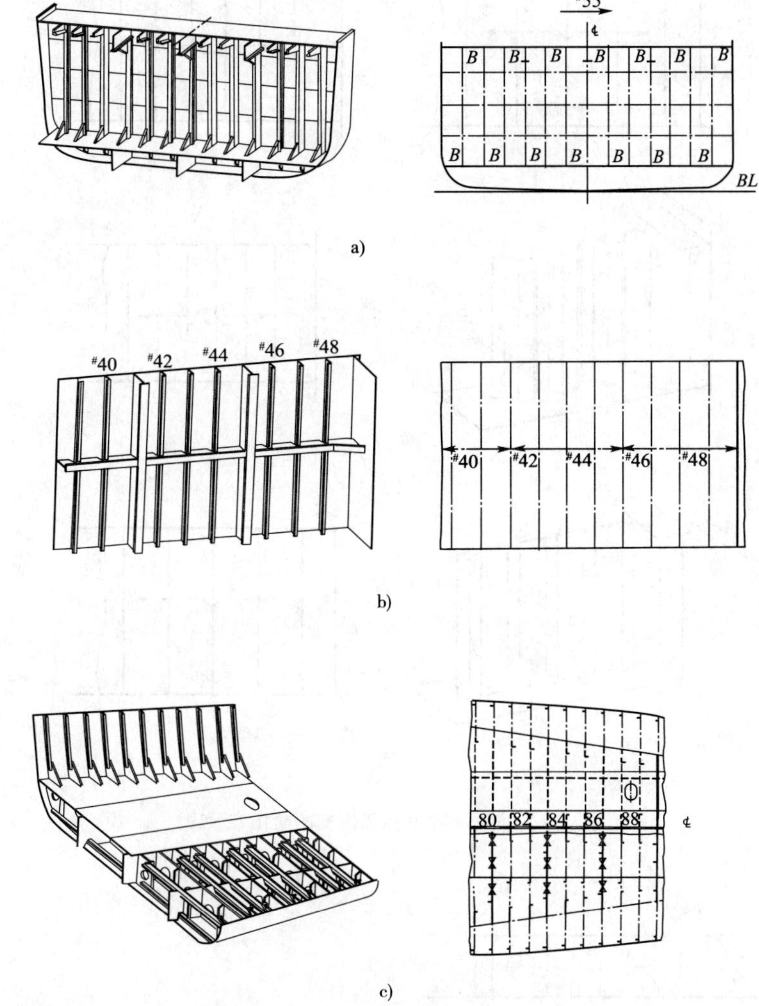

a)

b)

c)

图 5-41　结构图样的简化表示画法示例(二)

a)舱壁结构图;b)舷侧结构图;c)双层底舱底图

3. 构件上开孔的简化表示法

构件上开有若干形状和大小相同的均布孔(如人孔、减轻孔、流水孔及透气孔等)时,可仅在两端各画一孔,中间孔只需用定位中心线表示,如图 5-43 所示。

对于人孔和减轻孔,只需一端的孔上注出其大小尺寸,见图 5-43a)、图 5-43b)。而流水孔及透气孔只需注明其代号,见图 5-43c)。图中代号 E100 的 E 表示腰圆形流水孔的代号,100 表示腰圆孔的长度为 100mm,其他尺寸可根据 E100 查标准 CB * 3184—83 得到,见附录五。

五 覆板表示法

覆板在平面图上用覆板轮廓线加细斜线表示,如图 5-44 所示。

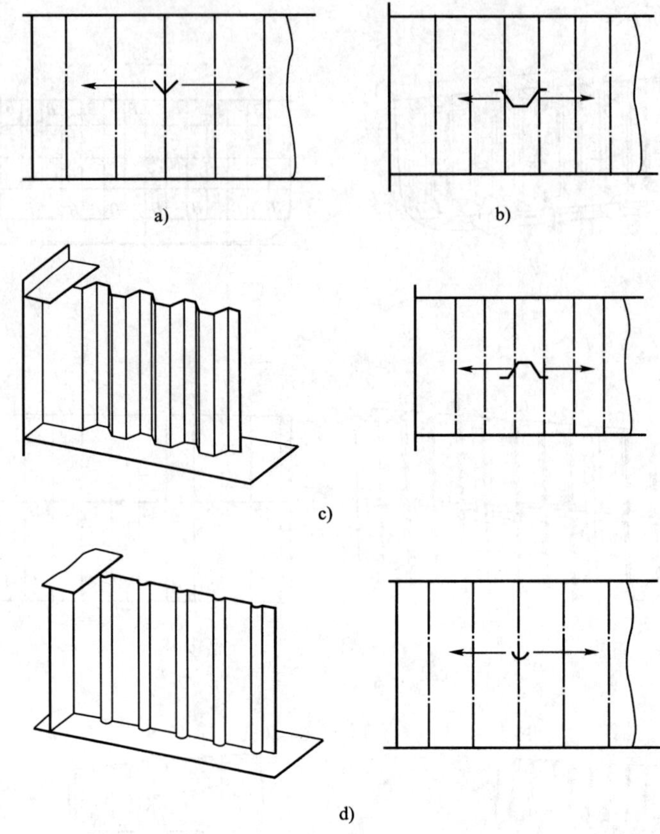

图 5-42　槽形舱壁和压筋围壁的简化表示法

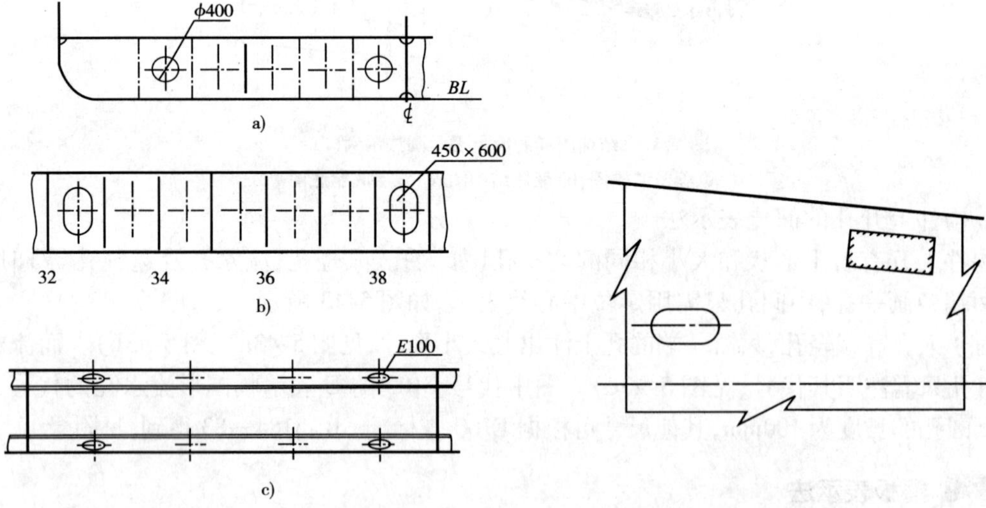

图 5-43　形状和大小相同的均布孔的简化表示法

图 5-44　覆板表示法

习　题

1. 根据习图 5-1，画出左视图，并标注尺寸。

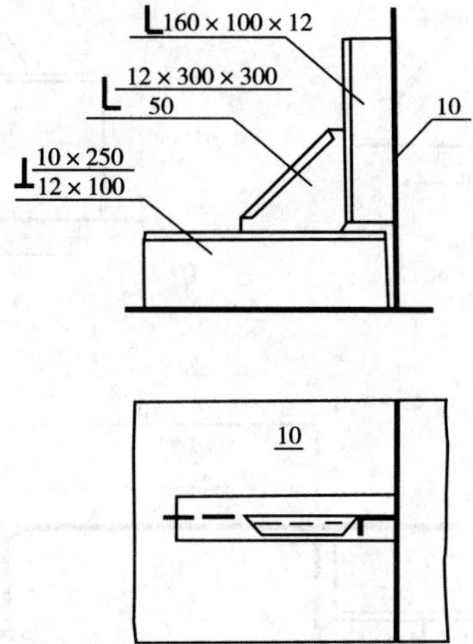

习图 5-1

2. 根据习图 5-2 画出俯视图，并标注尺寸。

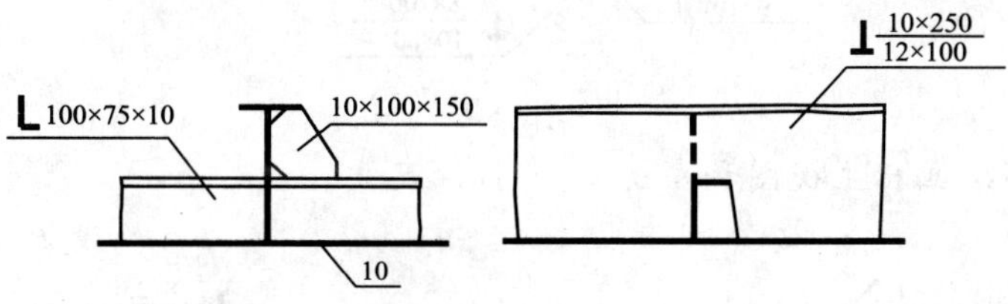

习图 5-2

3. 根据习图 5-3 画出仰视图，并标注尺寸。

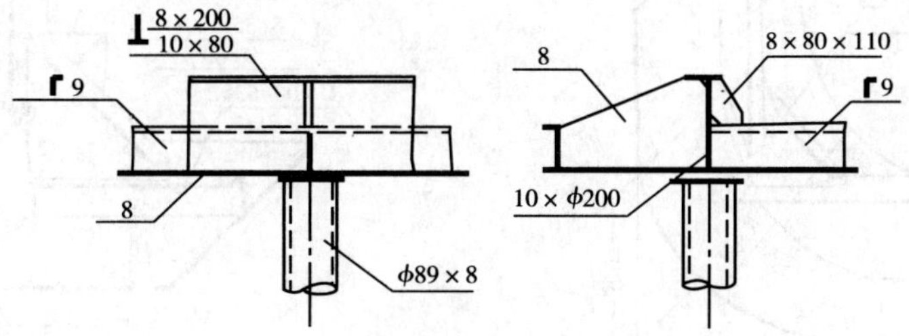

习图 5-3

4. 根据习图 5-4，画出俯视图和右视图，并标注尺寸。

5. 根据习图 5-5，画出俯视图和左视图，并标注尺寸。

6. 根据习图 5-6，画出右视图和左视图，并标注尺寸。

7. 根据习图 5-7，画出主视图和左视图，并标注尺寸。

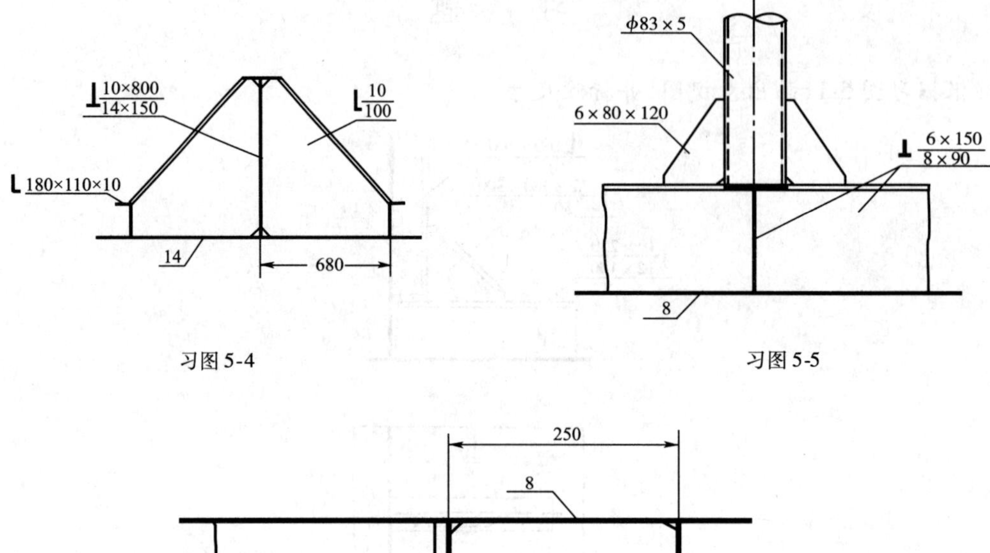

习图 5-4

习图 5-5

习图 5-6

8. 根据习图 5-8，画出主视图和左视图，并标注尺寸。

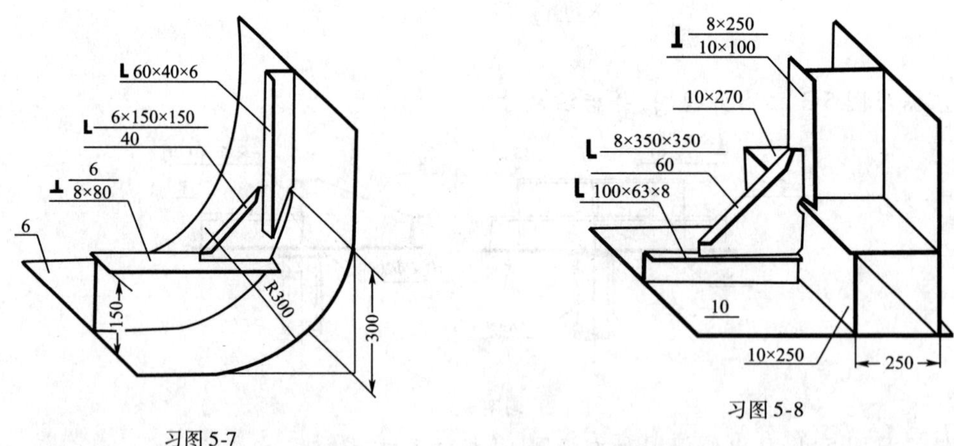

习图 5-7

习图 5-8

9. 根据习图 5-9，画出主视图和右视图。

10. 根据习图 5-10，用重叠投影法画出主视图，并画出俯视图和左视图，标注出图中的尺寸。

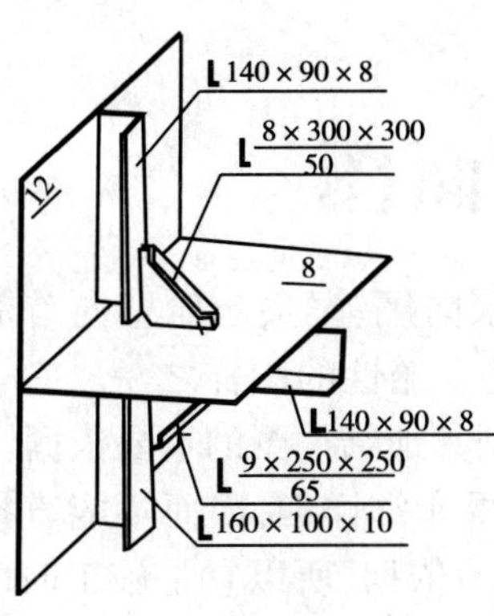

L140×90×8
L 8×300×300/50
12
8
L140×90×8
L 9×250×250/65
L160×100×10

5/外板
500
L 5×150/60
舷侧纵桁
6×150/8×60
强肋骨
5×80×90
肘板
L 60×40×5
普通肋骨

习图 5-9

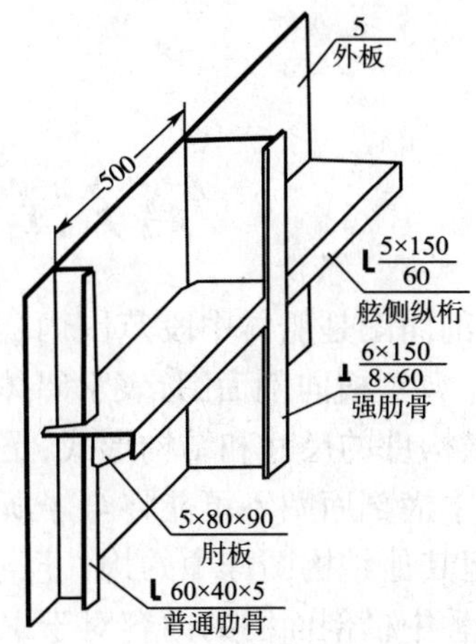

习图 5-10

第六章　中横剖面图

中横剖面图是船体中段范围内(通常是指首尖舱舱壁向尾、尾尖舱舱壁向首的船体部分)的数个典型横向剖面图,表示船体结构的基本情况,是全船性的图样之一。它表示船体主要纵、横构件的尺寸和结构形式,是校核船体强度和绘制其他结构图的重要依据。

由于中横剖面图不可能将全船所有具体的结构表示得非常详细,因而不能直接按照它来施工,但其他结构图样中的构件尺寸都是以中横剖面图为依据,所以它是施工时的指导性图样。熟悉中横剖面图的内容对于识读其他结构图是有帮助的。

第一节　中横剖面图的组成和内容

一　中横剖面图的组成

中横剖面图通常由几个肋位剖面图和主尺度栏两部分组成,见图 6-1。

1. 肋位剖面图

肋位剖面图是中横剖面图的主要组成部分,它主要表现船体横向构件的布置、结构形式、大小和相互连接方式,纵向构件的布置及剖面形状。剖面位置通常选在船体中段范围结构典型的部位,如货船常取在机舱和货舱范围内;油船常取在机舱和油舱范围内;拖船常取在机舱和船员舱范围内等。肋位剖面图的数量是根据船体中段结构不同而决定的,小型船舶通常选 2 ~ 3 个结构典型的肋位,大型船舶则根据具体情况,可多选几个肋位剖面。

对于某一舱室范围中大部分结构都相同或相似,只有局部结构不同,可采用局部结构图或重叠画法表示,而不再另取剖面绘制完整的肋位剖面图。中横剖面图中的局部结构图和重叠画法的表现方法如下:

1)局部结构图

局部结构图即单独绘制的局部结构剖视图,表示局部变化的结构,布置在肋位剖面图相应结构的附近,如图 6-1 货舱中的组合肋板结构。

2)重叠画法

重叠画法是将不在同一肋位上的局部构件绘制在同一肋位剖面图中的相应位置上,见图 6-1 中#14 和#54 肋位剖面图。

(1)构件的可见轮廓用细双点划线表示;

(2)构件的不可见轮廓用细虚线表示。

由于船体结构通常是对称于中线面,所以肋位剖面图的图形允许不全部绘出,一般只绘制略多于一半的图形。肋位剖面图的图样中根据剖面的肋位编号顺序从左至右依次布置,即靠近船尾的剖面图布置在图纸的左面,靠近船首的剖面图布置在图纸的右面,见图 6-1 中的$^{\#}$14、$^{\#}$19 和$^{\#}$54 肋位剖面图。

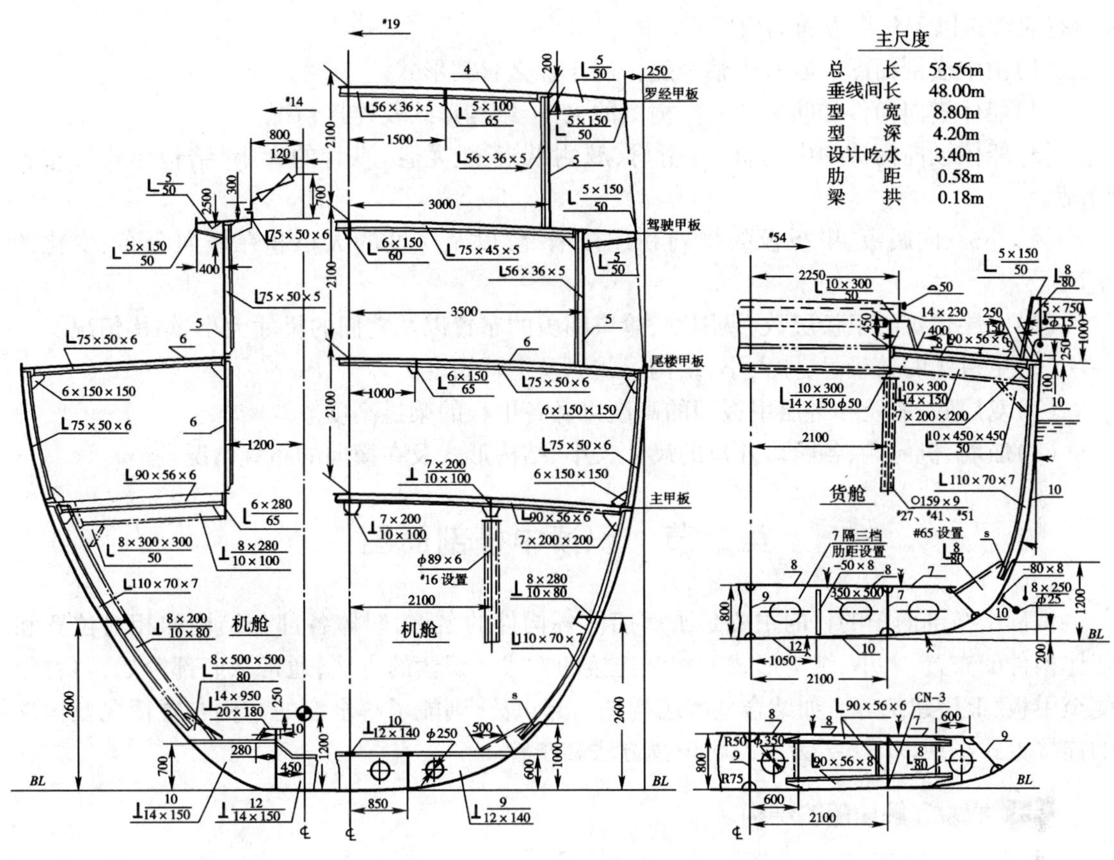

图 6-1　500t 货船中横剖面图

2. 主尺度

中横剖面的右上方有主尺度栏，标注船体主尺度和有关数据，如总长、垂线间长、型宽、型深、吃水、肋骨间距、梁拱高等。

二　中横剖面图的内容

在中横剖面图上，标注的尺寸有两种：一种是构件的定位尺寸，它以“金属船体构件理论线”为依据确定，定位的基准通常是船体中心线和船体基线。如图 6-1 中舱口围板距船体中心线 2250mm，内底板离船体基线的高度为 800mm，旁桁材距船体中心线 2100mm 等。另一种是构件的定形尺寸，即构件大小的尺寸，如普通肋骨为∟110×70×7，强肋骨为$\perp\frac{8\times200}{10\times80}$，普通横梁尺寸为∟90×56×6，强横梁尺寸分别为$\perp\frac{10\times300}{14\times150}$和$\perp\frac{8\times280}{10\times100}$等。通过这两种尺寸就能把整个船体中段的构件大小和位置清晰地表现出来，有部分构件采用文字说明它们所设置的位置。如图 6-1$^{\#}$19 肋位机舱内支柱设置在$^{\#}$16 肋位上。

中横剖面图中除了标注大量的尺寸以外，其余各种图线就是用来表达船体各种结构的投影，通常有以下几个方面的内容：

(1)由中横剖面图可以看出整个船体属于什么骨架形式。

(2)船体横向构件如肋板、肋骨、横梁的大小、结构形式及连接情况。

(3)船体纵向构件如中桁材、旁桁材、舷侧纵桁、舭龙骨、纵骨的大小、结构形式及布置情况。

(4)外板、内底板、甲板板的排列和连接情况，以及厚度的大小和在横向分布、变化的情况。

(5)上层建筑的甲板层数、纵围壁、舱口围板的布置以及它们的尺寸大小、结构情况。

(6)主机座的数量、尺寸大小、结构形式以及主轴高度。

(7)双层底、船舱和各层甲板间的高度以及各甲板的梁拱高度。

(8)舷墙、机舱棚、各舱口开口的尺寸大小、结构形式及在横向的布置情况。

第二节　识读中横剖面图

识读中横剖面图的目的主要是了解船体各构件的名称，船体各部分结构的相对位置和船体构件的布置，大小、结构形式及相互连接的方式。识读的方法，通常从底部开始，再看舷侧至甲板、上层建筑等。如结合基本结构图一起识读，则能了解全船的结构布置情况及构件的连接方式。现以图 6-1 为例说明识读方法和步骤。

一　概貌了解全船的结构

主要是从总体上了解船舶的用途、结构形式、结构特点以及各部分结构的相对位置。

1. 了解船舶的用途

了解船舶的用途，只要查阅图纸上的标题栏即可知道，如本船为 500t 货船。

2. 了解船体结构的特点

根据各肋位剖面图中船底、舷侧以及甲板的骨架布置情况了解。本船的船底、舷侧，甲板的板架均为横骨架式结构，因此，本船为横骨架式船体结构。

3. 了解各部分结构的相对位置

(1)货舱区双层底的高度为 800mm，机舱区为单底。

(2)舱口纵向围板距船体中心线 2250mm，机舱纵向围壁距船体中线 1200mm。

(3)主轴中心离基线 1200mm。机舱部分的舷侧纵桁离基线 2600mm。

(4)各层甲板之间的高度为：

上甲板与尾楼甲板之间的高度、尾楼甲板与驾驶甲板之间的高度、驾驶甲板与罗经甲板之间的高度均为 2100mm。机舱棚距驾驶甲板的高度为 700mm，如图 6-2 所示。

从图中看出的这些相对尺寸，就是各结构的定位尺寸，即决定了主要结构的相对位置。

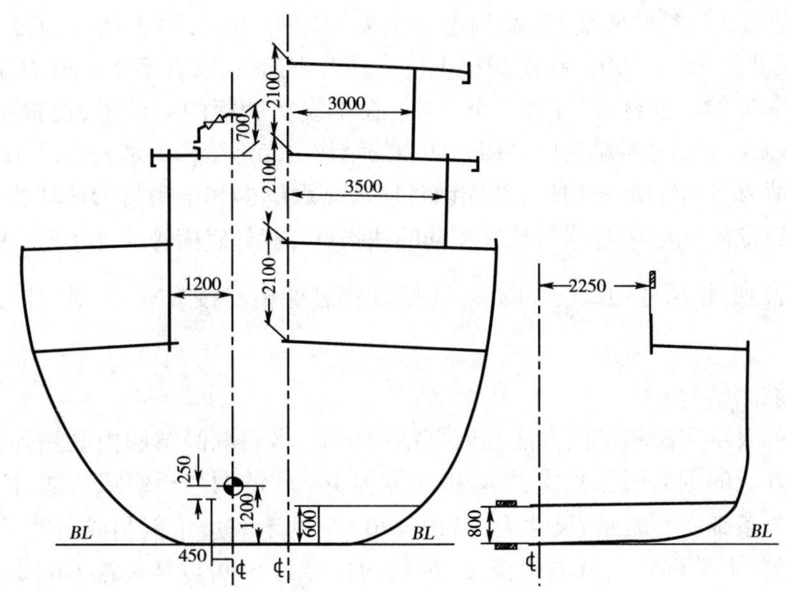

图 6-2　船体各部分结构的相对位置

二 具体了解各部分的结构情况

主要是详细了解各部分结构中构件的布置、尺寸、结构形式和连接方式等。读图时可按肋位剖面图从底部、舷侧、甲板、上层建筑等依次进行。但要能顺利识读中横剖面图，首先要熟悉图中常用的图线，中横剖面图中常采用的图线主要有以下几种：

(1)粗实线：表示板材和型材的截面。

(2)细实线：表示本肋位上横向构件的可见轮廓线。

(3)细点划线：为主轴线及中心线。

(4)细虚线：表示构件的不可见轮廓线，如支柱的内壁轮廓。

(5)细双点划线：重叠画法时构件的可见轮廓线。

掌握图线的使用，对识读中横剖面图有很大的帮助。

下面以图 6-1 中的#54 肋位剖面图为主，重点介绍货舱部分的结构。

1. 货舱的底部结构

(1)内底板与外底板都用实线表示其剖面，内底板由 7 列板组成，内底边板为下倾式，列与列的分界由板缝符号"Y"表示，内底板厚分别为 8mm 和 7mm，内底边板厚为 9mm；外底板由五列板组成，其中平板龙骨的厚度为 12mm，其余各列板的厚度均为 10mm。

(2)底部的纵向构件有中桁材、旁桁材和舭龙骨。中桁材板厚为 9mm，位于船体中线上，旁桁材板厚为 7mm，距船体中线 2100mm。这两个构件都用粗实线表示其剖面。舭龙骨用焊接球钢制成，尺寸为 $\frac{8\times250}{\phi25}$，焊在加强板上，加强板的尺寸为 -80×8，用粗实线表示其剖面，见图 6-1。

(3)底部的横向构件有实肋板、舭肘板。实肋板厚为7mm,隔3档肋距设置,其上开有椭圆形人孔,尺寸为350×500。在实肋板上边缘还开有通气孔,在下边缘开有流水孔。实肋板上装有扁钢制成的加强材,尺寸为-50×8。在不设实肋板的肋位上,设置组合肋板或水密肋板,具体参见该船的基本结构图。组合肋板的结构由局部结构图来表达,如图6-1中#54肋位下方的局部结构图,组合肋板由内、外底横骨以及靠近舭部和中桁材的两块折边肘板围成,在旁桁材的一侧装有与内、外底横骨尺寸相同的扶强材,内、外底横骨的尺寸为∟90×56×8的不等边角钢,折边肘板尺寸为$\llcorner\frac{8}{80}$。内、外底横骨穿过旁桁材按CN-3型切口,切口尺寸可查阅标准附录三。

2. 货舱的舷侧结构

舷侧结构的表示方法和识读方法与底部结构相似,本船舷侧结构由舷侧外板、主肋骨和舭肘板组成。外板的剖面用粗实线表示,由厚度为10mm的两列板组成。肋骨用角钢制成,其折边投影用二条细实线表示,尺寸为∟110×70×7的不等边角钢制成。肋骨的上端与甲板之间留有间隙,下端削斜与舭肘板搭接,削斜的代号为S,可以从标准CB*3183—83中查得相关削斜尺寸,舭肘板采用折边肘板,其尺寸为$\llcorner\frac{8}{80}$,且开有流水孔。

3. 货舱的甲板结构与其他结构

1)甲板结构

甲板结构在表示方法上与底部和舷侧不同的是甲板结构采用了重叠画法,表示不在#54肋部剖面处的强横梁,支柱和货舱口横向围板结构。由图6-1看出,甲板边板的厚度为9mm,其余甲板板厚度为8mm,甲板板剖面用粗实线表示。横向构件有普通横梁和强横梁,其中强横梁不在#54肋位;支柱为圆柱形钢管,也不在#54肋位,具体设置在#27、#41、#51、#65肋位。舱口围板结构中,围板上端焊有直径为50mm的半圆钢,舱口围板内缘亦焊有同样尺寸的半圆钢。

2)舷墙结构

舷墙结构由下面几个构件组成:舷墙的板厚度为5mm,整个舷墙高为1000mm,从图6-1可以看出舷墙板高750mm,舷墙板的下端焊有直径为15mm的圆钢,舷墙顶部装有水平的折边板材,其尺寸为$\llcorner\frac{5\times150}{50}$,舷墙与甲板的连接肘板为折边肘板,其尺寸为$\llcorner\frac{8}{80}$,各部分的具体尺寸见图6-3。

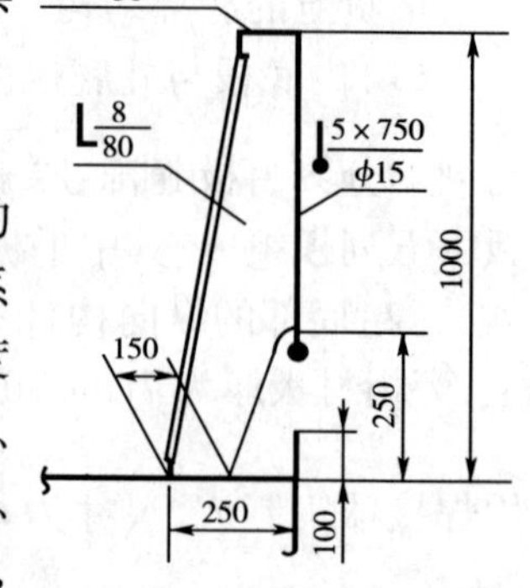

图6-3 舷墙结构

了解了各部分结构之后,通过综合、归纳就可掌握货舱结构的概貌。其他肋位剖面图可用相似的方法阅读。机舱剖面图中轴系剖面符号"⌖"表示主轴的位置,轴系剖面符号中心线距基线的高度即为主轴轴线在该剖面处的高度。#14、#19肋位剖面图中,强肋骨、强横梁、支柱均用双细点划线表示重叠画法,说明强肋骨、强横梁、支柱不设在这两个肋位上设置。普通肋骨下端削斜与舭肘板连接,削斜的代号为S,根据型材及削斜的代号,可以从本教材附录四中得到削斜的尺寸。

通过识读中横剖面图,可以对全船主要结构有个概括的了解,但是中横剖面图只是典型部位的横向剖面图,所以对有些结构,例如纵向构件的连接情况,横向构件沿船长方向的布置以及外板、内底板和甲板板在船长方向的排列和厚度的分布都未表示。因此,要全面了解船体结构,还需识读其他的结构图样,如基本结构图、外板展开图等。

第三节　绘制中横剖面图的方法和步骤

绘制中横剖面图是船体结构设计过程的一项工作,这里仅介绍已知构件尺寸和连接方式的情况下绘图的方法和步骤。

1. 选取图样比例和图纸幅图

图样比例要根据船体主尺度和剖面图的数量来决定。中横剖面图的比例一般选用1:10、1:20、1:25、1:50等几种。尺度较小的船舶可选用较大的比例,超大型船舶要选用较小的比例,如1:100或更小。图纸幅面通常根据已选定的图样比例、船体主尺度和剖面图的数量按标准选取。但为了使用方便,图纸幅面不宜太大,所以有时还需根据选用的图纸幅面大小重新选取适当的图样比例。

2. 图面布置

剖面图按剖切位置的肋位编号顺序从左至右依次布置。局部结构图可安排在剖面图相应结构部位的附近或其空白的地方。主尺度栏和附注栏一般安排在图纸的右上方,见图6-4a)。

3. 绘制剖面图的外形和定出各部分结构的位置

绘制的步骤如下:

(1)在图纸下方适当位置作基线,然后根据剖面图的半宽值,在适当位置作出基线的垂直线,即船体中线。每个剖面图都应单独绘制中线,而不允许两个剖面合用一根中线,见图6-4b)。

(2)根据剖切位置,在型线图中得出肋位剖面外形的尺寸,然后绘制外形,见图6-4c)。

(3)根据双层底和各层甲板间高度,各纵向围壁距中线尺寸等定出各部分结构的位置,见图6-4d)。

(4)绘制甲板梁拱线,见图6-4e)。现将抛物线形状的梁拱作法介绍如下(如图6-5):

①连接甲板宽度最大处甲板边线上的两点 DD,交船体中线于 A 点。

②以 A 点为圆心,梁拱高为半径作半圆,交船体中线于 K 点,交 DD 线段于 d、d 两点。

③将 DD、dd 线段及 $\widehat{dKd}$ 半圆弧分为相同的等分(如图6-5示8等分),得分点3、2、1、1、2、3;c、b、a、a、b、c;$3'$、$2'$、$1'$、$1'$、$2'$、$3'$。

④连接 $a1'$、$b2'$、$c3'$;并通过1、2、3各点作 DD 线的垂线。

⑤分别在垂线上量取 $11'=a1'$、$22'=b2'$、$33'=c3'$,得 $1''$、$2''$、$3''$ 各点。

⑥用曲线板连接 D、$3''$、$2''$、$1''$、K、$1''$、$2''$、$3''$、D 各点,得梁拱线。

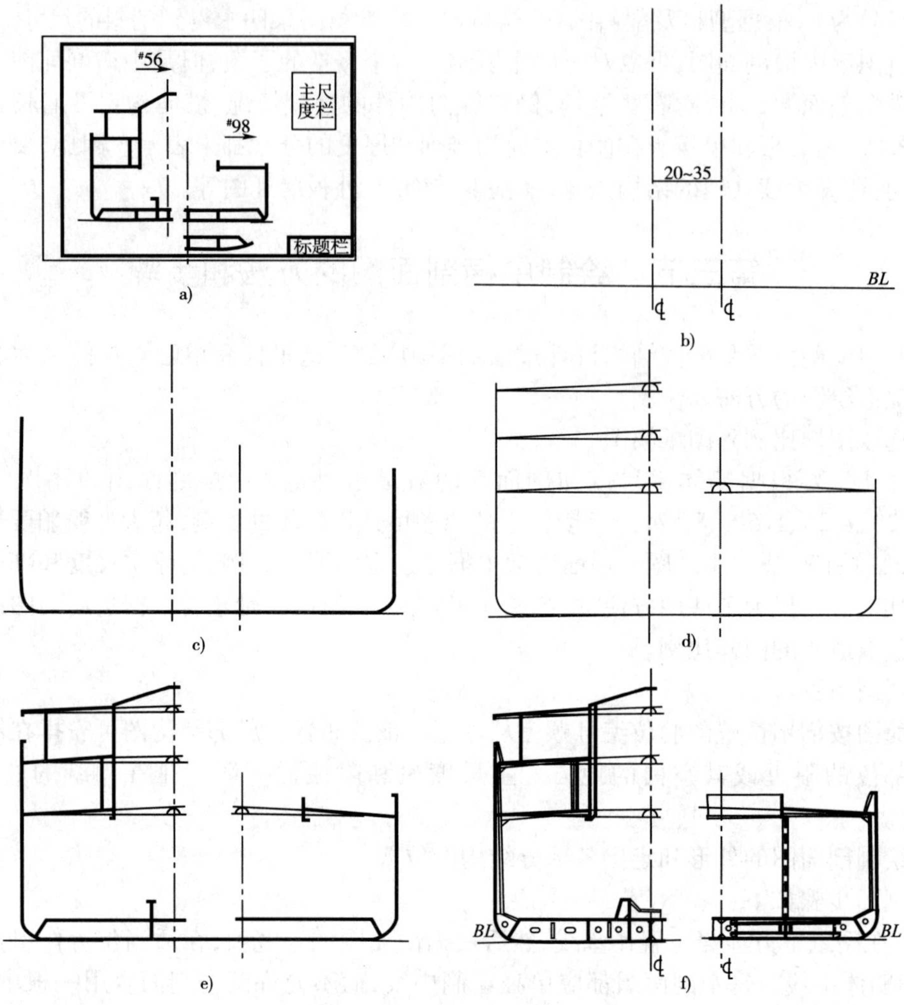

#56
#98
主尺度栏
标题栏
a)
20~35
BL
b)
c)
d)
BL
BL
e)
f)

图 6-4　中横剖面图的作图步骤

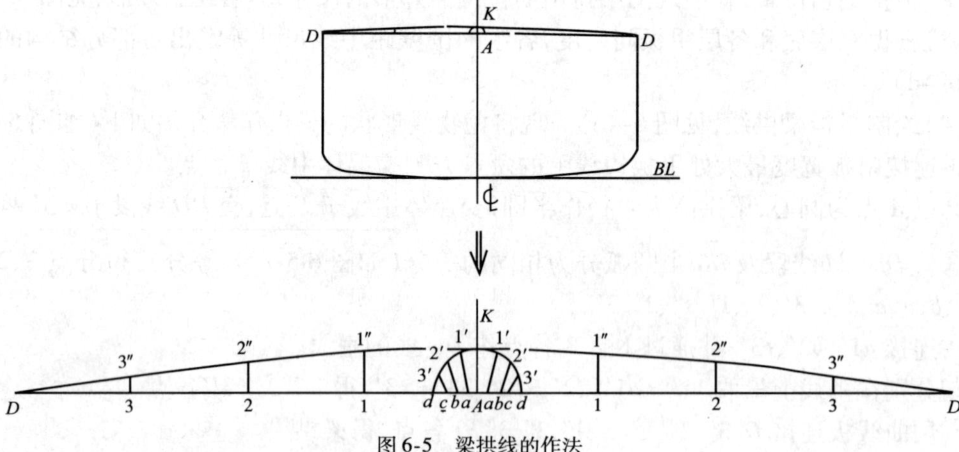

图 6-5　梁拱线的作法

4. 绘制各部分结构

绘制的顺序通常是先画底部结构，再画舷侧结构，然后画甲板和上层建筑结构。绘制的方法基本上与节点视图的画法相似。

由于船体结构通常对称于中线面，所以剖面图的图形可以不全部画出来，一般只画略多于一半的图形，见图 6-4f)。

5. 按图线要求加深及标注尺寸

校对图形，确认无误后，擦去多余线条，按图线要求加深。然后标注构件的定形和定位尺寸。因中横剖面图中的尺寸较多，标注时必须做到布置合理、书写清晰。

6. 标注舱室名称，填写主尺度栏和标题栏

标注舱室及甲板的名称，填写主尺度栏和标题栏。

习　题

1. 识读并绘制习图 6-1 所示 1000 吨货船中横剖面图。要求如下：

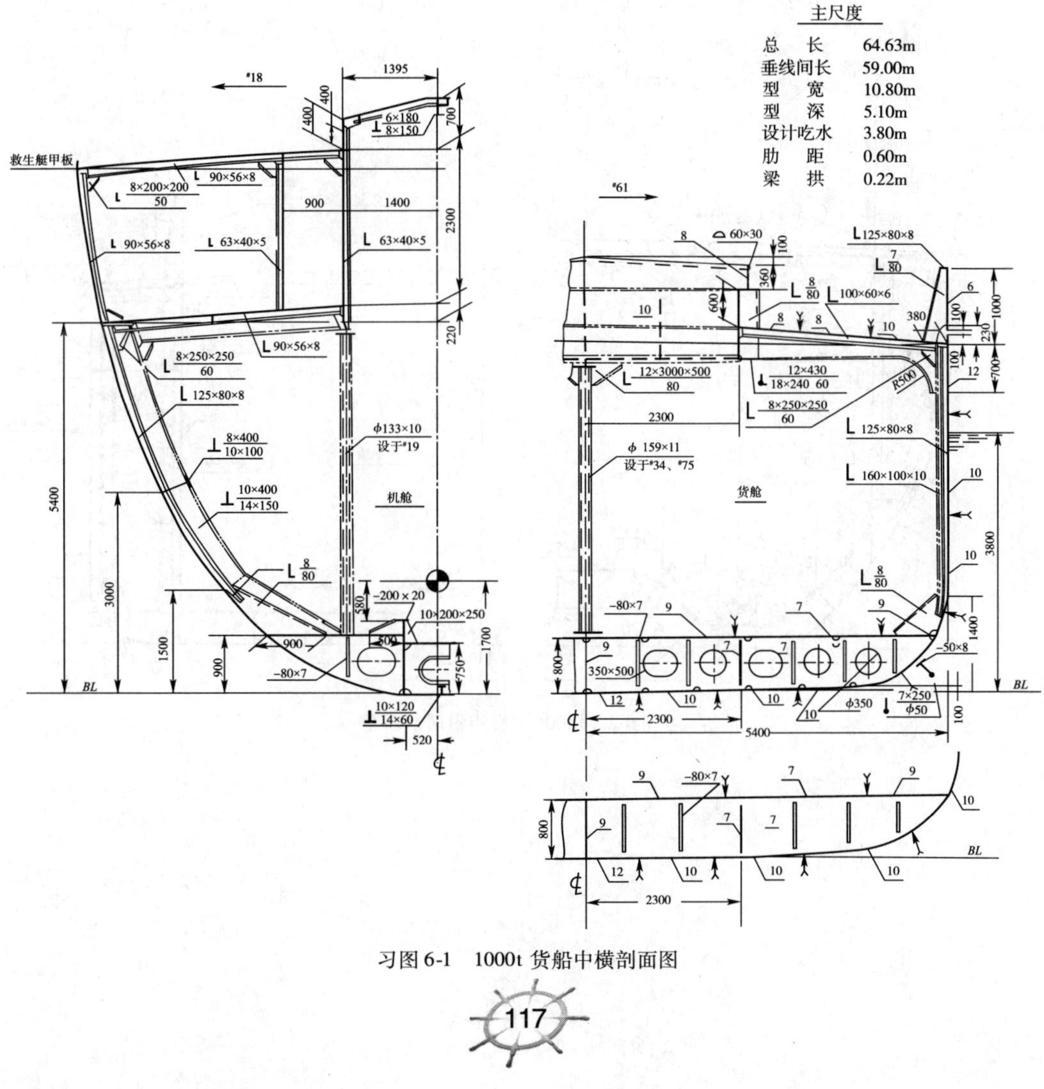
主尺度
总　长　64.63m
垂线间长　59.00m
型　宽　10.80m
型　深　5.10m
设计吃水　3.80m
肋　距　0.60m
梁　拱　0.22m
救生艇甲板
机舱
货舱
BL

习图 6-1　1000t 货船中横剖面图

2. 了解底部、舷侧、甲板、舷墙、舱口、上层建筑等结构,分析它们由哪些构件组成。

3. 指出各个构件之间的定位尺寸、大小尺寸,及其相互连接的情况。

4. 用 1∶50 的比例绘制中横剖面图(根据具体情况,可只绘货舱或机舱)。机舱横剖线的型值见习表 6-1:

机舱横剖线型值表 (单位:mm) 习表 6-1

水线	475	900	1500	3000	4200	5400	救生艇甲板边线
半宽值	1860	2600	3200	4100	4600	4950	5250

注:货舱部分的线型较平缓,舭部圆弧用 *R*1320 连接,不需另加型值表。

5. 识读习图 6-2 所示的 1200t 内河干货船中横剖面图,了解该船的结构形式,纵向构件的布置及其尺寸,横向构件连接方式。

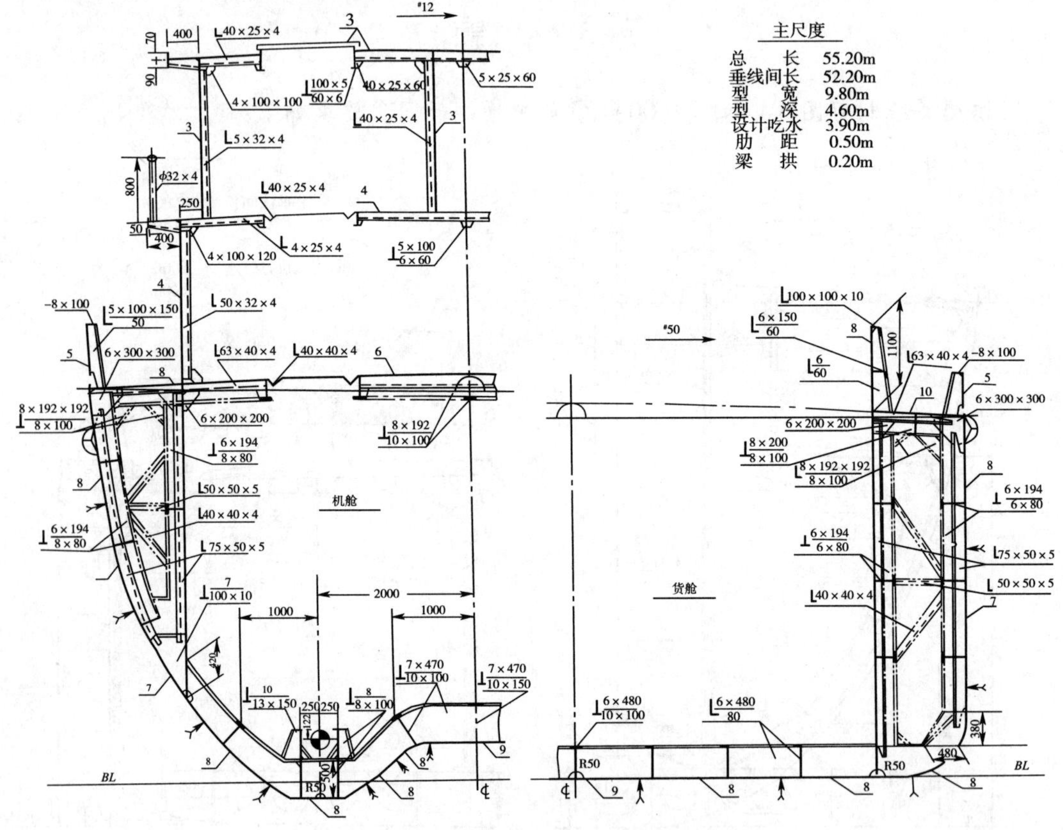

习图 6-2 1200t 干货船中横剖面图

第七章　基本结构图

基本结构图是一张全船性的结构图样，它用一个纵向和数个水平方向的剖面图或剖视图来表示船体结构的基本情况，并与中横剖面图一起组成表示全船结构的三向视图。熟悉基本结构图的内容和读图方法，有利于阅读和绘制其他施工结构图样。

第一节　基本结构图的组成和表达内容

基本结构图由纵剖面图，各层平台、甲板平面图、舱底图和主尺度栏所组成，见图 7-1。（见书末插图 7-1　500t 货船基本结构图）

基本结构图的纵剖面图通常是选用中线面去剖切船体而得到的纵向剖面图，故又称为中纵剖面图。它作为基本结构图的主视图，表现船体构件在船长和船深方向的布置及某些纵向构件的连接情况。各层平台、甲板平面图及舱底图作为基本结构图的俯视图，它表现各层平台、甲板、舱底的结构情况及构件在船长和船宽的具体位置，以及其上各种开口的位置（如梯口、货舱口、机舱口等）。

下面以 7-1 为例，介绍基本结构图所表达的内容：

一　中纵剖面图

（1）被剖切的构件：如外板、甲板、横舱壁、内底板、肋板、横梁等横向构件的结构形式和位置，图中用粗实线表示这些构件的剖面形状。

（2）位于中线面上的构件：如中桁材、中内龙骨、甲板中纵桁、中纵舱壁及其扶强材等构件的结构形式、大小和与其他构件连接的方式。其可见与不可见轮廓线分别用细实线和细虚线表示。

（3）位于中线面与舷侧之间的构件：如机舱口和货舱口的纵向围板、甲板边纵桁和支柱等构件的位置，结构形式和大小。其可见轮廓线用细双点划线表示。邻近中线面围壁的扶墙材用细点划线表示。

（4）位于舷侧的构件：如强肋骨、普通肋骨、中间肋骨和舷侧纵桁等构件的位置和大小。在图中用简化线表示，即舷侧纵桁和强肋骨用粗点划线表示其投影，中间肋骨用细点划线表示其投影，普通肋骨一般不需要表示。

此外，在中纵剖面图上还表明烟囱、机舱棚顶和桅的位置，以粗实线表示它们的剖面，以细双点划线表示其轮廓的投影。

二　甲板平面图和平台图

它是用剖切面沿着甲板或平台上表面剖切船体而得到的剖面图。

(1)在甲板上面与甲板连接的构件:如舱壁、围壁的位置,用粗实线表示其剖面。

(2)在甲板下面与甲板连接的板材构件:如纵舱壁、横舱壁等。若是水密构件用轨道线表示,而非水密构件则用粗虚线表示。

(3)在甲板下面与甲板连接的型材构件:如强横梁、普通横梁、甲板纵桁、甲板纵骨等构件的位置和大小。若是主要构件用粗双点划线表示,普通构件则用细虚线表示。

(4)表示甲板板或平台板的位置和厚度以及其上加强复板和开口的位置和大小。板缝和开口的可见轮廓线用细实线表示,分段接缝用斜栅表示。加强复板边界用阴影线表示,以区别于开口轮廓。

三 舱底图

舱底图通常有两种表达方式:一种是在最下层甲板与底部构架之间用剖切平面剖切船体而得到的剖视图,这种表达方法要带一部分舷侧结构,即要将舷侧结构和舱底结构都表现出来,图面显得比较拥挤,如图 7-2(见书末插图 7-2 基本结构图)。另一种是在靠近底部构架上缘用阶梯剖的方法剖切船体而得到的剖视图。这种表达方法可不带舷侧结构,图显得比较简洁,如图 7-1 中的舱底图。采用阶梯剖可以同时表现几个不在同一高度的平面结构。

在图 7-1 舱底平面图中,首部从#70 肋位起至首尖舱内为单底结构,尾部从#20 肋位向尾也为单底结构,它与双层底结构的高度并不相同,由于采用了阶梯剖,可以绘在同一平面上。经过阶梯剖以后,在舱底图的双层底部分再采取局部剖视的方法,将船体右舷的内底板剖去,表示双层底舱内的结构。左舷表示内底板结构。局剖剖视的分界用线用折断线表示。

1. 单底结构

表现中内龙骨、旁内龙骨和肋板的布置、大小和连接方式。这些构件的面板用细实线表示,腹板用粗虚线表示,肋板边线用细双点划线表示。

2. 双层底结构

表现中底桁、旁底桁、肋板、基座纵桁等构件的布置,大小和连接方式。内底板的板缝和开口形状的可见轮廓线用细实线表示。若是水密构件用轨道线表示,非水密构件用粗虚线表示(如果有内底纵骨或外底纵骨,则用细虚线表示)。局剖剖视后,被剖构件用粗实线,外底纵骨用细点划线表示。图中,板缝的投影,开孔的形状和加强覆板的表示方法与甲板图相同,肋板上的开口用小开口剖面符号表示。

基本结构图中构件的定位尺寸是以“金属船体构件理论线”为依据来度量的。通常,高度方向以距基线的尺寸来表示,宽度方向以距船体中线的尺寸表示,长度方向以构件所在的肋位号或距某肋位号的尺寸来表示。构件的定形尺寸,一部分直接标注在图形内,一部分标注在构件所在范围的图形外面。

四 主尺度栏

基本结构图是全船性图样,所以除了视图以外,还要标注主尺度和有关数据。如总长、设计水线长、垂线间长、型宽、型深、吃水、肋骨间距和各层甲板间高度等。

第二节　识读基本结构图

识读基本结构图的方法与中横剖面图基本相同，读图步骤通常从纵剖面图入手，结合各层甲板、平台图及舱底图进行，必要时还需要看图中横剖面图等其他结构图样。看图的次序同样是从船首到船尾、从底部向甲板，先看主船体，后看上层建筑。看图时，可一层层平台、甲板详细了解。也可根据需要，识读某一舱室或某一局部结构。但要将主视图与各层平台、甲板图和舱底图互相对照识读，必要时，还要参照中横剖面图，以便完整地了解结构情况。

下面以图7-1,500t货船的基本结构图为例，说明识读基本结构图的步骤、方法和注意点。

一　了解全船结构的概貌

主要是根据纵剖面图，并结合甲板图、平台图和舱底图，了解甲板层数和位置，双层底设置的区间、主船体内纵、横舱壁以及大开口的位置。

从纵剖面图中主要了解的内容有：

1. 全船的甲板层数

即主船体甲板和上层建筑甲板的层数，再结合相应的甲板图，确定它们的设置和位置及其高度。有的基本结构图将上层建筑各层甲板间高度列在主尺度栏中，识读时还要参见主尺度栏。

该船的主船体有一层连续甲板，即主甲板，它从船首一直通至船尾。上层建筑设有尾楼和首楼，尾楼在机舱上部，按自下向上的顺序有尾楼甲板、驾驶甲板和罗经甲板。尾楼甲板设置在自船尾#25肋位之间，距主甲板2100mm，驾驶甲板设置在#2～#25肋位之间。距尾楼甲板2100mm；罗经甲板设置在#16～#25肋位之间，距驾驶甲板2100mm；首楼甲板位于#71肋位至船首范围内，距主甲板1900mm。

2. 了解内底设置

根据纵剖面图中内底板的剖面为粗实线，并结合舱底图内底板的排列，了解内底板的设置区间。

从该船的纵剖面图的粗实线看出，内底板设置在#20～#71肋位之间，结合舱底图，可以了解内底还向船尾延伸过渡，中线面处向尾过渡两挡肋距，中线面两侧在旁底桁处过渡至与机座纵桁面板相连接。首尾的其余部分为单层底。

3. 了解主船体横舱壁的设置

结合上甲板图可以了解主船体横舱壁的位置、数目、水密还是非水密，从而了解沿纵向舱室划分的情况。

根据纵剖面图中横舱壁为粗实线可知，主船体在# －2、#2、#5、#21、#46、#71、#73肋位处，设置了7道横舱壁。结合主甲板图中相应肋位处不可见板材的简化线可知，一道为非水密舱壁（图中用粗虚线表示），其余六道横舱壁都是水密横舱壁（图中用轨道线表示）。这7道横舱壁将船体沿船长方向划分为尾压载水舱、舵机舱、重油舱、机舱、第二货舱、第一货舱、压载水舱和首压载水舱,纵剖面图中均有这些舱室的名称。

4. 了解主船体纵舱壁的设置

结合各层甲板图可以了解到纵舱壁的位置,沿纵向舱室的划分情况,从中还可以了解到纵舱壁上的开口情况。

对照主甲板图中纵向的轨道线及粗虚线可知,该船在#71 ~ #74 肋位之间的中线面内设有水密纵舱壁;把压载水舱分为左右两个舱室。

5. 了解大开口设置的位置

对照主甲板图可以了解到各种舱口的设置情况。在#8 ~ #16 肋位之间开有机舱舱口,#27 ~ #40 肋位之间以及#50 ~ #65 之间开有货舱舱口。

二 具体了解各部分的结构情况

主要是了解各部分结构中构件的布置、结构形式、大小和连接方式。识读时,可以根据需要,按底部结构、舷侧结构、甲板结构、上层建筑结构、首尾端结构的划分来识读;也可按舱室结构的划分来识读,如货舱、机舱、驾驶室等。读图时,要把纵剖面图和各种水平剖面图结合起来,对照进行。必要时,还要参阅中横剖面图,以完整地了解全船的结构情况。

下面以第二货舱主甲板结构为例,说明读图的方法和注意点,见图 7-3。

1. 了解第二货舱在船体上的位置

由图 7-3 的中纵剖面图可知,第二货舱位于#21 ~ #46 肋位范围内。

2. 了解甲板结构情况

了解甲板结构要根据甲板图,并结合中纵剖面图进行。

1)甲板板的排列、形状和厚度

甲板板的排列由板缝线确定(图中以细实线表示),相邻两条纵向和横向接缝围成一块板,板厚可以从图中直接查得。由图 7-3 中的板缝线可知,该区域甲板的钢板为纵向排列,每块板形状也可以确定;靠舷边的甲板板厚为 9mm,其余板厚分别为 8mm 和 7mm。

2)甲板开口的位置和大小

通过主甲板图上所标注的肋位号和尺寸标注,可以具体确定甲板开口在船长和船宽方向的位置和开口的大小。

在图 7-3 中,主甲板#27 ~ #41 肋位之间开有货舱口,舱口宽度为 4200mm,长度根据肋距大小求得,约为 580mm × 14 = 8120mm,在#45 和#46 肋位之间甲板的左舷部分开有大小为 480mm × 480mm 的方形孔,孔中心距船体中心线 300mm。

3)甲板板上面构件的位置和大小

通过甲板图中的线条及其轮廓,结合纵剖面图,并参照尺寸标注可具体查阅。

在图 7-3 中,货舱口四周设有围板(甲板图中为粗实线),围板四角为半径 350mm 的圆弧。#25 肋位处设有尾楼甲板的前端壁,其上设有垂直扶强材,#46 肋位处的甲板上有左右对称的二块圆形加强复板,尺寸为 $10 \times \phi1100$。

4)甲板板下面构件的布置和大小

图中甲板板下面的构件采用简化画法,读图时要根据各种图线所表达的含义来确定各

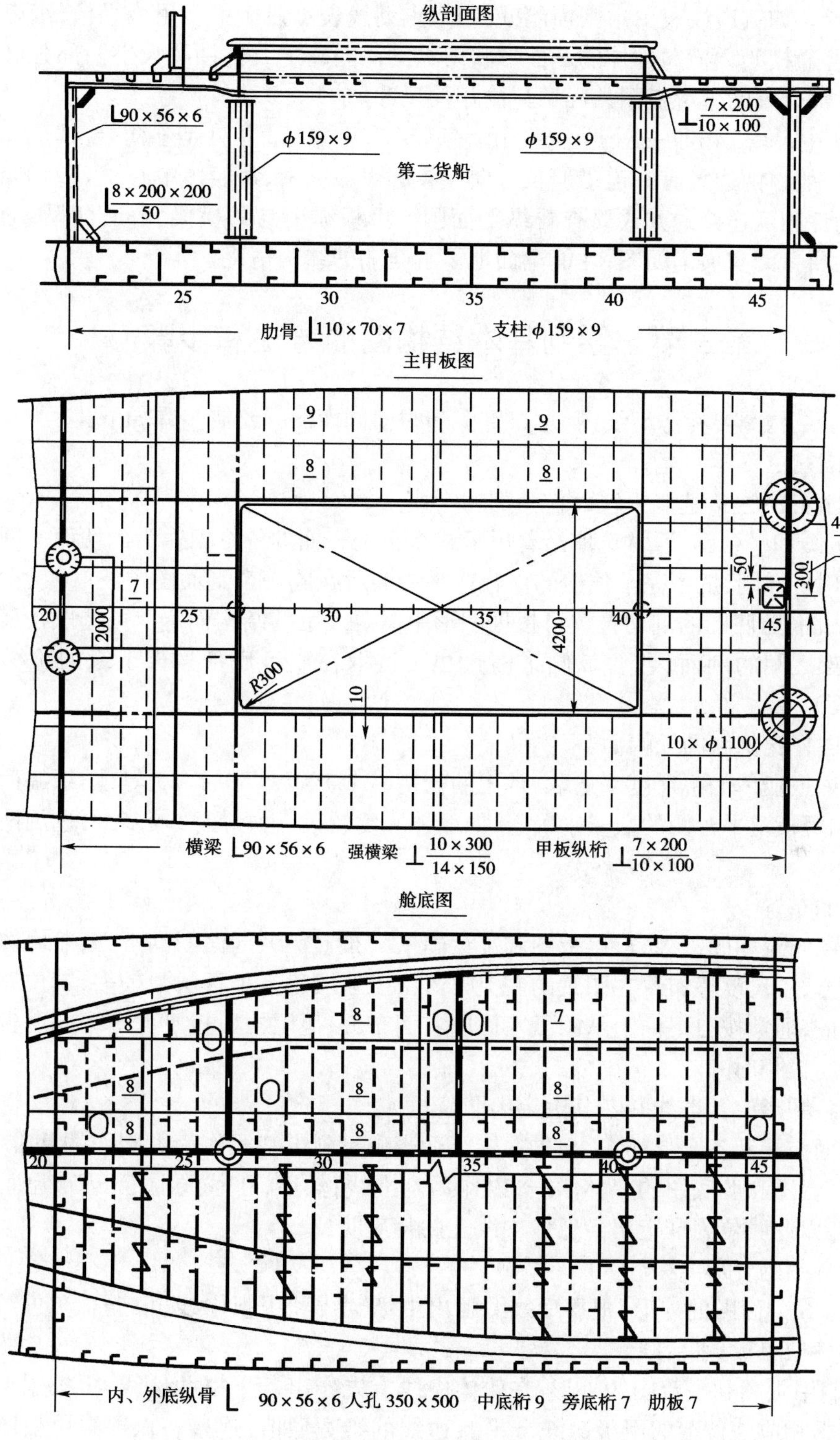

纵剖面图

∟90×56×6　ϕ159×9　ϕ159×9　⊥$\frac{7\times200}{10\times100}$

第二货船

∟$\frac{8\times200\times200}{50}$

25　30　35　40　45

肋骨 ∟110×70×7　支柱 ϕ159×9

主甲板图

9　9　8　8　7　2000　20　25　30　35　40　45　4200　R300　10　50　300　480×480 R90　10×ϕ1100

横梁 ∟90×56×6　强横梁 ⊥$\frac{10\times300}{14\times150}$　甲板纵桁 ⊥$\frac{7\times200}{10\times100}$

舱底图

8　8　8　8　8　8　7　8　8　20　25　30　35　40　45

内、外底纵骨 ∟ 90×56×6 人孔 350×500　中底桁 9　旁底桁 7　肋板 7

图 7-3　第二货舱主甲板结构图

类构件的布置。如轨道线表示水密横舱壁,粗双点划线表示强横梁和甲板纵桁,细虚线表示相应肋位的普通横梁。横向构件的剖面形状由纵剖面图确定。构件的大小一部分可查阅纵剖面图,另一部分查阅主甲板图外面标注的相关尺寸。

在图 7-3 中,#21、#46 肋位处是水密横舱壁,#25、#27、#41 肋位处是强横梁,其余各肋位处是普通横梁。舱口两边各有一道沿船长方向设置的甲板纵桁,距船体中心线为 2100mm。

此外,构件相互连接的方式要查看纵剖面图。甲板纵桁与强横梁、普通横梁、舱口围板等的连接,还要参阅中横剖面图,才能全面地了解全船的结构情况。

第三节　绘制基本结构图的方法和步骤

绘制基本结构图要参考型线图、总布置图和中横剖面图。绘制步骤如下:

1. 选择剖切位置

(1)纵剖面图:通常选取中线面作为剖切平面。

(2)甲板图和平台图:通常选取沿着甲板或平台上表面的一个面作为剖切面。剖切的方式也可以采用阶梯剖,把不完全连接的甲板或平台表示在同一个剖面图中。

(3)舱底图:舱底图的剖切位置可根据图形中需要表示的结构而定。可选取在最下层甲板与底部构架之间的剖面(包含舷侧结构),也可选取在靠近底部构架上缘的阶梯形剖面(可简化图面)。

2. 确定图样比例和图纸幅面

比例可根据船体的主尺度来选取,常用的比例是 1∶100、1∶50、1∶25 等;图纸幅面则由比例、主尺度和甲板及平台图的数量来确定,如船体尺度较大、甲板层数较多,可选用两张以上的图纸。

3. 图面的布置

纵剖面图布置在图纸上方,甲板图和平台图依次布置在纵剖面图的下方,舱底图布置在图纸的最下方,主尺度栏布置在图纸的右上方。由于上层建筑甲板层数较多,其位置可不与纵剖面图对应,通常按自下向上从图纸左面向右面布置,但尾楼甲板平面图中的肋位应与纵剖面图中的肋位相对齐。

4. 画出各图形的基准线并在其上定出肋位

根据图面布局及各图形的大小,先在图纸适当位置画出基线作为纵剖面的基准线;画出各层甲板、平台图和舱底图的船体中线,以作为基准线;然后,在基线上定出首、尾垂线的位置及肋位,并以此肋位为准定出各船体中线上的相应肋位。

5. 绘制各图的外形

(1)绘制纵剖面图的外形:根据型线图画出中纵剖线和甲板中线,根据总布置图画出上层建筑中的各层甲板、平台线。

(2)绘制甲板图和平台图的外形:在船体中线上先作出若干根肋位线,再根据型线图和总布置图量得相应肋位上的甲板边线或平台边线的半宽型值,连接各点即得甲板图和平台图的外形。

(3)绘制舱底图的外形:舱底图的外形与剖面位置相关。如果在最下层甲板与底部构架之间选取剖切面,则通常取最下层甲板边线为外形轮廓;如果选取靠近底部构架上缘的阶梯剖,则取肋板边线、内底板边线及舵机舱平台边线等作为外形轮廓。画法与甲板图相似。

6. 绘制纵剖面图

(1)画横舱壁、上层建筑横向围壁、舱口围板、内底板等。

(2)画中内龙骨、舷侧纵桁、纵舱壁、甲板纵桁等纵向构件。绘图时应注意:凡位于中线面的纵向构件均作未剖切处理。

(3)画肋板、强肋骨、横梁等横向构件。

7. 绘制甲板图、平台图和舱底图

(1)画甲板板、平台板和内底板上的开口。

(2)画纵、横构件线。

(3)画甲板板、平台板和内底板上的接缝线。

对于主视和俯视这两类不同方向的视图,绘图时应注意构件及开口位置等的相互对应。

8. 根据图线所表达的含义加深图形并进行相应的尺寸标注

构件的大小尺寸,一部分可直接标在图形中,一部分则标注在构件所在范围的图形外面。舱壁扶强材及其肘板的尺寸通常标注在纵剖面图中,舷侧构件和支柱的尺寸通常标注在舱底图的外面。

纵剖面图、连续的甲板图和舱底图的肋位号逢 5 的倍数如 0、5、10 等进行标注,其余较小的视图可逢双号标注。

9. 标注舱室名称,填写主尺度栏和标题栏

标注舱室名称,填写主尺度栏和标题栏。

习　题

1. 基本结构图的视图有哪几种？各视图的剖切位置和投影方向如何？

2. 中纵剖面图中,被剖切的构件,位于中线面与舷侧之间的构件、位于舷侧的构件以及位于中线面处的构件,分别用什么型式的线条表示？

3. 根据图 7-2,识读中纵剖面图、主甲板图和舱底图的前货舱区域,了解以下内容:

(1)主甲板板的排列及厚度,主甲板上开口位置和大小,主甲板上构件的位置及其尺寸。

(2)内底板的排列及厚度,内底板上开口位置和大小,双层底内构件的位置及其尺寸。

第八章　肋骨型线图

肋骨型线图也是全船性结构图样，它是表示全船肋骨剖面形状、外板纵横接缝位置以及甲板、平台和与外板相接的各纵向构件布置的图样。其主要用途是：

(1)在船体放样中作为肋骨型线、外板接缝线和船体结构线放样的依据；

(2)绘制外板展开图时作为伸长肋骨型线，求取肋骨型线实长和确定构件位置的依据；

(3)绘制其他船体图样时作为选取或剖切求得所需船体横剖面形状的依据。

为了布置外板及船体放样等需要，需绘制肋骨型线图。肋骨型线图和外板展开图共同表示船体外板结构和主要构件的位置。

第一节　肋骨型线图的组成和表达内容

肋骨型线图由主尺度栏和肋骨型线图形组成，见图 8-1。

一　主尺度栏

肋骨型线图属于全船性图样，在图纸的右上方列有主尺度栏。包括总长、垂线间长、型宽、型深、吃水、肋距和梁拱等。

二　肋骨型线图形

肋骨型线图的图形与型线图中的横剖线图有些相似，但它们的表达内容和所起的作用不同。横剖线图中的横剖线是 10 等分或 20 等分垂线间长的横向剖切平面与船体型表面的交线，只表示理论站号处的船体横剖面形状；而肋骨型线图中的肋骨线则是以型线图为依据，用通过各肋位处的横向平面(肋骨平面)为剖切平面剖切船体，与船体型表面的交线，它表示各肋位处的船体肋骨型线的真实形状。此外，在肋骨型线图上，还表示出外板接缝的排列及甲板、平台和与外板相连接的各纵向构件布置的情况。

肋骨型线图中的线条，除了水线和纵剖线外，基本可分为 4 类：

1. 肋骨型线

它是肋骨平面与船体外板型表面的交线在投影面上的投影，表示肋骨型线的真实形状。由于船体对称于中线面，同时为了避免肋骨型线在图中的重叠和干扰，所以肋骨型线只画一半，在中线面的左边画尾部至中站面之间的各肋骨型线，在中线面的右面画首部至中站面之间的各肋骨型线。大中型船舶的肋骨较多，如果将所有肋骨型线全部画出，则图中的肋骨型线较密，为了保持图面的清晰，一般间隔一挡肋位绘制一根(习惯上逢双号肋位绘制)，见图 8-1。由于船体首尾部分的线型变化较大，故在有些骨型线图中，首尾部分的肋骨型线每档肋位都绘制，其余部分仍间隔一挡肋位绘制一根。

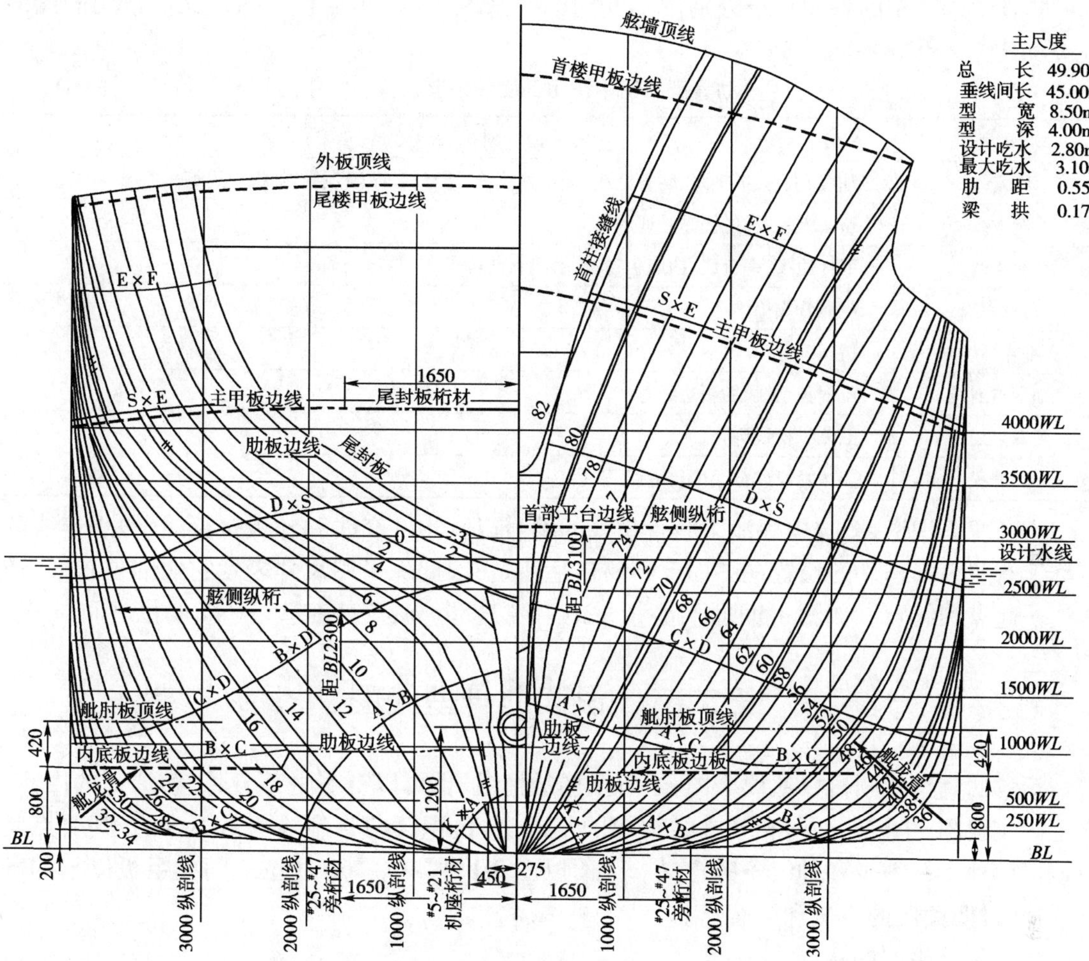

主尺度

总长	49.90m
垂线间长	45.00m
型宽	8.50m
型深	4.00m
设计吃水	2.80m
最大吃水	3.10m
肋距	0.55m
梁拱	0.17m

图 8-1 肋骨型线图

2. 外板接缝线

它是外板之间的连接线，表示全船外板的排列和外板的投影形状。外板接缝线有 3 种：

(1)边接缝线：相邻两列外板间接缝的投影，即外板纵向接缝的投影；

(2)端接缝线：同一列外板中，相邻两块外板间接缝的投影，即外板横向接缝的投影；

(3)分段接缝线：相邻两分段间接缝的投影。

3. 构件交线

它是船体构件如甲板、平台、外底纵骨、旁底桁、旁内龙骨、内底边板、舷侧纵桁、舭龙骨等与外板的交线在投影面上的投影，表示这些构件在船体中与板缝的相对位置。

4. 假想连线

它是某些同一类构件上特定点的假想连接线在投影面上的投影。如舭肘板顶线是舭肘板与外板交线顶端各点连接线的投影。又如肋板边线是肋板与外板型表面交线顶端各点连接线的投影。假想连线表示了某些构件距基线高度沿船长方向的变化。

肋骨型线图中的各种线条分别用不同的图线来表示，以区别它们的含义。常用的图线型式及其含义见表8-1。

肋骨型线图中常用的图线及其含义 表8-1

图线型式	图线的含义
细实线	基线、水线、纵剖线、肋骨型线、边接缝线、端接缝线、舷墙顶线、外板顶线等
细虚线	船底纵骨线、舷侧纵骨线等
粗虚线	甲板边线、平台线、内底板边线、旁桁材线等
粗点划线	舭龙骨线等
细点划线	折角线等
细双点划线	舭肘板顶线、肋板边线等
粗双点划线	舷侧纵桁线等
斜栅线	船体总段或分段的接缝线

为了便于识读，图样中标注了肋骨型线的编号以及构件交线和外板接缝线、假想连线的名称。有些纵向构件的位置在图面上不易表达清楚，因此除了用尺寸表示它们的位置外，还需注明起点和终点。如图8-1所示，旁桁材距中线1650mm，安装在#25～#47肋位之间。

第二节　识读肋骨型线图

识读肋骨型线图可以通读全图，了解全船的情况，也可以专看一部分，了解局部的内容。在了解型线图、中横剖面图和基本结构图的基础上，再识读肋骨型线图是不难的，其要点是应该清楚地了解图中各种线条的含义。下面以图8-1中#40～#60肋位之间主甲板以下的部分为例，说明读图的方法和注意点。

1. 了解外板的形状

肋骨型线图中的外板接缝线是外板轮廓在投影面上的投影，故图中相邻的两条纵向接缝线和相邻的两条横向接缝线所围成的图形即表示一块外板的投影形状，见图8-2。

2. 了解外板的布置和数量

读图时，可以先了解外板的列数。图中由相邻两条边接缝形成的一列板，称为列板。从边接缝的数目就可以确定外板的列数。

GB/T 4476—84《金属船体制图》中规定，外板板的编号用大写的拉丁字母加阿拉伯顺序数来命名。其中平板龙骨为K列板，舷顶列板为S列板，其余各列板自平板龙骨向舷顶列板依次用A、B、C……命名，即平板龙骨两侧的船底板为A列板，与A列板相邻的列板为B列板，其余类推，如图8-3。K列板与A列板之间的接缝线称为$K \times A$接缝，其他类同。图8-1中#40～#60肋位之间有$K \times A$、$A \times B$、$B \times C$、$C \times D$、$D \times S$、$S \times E$六条边接缝，其中K列板对称中线面布置，故在#40～#60肋位之间左右舷共由11列板组成。

然后再了解每一列板由几块钢板组成。在每一列外板中，相邻两条横向接缝线构成一块外板，从一列外板中的横向接缝线数目即可确定组成该列外板的钢板数，综合各列板的钢板

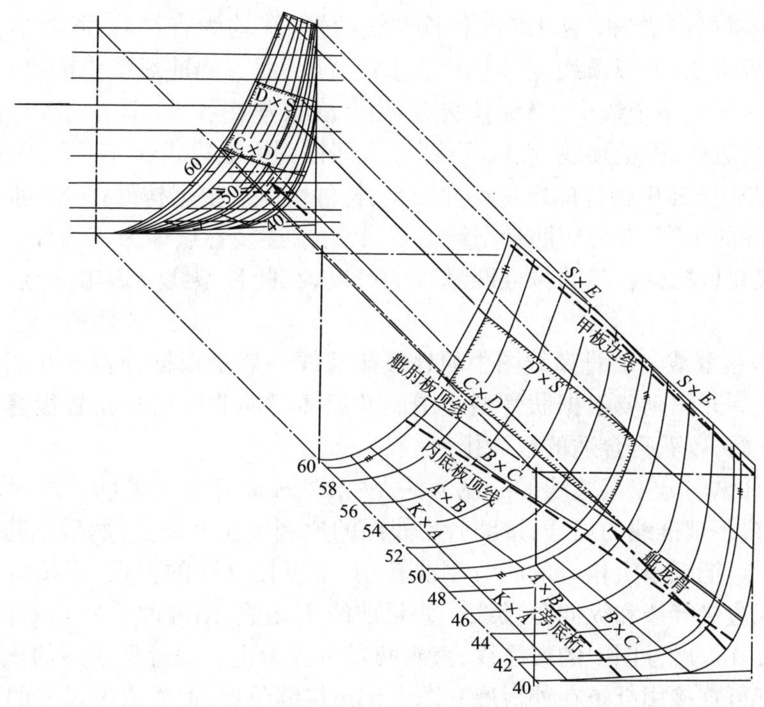

图 8-2　板缝和构件的投影

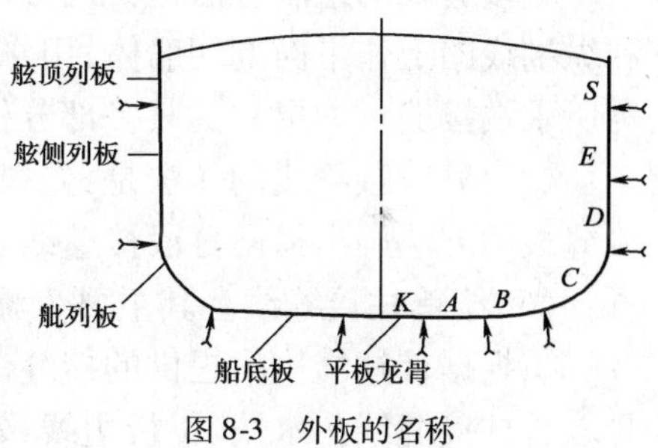

图 8-3　外板的名称

数,就可以确定全船外板的数量。图 8-1 中#40 ~#60 肋位之间的每列外板有 3 条横向端接缝线,所以每列外板由两块钢板组成,整个区间共由 22 块钢板组成。

3. 了解构件的位置

构件的位置由各种构件交线和假想连线决定。如图 8-1 中#40 ~#60 肋位之间,内底距基线高度为 800mm,旁底桁距中线距离为 1650mm,从#25 肋位设置到#47 肋位等。

第三节　绘制肋骨型线图的步骤

绘制肋骨型线图的原始资料是型线图、中横剖面图以及基本结构图等。常用的比例为 1∶25、1∶50 等。为了画图方便,一般可按型线图的比例放大 2 倍或 4 倍,如型线图的比例为 1∶100,则肋骨型线图可取 1∶50 或 1∶25。

肋骨型线图要求绘制正确,线条清晰、光顺。图中各构件的位置与有关结构图样中一致。

绘图的步骤如下:

(1)根据型线图中主尺度、水线和纵剖线间距画格子线,并作船底斜升线。

(2)绘肋骨型线、甲板边线和外板顶线、舷墙顶线。在型线图的纵剖线图和半宽水线图

中(用作任意位置横剖线的方法)画出肋骨型线的投影(均为直线)。按型线图的比例量取肋骨型线与甲板边线、外板顶线、舷墙顶线、水线、纵剖线和船底线交点的高度值和半宽值。再按本图的比例量到格子线中,得到各交点,用曲线板连接各点,即为肋骨型线。连接各肋骨型线上的甲板边线、外板顶线、舷墙顶线的点,即得到甲板边线和外板顶线、舷墙顶线。

(3)根据结构图样中构件的定位尺寸,绘出构件交线。根据构件在某一肋位处距基线高度或距船体中线的半宽,在相应肋骨型线上定出交点,连接各点即为该构件交线。如舷侧纵桁、内底板边线要根据其在各肋位处距基线的高度,在肋骨型线上定出交点,然后连接各点得出交线。

(4)绘外板接缝线。肋骨型线图中的外板接缝线一般是根据外板展开图中接缝线的位置来画,而外板展开图则要根据肋骨型线图展开船体横向曲度后再布置板缝。故两者相互依赖,并要求一致,以获得合适的板缝排列。

边接缝线和纵向分段接缝线的绘制方法是:沿外板展开图上的肋骨线量取边接缝线和纵向分段接缝线距基准线的尺寸,按肋骨型线图的比例量在纸条上,然后以肋骨型线与船体中线交点为起点,把纸条沿相应的肋骨型线转动,录下接缝线的交点,连接各肋骨型线上的相应点,即得到边接缝线和纵向分段线。如果曲线不光顺,则修改某些点的位置,使曲线光顺,并以此修改外板展开图中的接缝线,直到两者协调为止。肋骨型线图的比例如果与外板展开图相同,则可直接用纸条在外板展开图中记录接缝位置,而省去量尺寸的过程。

端接缝线的绘制方法是:根据外板展开图中确定的端接缝位置,在型线图的半宽水线图和纵剖线图上作平面剖切船体,用作任意位置横剖线的方法在肋骨型线图中画出其交线,即为所求端接缝。如果只是某一部分外板的端接缝,则取交线的相应部分。

横向分段接缝线的作法是:先根据船体分段划分图,定出分段的具体位置,然后用作端接缝线的方法画出横向分段接缝线。

(5)绘首柱接缝线。其主要步骤如下:

①根据首柱结构图提供的接缝位置,在型线图的半宽水线图中画出首柱接缝线;用纸条录取首柱接缝线与水线、甲板边线、外板顶线、舷墙顶线交点的半宽值。

②把纸条放在肋骨型线图相应的水线上,记录下首柱接缝线的交点。

③把纸条放在肋骨型线图的基线上,录下首柱接缝线与甲板边线、外板顶线、舷墙顶线的交点,并过这些点作基线的垂直线,此垂直线与甲板边线、外板顶线、舷墙顶线的相应交点即为首柱接缝线的交点。

④根据首柱接缝线最低点的高度值(由首柱结构图决定)及其半宽值(在型线图的半宽水线图中查得),在肋骨型线图中定出该点位置。

⑤连接上述各点,即为肋骨型线图中的首柱接缝线。

(6)按图线要求加深,并标注构件的定位尺寸,注写肋骨型线的编号、构件交线、假想连线、接缝线的名称。

(7)编写主尺度栏和填写标题栏。

习　　题

1. 肋骨型线图中除水线和纵剖线以外，线条基本分为几类？分别用什么型式的线条表示？

2. 识读习图 8-1，并指出#72 ~ #88 肋位之间：

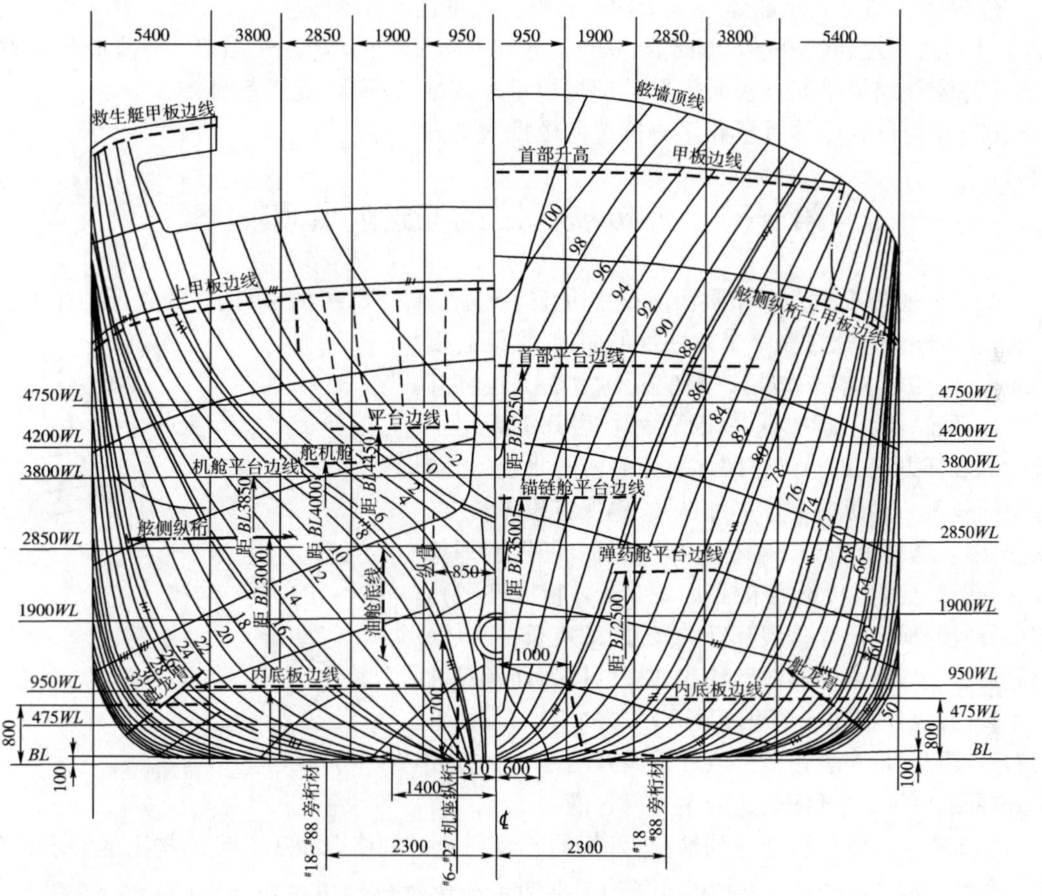

习图 8-1　肋骨型线图

(1) 边接缝、端接缝和分段接缝的位置。

(2) 左右舷外板的列数及外板的数量。

(3) 根据构件的交线，指出纵向构件在船宽、船的高度方向的位置以及船长方向的起止点。

第九章　外板展开图

外板展开图是表示船体外板结构的图样。它的主要用途是：

(1)与肋骨型线图配合,确定外板的接缝和外板并板的位置,作为船体放样时的依据；

(2)统计组成全船外板所需要的钢板数量和规格,以便订货或备料；

(3)作为计算船体重量和重心位置的依据之一。

第一节　外板展开图的表达特点和内容

表示全船外板的大小和形状,最理想的作法是把船体外壳“摊平”用它的展开图样来表示。然而,船体外表面通常是一个双曲度的曲面,它既有横向曲度又有纵向曲度,故用一般的几何方法无法将其展开成平面。为了解决这一矛盾,外板展开图采用了近似的展开方法,即只展开船体表面的横向曲度(将肋骨型线展直),而纵向曲度不加展开,仍保持投影长度,见图9-1。这样就得到了船体外板的近似展开图,即外板展开图,见图9-2(见书末插页 图9-2 外板展开图)。图中外板的横向尺寸是展开后的尺寸,即实长,而纵向仍是投影尺寸。由于船体形状和外板的排列通常对称于中线面,故外板展开图只画展开图形的一半,习惯上用右舷展开图形来表达。所以外板展开图是一张右舷展开视图。外板展开图表达的主要内容是：

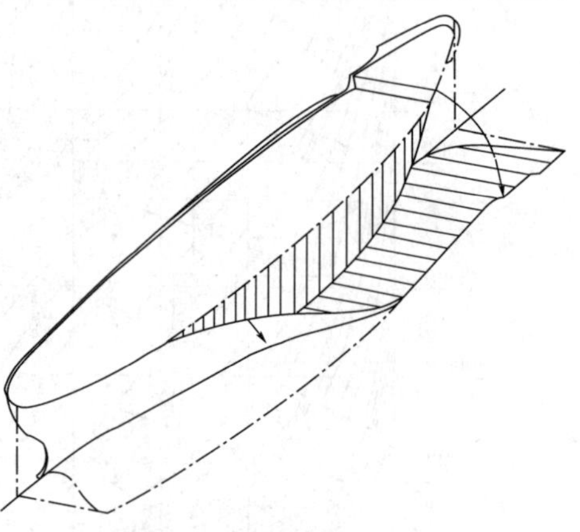

图9-1　船体曲面的近似展开

(1)根据船体分段划分的情况,外板的厚度和板材规格以及工艺和结构上的要求排列外板接缝线,从而表示全船外板的布置及其尺寸；

(2)根据有关图样提供的尺寸,表示外板上的开口及加强覆板的位置和尺寸；

(3)根据结构图样,表示与外板直接相连的纵横向构件的位置,借以说明这些构件与外板接缝及开口的相对位置。在设计过程中,也以此检查板缝和开口的布置是否满足工艺和结构上的要求。图中纵、横向构件采用简化表示法,其常用的图线和含义见表9-1。

外板展开图中常用的图线及其含义　　表9-1

图线型式	图线的含义
细实线	外板接缝线、外板上开孔的轮廓线、舷墙顶线、首尾轮廓线
细虚线	船底纵骨、普通肋骨等简化线
粗虚线	非水密的舱壁、平台、肋板、旁桁材等板材结构的简化线
轨道线	水密或油密的甲板、平台、内底边板、舱壁、肋板等板材结构的简化线

续上表

图线型式	图线的含义
细点划线	甲板板转圆线等
细双点划线	护舷材轮廓的投影线,肋板边线等假想连线
粗点划线	舭龙骨等的简化线
粗双点划线	强肋骨、舷侧纵桁、旁内龙骨、基座纵桁等构件的简化线
斜栅线	两分段分界位置处的外板接缝线

此外,有些外板展开图还表示舷墙和舭龙骨的具体结构,外板接缝典型的坡口形式以及表明外板用料的规格和数量的明细表。

第二节 识读外板展开图

外板展开图和肋骨型线图之间关系密切,互相配合,互为补充,共同反映全船外板的结构和布置情况。识读外板展开图要与肋骨型线图互相对照,以加深对图样表达内容的理解。

识读外板展开图主要了解外板的布置、尺寸、外板上的开口、加强覆板的位置及尺寸。现以图 9-2 为例介绍读图步骤。

1. 了解外板的排列与尺寸

与肋骨型线相似,外板展开图中除 K 列板外,其余每一块外板均由两条边接缝线与两条端接缝线围成。K 列板因通常对称于中线面布置,仅绘制一半,故图中只有一条边接缝线和两条端接缝线围成。它们的名称及厚度可从图中查得。如图 9-2 中#21 ~ #31 肋位之间的外板由 K_4、A_4、B_5、C_2、D_4、S_4 等板组成,除了 K_4 板为一块外,其余板都是左右舷各一块。K_4 板厚为 10mm,S_4 板厚为 12mm,其余板厚均为 9mm。每块板的近似长度可由其所占肋位数及肋距估计,或用比例尺量得。板宽均可用比例尺量得。

2. 了解外板上开口与加强覆板的位置和大小

图中,外板上开口的可见轮廓用细实线表示,加强覆板用覆板轮廓线加细斜线表示。它们的大小和位置可直接在图中查得。有些开口或覆板上注明“仅左舷”或“仅右舷”等字样,意即开口或加强覆板仅设于左舷或右舷一边,另一舷对称位置上不设置。如图 9-2 中#21 ~ #31肋位之间的外板中,K_4 板上开有直径为 150mm 的两个圆形孔,位于#25 ~ #26 肋位之间的右舷。

第三节 绘制外板展开图的步骤

绘制外板展开图的原始资料是肋骨型线图、型线图、总布置图、分段划分图和有关的结构图样。常用的比例有 1:25、1:50、1:100 等。外板展开图的比例与肋骨型线图相同时,则画图最为方便,但图形通常显得过大。所以,外板展开图的比例常按肋骨型线图缩小一倍。

绘制外板展开图要求外板接缝排列合理,以满足结构和工艺上的要求。满载水线以上要注意接缝的美观。绘制步骤如下:

(1)作基线。量出垂线间长,根据肋骨间距定出肋位,隔 5 ~ 10 档肋距作垂直于基线的

直线。

(2)绘制首尾轮廓线。由于外板展开图纵向不展开,只展开横向曲度,因此外板展开图中的首尾轮廓形状与型线图中的首尾轮廓形状相同,可以根据型线图中提供的尺寸画出。

(3)展直肋骨型线。展直肋骨型线通常采用近似的方法,即用与曲线外切的折线近似代替曲线,其方法是:在宽10mm左右两边裁切平直的纸条上作一起点,然后把纸条中的起点对准肋骨型线与船体中线之交点,沿肋骨型线外缘慢慢转动。转动时,用铅笔尖或针尖顶住纸条边缘,铅笔尖或针尖移动的距离在型线曲度大处要小,曲度小处可大些。转动过程中,记下构件(如内底边板、甲板、平台、舷侧纵桁、旁桁材等)与肋骨型线上的交点。

为节省绘图工作量,肋骨型线不需要每根都展直,要按第一步中画有肋骨线的肋位号进行。

(4)量取构件的交点,绘制构件交线。如果外板展开图的比例与肋骨型线图不同时,则要按肋骨型线图的比例先量出纸条中各交点距起点的尺寸,再按外板展开图的比例以基线为准量在外板展开图中相应的肋骨线上。连接各肋骨型线上相应点,则得内底板、甲板、平台、舷侧纵桁、旁桁材等构件线。

(5)根据基本结构图和中横剖面图,绘出横舱壁、强肋骨、普通肋骨、肋板等横向构件的投影。

(6)绘制边接缝线、端接缝线和分段接缝线。布置外板接缝线要根据船体分段的划分、外板的厚度和板材的规格以及工艺和结构上的要求进行。

平板龙骨和舷侧顶列板的宽度由《钢质内河船入级与建造规范》或强度计算决定,不能任意改窄。所以,通常先布置平板龙骨和舷顶列板的接缝线,再由工艺性决定舭列板宽度,布置舭列板接缝线,最后布置其他边接缝线。在确定外板的边接缝时,应考虑甲板、平台、纵桁、纵骨和内底边板等纵向构件的布置情况。外板的边接缝线与纵向构件的角焊缝应避免重合或形成过小的交角,焊缝之间距离不宜过小,否则会影响焊接质量。若纵向构件与外板边接缝的交角小于30°时,则应调整接缝,使之成为阶梯形,如图9-3所示。此外,板缝布置与纵向构件在很长一段距离中平行时,其间距应大于50mm。

在确定外板的端接缝时,应考虑建造工艺和船体分段的划分情况,同时又要充分利用板材的长度,各列板的端接缝要求布置于同一横向平面上,以减少装配和焊接的工作量,为使用垂直自动焊创造条件,并且容易控制船体的焊接变形。

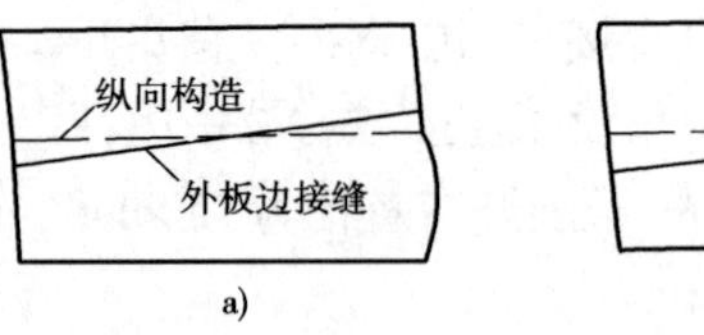

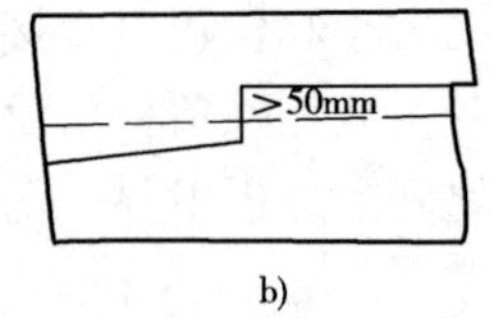

图9-3 外板的边接缝线

端接缝应避开与横向构件的角焊缝及大开口角隅部位。端接缝应尽可能布置在1/4或3/4肋距处。

外板的排列还应力求整齐美观,特别是设计水线以上的边接缝,应尽可能与甲板边线或折角线平行,并保持相同的宽度伸至船的首尾端。首尾端由于船体线型的变化,肋骨围长的减小,外板板列的数目也要相应地减少,而把原有的两列板并成一列板,或三列板并成二列板,形成并板结构。并板的形成一般有下列两种:

①双并板：用加宽的列板代替相邻两列板，如图 9-4a）所示。

②齿形并板：两相邻列板的端接缝在不同肋距内中断，而与另一列板形成阶梯形接缝，如图 9-4b）所示。在图 9-2 中，A_7、B_8 两列板向首合并成 A_8 列板，抽去了 B 列板。C_7、D_9 两列板向首合并成 D_{10} 列板，抽去了 C 列板等。并板接缝不宜设于平板龙骨、舭列板和舷顶列板上，通常布置在满载水线以下的其他外板上。

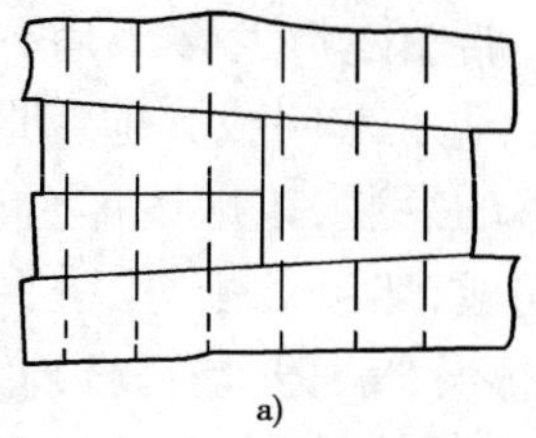
a)

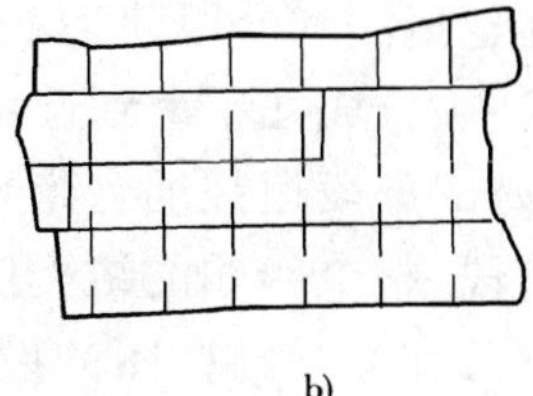
b)

图 9-4　外板并板接缝

(7)绘制外板上的加强覆板和开口。必要时，绘制舭龙骨及舷墙等结构详图。

(8)按图线要求加深，并标注外板的代号，构件名称，有关尺寸和编写主尺度栏。

同一列板中，外板序号由尾向首依次编排。外板的编号注写在直径为 8mm 的细实线圆内。首尾部分外板列数减少，则可略去 A、B、C、D……中某些列板，见图 9-2。

外板厚度直接标注在图形中。外板上某些加强覆板和开口在一舷时，可在覆板和开口附近用文字说明“仅左舷”或“仅右舷”。

为了说明外板厚度在船长方向不同区域的变化，按建造规范要求，一般在基线下方注明船端 $0.075L$，船中 $0.4L$ 等范围。

习　　题

1. 外板展开图的特点有哪些？

2. 外板展开图表达的主要内容有哪些？

3. 识读习图 9-1（见书末插图 习图 9-1 外板展开图），具体要求如下：

(1)外板的布置及其厚度分布情况。

(2)外板上开孔和加强覆板的位置及其尺寸。

第十章　船体分段划分图和分段结构图

船舶建造有整体建造法和分段建造法。目前，船舶建造大多采用分段建造法，一艘大、中型船舶的船体，往往被分成几十个到近百个分段，先在车间或其他场地的胎架或平台上分别建造，然后将建造好的分段运往船台上进行船体的总装，以减少船台周期。因此，当船舶的设计进行到一定阶段，整个船舶的结构图已经完成，船台装配方式已经确定之后，就需着手研究船体分段的划分和分段结构图的设绘。船体分段划分是否合理，关系到能否有效地利用工厂的设备能力，提高劳动生产效率，改善劳动条件，提高造船质量和降低成本。也就是说，船体分段的尺寸、重量、形状及划分位置，对船舶建造的周期、成本和质量，都有相当大的影响。在划分船体分段时，必须根据工厂生产条件（包括起重能力、场地大小）、船舶建造工艺和船体结构特点等多方因素，进行反复分析研究、全面比较，以求得在技术和经济上最为合理的分段划分方案，从而设计、绘制出分段划分图和分段结构图。

第一节　船体分段划分图

一　分段划分图的组成和特点

分段划分图用于表示全船分段的数量、各分段的分段接缝位置和分段的理论重量以及船台装配余量的数量和加放部位。某些分段划分图还用于表示各分段在船台上的定位吊装顺序。船体分段划分图还是其他结构图样绘制分段接缝位置的依据，也是船台装配时分段吊装、定位以及起重、运输配备设备的依据。

分段划分图主要由一组视图、船体分段的编号、分段明细栏和主尺度组成，见图10-1。

（一）分段划分图的视图

分段划分图的视图用来表达分段的划分情况以及分段接缝位置，由于在船体分段划分图上只表示分段的接缝，而不表示一般的板缝，所以分段接缝线不用斜栅线而用细实线表示即可。通常视图的种类有：

1. 视图种类

1）侧面图

侧面图从船体右舷向正投影面投影所得的视图，见图10-1上方的视图。它给出船体分段沿船长和船深方向的位置。侧面图是分段划分图的主视图，一般来说，从中可以了解全船分段划分的概貌。

2）甲板平面图

甲板平面图是用剖切面沿甲板表面剖切船体而得的剖面图，它给出船体分段沿船长和船宽方向的位置。具体来说，甲板平面图主要用来表示甲板分段或与甲板相关的分段位置，见图 10-1 中的上甲板平面图。

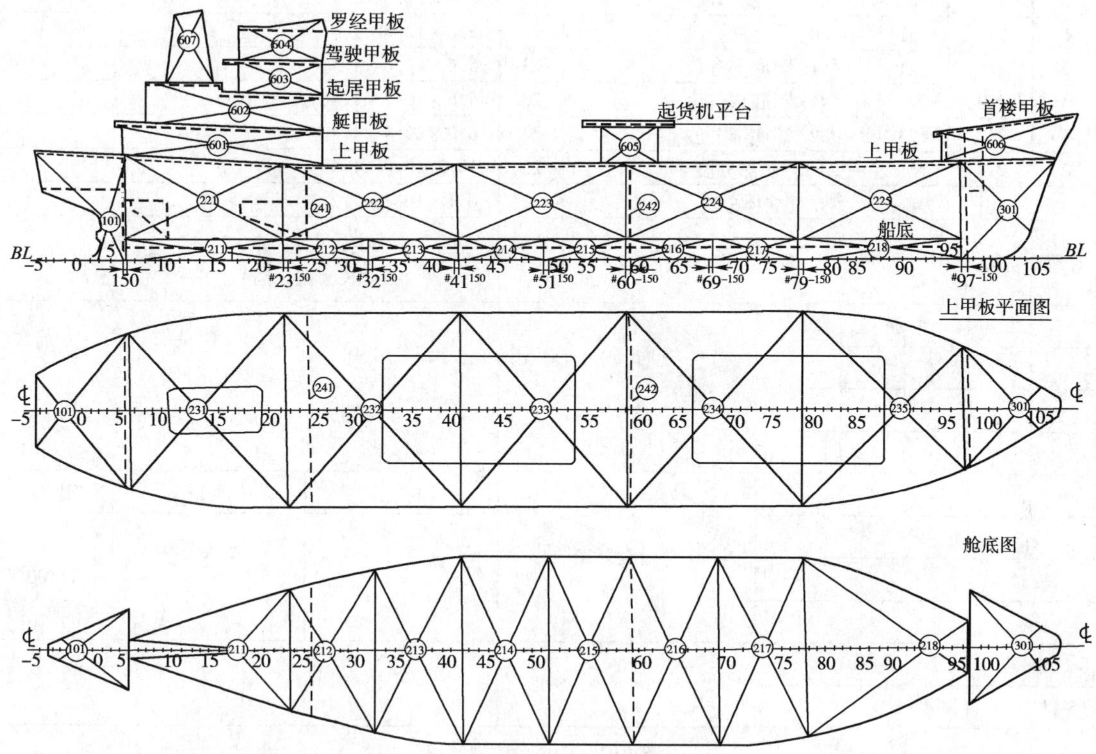

29	607	外烟囱立体分段	4	2.7×2.0×4.9	
28	606	首楼立体分段	16	10.0×8.9×3.0	
27	605	起货机平台及其下围壁分段	10	6.1×9.6×3.0	
26	604	罗经甲板及其下围壁分段	9	5.9×12.9×2.7	$^{\#}18$ ~ $^{\#}27$
25	603	驾驶甲板及其下围壁分段	11	6.8×12.8×2.5	$^{\#}17$ ~ $^{\#}27$
24	602	起居甲板及其下围壁分段	16	12.0×12.8×2.7	$^{\#}8$ ~ $^{\#}27$
23	601	救生艇甲板及其下围壁分段	27	13.5×12.8×2.5	$^{\#}5$ ~ $^{\#}27$
22	301	$^{\#}95^{-150}$ ~首部立体分段	19	6.5×8.0×6.5	
21	242	$^{\#}60$ 水密横舱壁分段	6	12.8×5.3	
20	241	$^{\#}25$ 水密横舱壁及小平台分段	7	12.8×5.2	
19	235	$^{\#}79^{-150}$ ~ $^{\#}97^{-150}$甲板分段	11	11.1×12.8	
18	234	$^{\#}60^{-150}$ ~ $^{\#}79^{-150}$甲板分段	13	11.7×12.8	
17	233	$^{\#}41^{-150}$ ~ $^{\#}60^{-150}$甲板分段	13	11.3×12.8	
16	232	$^{\#}23^{-150}$ ~ $^{\#}41^{-150}$甲板分段	17	11.5×12.8	
15	231	$^{\#}5^{-150}$ ~ $^{\#}23^{-150}$甲板分段	14	10.7×12.8	
14	225	$^{\#}79^{-150}$ ~ $^{\#}97^{-150}$舷侧分段	7	11.7×5.0	
13	224	$^{\#}60^{-150}$ ~ $^{\#}79^{-150}$舷侧分段	8	11.7×5.6	
12	223	$^{\#}41^{-150}$ ~ $^{\#}60^{-150}$舷侧分段	7	11.3×5.0	
11	222	$^{\#}23^{-150}$ ~ $^{\#}41^{-150}$舷侧分段	8	11.5×5.0	
10	221	$^{\#}5^{-150}$ ~ $^{\#}23^{-150}$舷侧分段	9	10.7×5.6	
9	218	$^{\#}79^{-150}$ ~ $^{\#}79^{-150}$底部分段	29	11.1×12.0×1.4	

图　10-1

8	217	$^{\#}69^{-150}$ ~ $^{\#}79^{-150}$底部分段	22	5.8×12.5×1.4	
7	216	$^{\#}60^{-150}$ ~ $^{\#}69^{-150}$底部分段	23	6.0×12.6×1.4	
6	215	$^{\#}51^{-150}$ ~ $^{\#}60^{-150}$底部分段	23	5.6×12.6×1.4	
5	214	$^{\#}41^{-150}$ ~ $^{\#}51^{-150}$底部分段	23	5.6×12.6×1.4	
4	213	$^{\#}32^{-150}$ ~ $^{\#}41^{-150}$底部分段	20	5.6×10.7×1.4	
3	212	$^{\#}23^{-150}$ ~ $^{\#}32^{-150}$底部分段	22	6.0×12.4×1.4	
2	211	$^{\#}5^{-150}$ ~ $^{\#}23^{-150}$底部分段	25	10.7×8.0×1.4	
1	101	尾 ~ $^{\#}5^{-150}$尾部立体分段	22	6.1×10.2×7.2	
序号	分段号	名　　称	质量 (t)	外形尺寸(mm) (长×宽×高)	附　　注

					标记	重量	比例
设绘			分段划分图				1:100
校对							
标检							
审核							
核定							

图 10-1　船体分段划分图

3)舱底图

舱底图是用剖切面沿底部构架的表面剖切船体而得的剖视图。它主要给出船体底部分段沿船长和船宽方向的位置,见图 10-1 下方的舱底图。

除上述视图外,若船体分段的板和内部骨架的分段接缝不在同一平面内时,则分段划分图通常还绘有:

4)纵剖面图

纵剖面图是用纵向平面剖切船体而得的剖面图,它给出剖切平面处的分段的板和内部纵向骨架沿船长方向的分段接缝位置。

5)横剖面图

横剖面图是用横向平面剖切船体而得的剖面图,它给出剖切平面处的分段的板和横向骨架沿船宽方向的分段接缝位置。

纵剖面图和横剖面图不仅给出分段的接缝位置,而且给出内部纵、横骨架的接缝位置,体现了船体分段划分时内部骨架处理结果,给出分段处板与骨架之间的分段接缝线的相对位置。而侧面图、甲板平面图、舱底图是不给出内部骨架接缝位置的。

分段划分图中视图的种类和数量,需要根据船舶类型、大小及分段划分的情况而定。例如各层上层建筑自成独立分段,沿船长和船宽方向不再划分,则其分段位置在侧面图已清楚给出,而不再需要绘制相应的甲板平面图。又如小型船舶采用总段建造时,则各分段位置在侧面图也可清楚给出，而不再需要绘制甲板平面图和舱底图。再如沿船长方向分段和内部骨架的接缝位置一致，则纵剖面图也可省略不画，若沿船宽方向不再划分分段，则横剖面图也省略不画。总之，在完整、清晰给出分段位置的前提下，力求减少视图数量，以减少绘图工作量。

2. 视图中的尺寸标注

分段划分图中标注的尺寸有：

(1)船体主尺度：通常标注有总长、垂线间长、型宽、型深、吃水、肋距等。船体主尺度一般标注在图纸的右上方。

(2)分段接缝位置的定位尺寸：通常是沿船长方向为靠近分段接缝最近的肋位，沿船宽方向为船体中线，沿船深方向为甲板、平台、内底等相关构件。

3. 船体分段的编号

为了便于图样的识读和船体的建造工作，分段划分图上必须对各分段进行编号，每个分段的编号数称为分段号。按 GB/T 4476－2008《金属船体制图》规定，分段号的编制方法如下：

(1)主船体分段采用三位数字编号。其中：百位数字表示分段的区域，用“1”代表尾段，“2”代表中段，“3”代表首段，见图 10-2a)；十位数字表示分段的部位，用“1”代表底部，“2”代表舷侧，“3”代表甲板，“4”代表舱壁，“0”代表立体分段，见图 10-2b)；个位数字表示分段的序号，序号顺序从尾向首、自下向上进行。同一分段的两舷采用一个编号，但应在编号后面注明左(P)、右(S)，见图 10-2c)。例如：

211——表示主船体中段底部第一分段。对于大型船舶，当同一底部分段在横向再划分为左、中、右三段时，则还应在分段号后面注明 P(左)、S(右)或 P(左)、C(中)、S(右)。

223——表示主船体中段舷侧第三分段。对于同一部位左右对称的两个舷侧分段，除写上分段号外同样应注明 P 和 S，以区分左舷分段还是右舷分段。

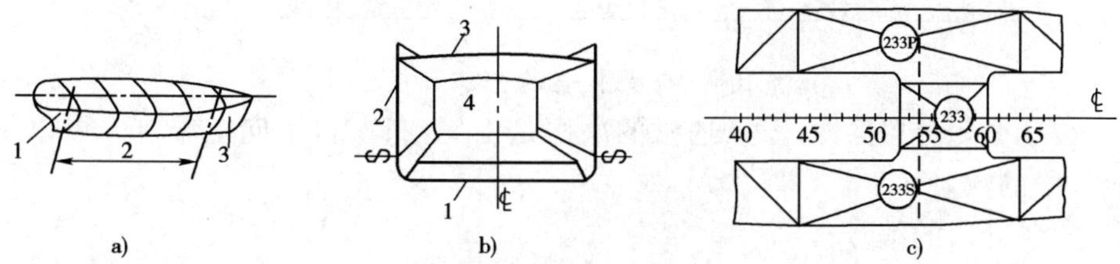

图 10-2　分段的编号

101——表示船体尾段的第一立体分段。

如果主船体的中段采用总段形式，则三位数中的后两位表示总段的序号，序号顺序从尾向首，从 01 起编依次 02、03……如：201 表示中段中的第一个总段。

首、尾段如果沿船深方向再进行水平划分，则三位数中的后两位数为分段序号，自下向上以 01、02……编制，例如：101 表示尾段中第一分段；301 表示首段中第一分段。

(2)上层建筑分段的分段号编法是：百位数字为“6”；后两位数字为分段的序号，顺序由尾至首，再由下至上的进行。例如：601 表示上层建筑分段第一段。

分段号写在直径为8mm的细实线圆中,分段范围用对准圆心的细实线对角线表示,见图10-2。

目前,各船厂对分段的编号并非一致,特别是随着造船生产设计的深化,对分段编号有进一步细化的要求。如:有的船厂分段编号用4位字符,见图10-3。

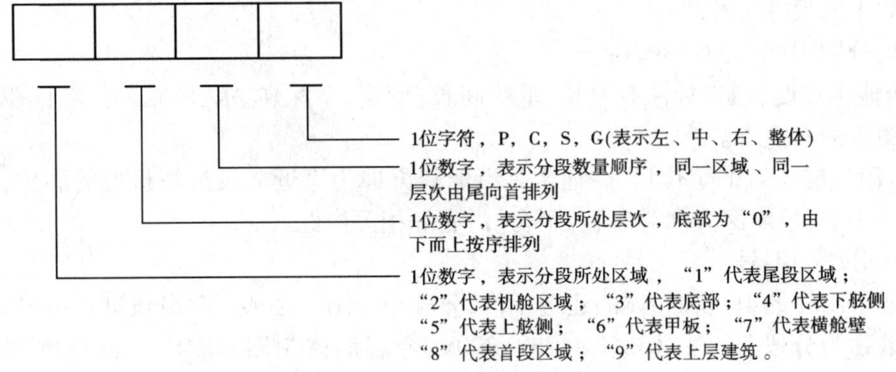

图10-3 有关船厂对分段的编号

例如:202G表示机舱区域,底部向首第2个整体分段。

(二)分段划分图的分段明细栏

分段划分图的标题栏上方编有明细栏,明细栏中列出全船各分段的分段号、名称、重量及外形尺寸等,其格式见图10-4。其中:

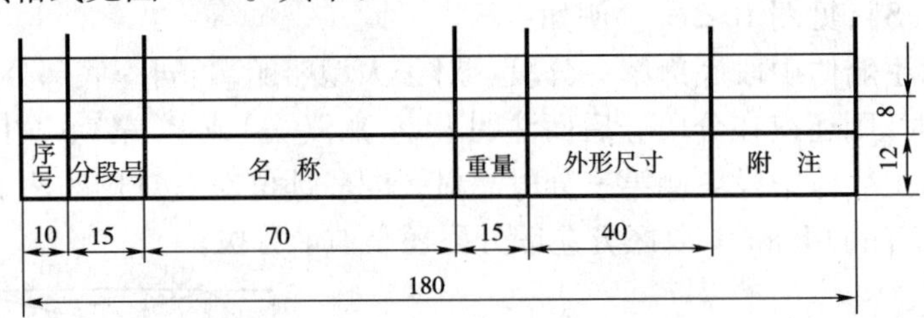

图10-4 分段划分图的分段明细栏格式

序号:表示全船分段的次序号,通常的次序是由尾向首,自下向上编排。可以从序号中知道全船分段的数量;

分段号:各分段的编号;

名称:表示各分段的名称及沿船长方向的位置;

重量:表示该分段的理论重量。单位为t(吨);

外形尺寸:表示分段长×宽、长×高或长×宽×高的外形轮廓尺寸;单位为m(米)。

附注:填写必要的说明。

明细栏在船台装配时,可作为定位、吊装以及起重、运输配置设备的依据。

(三)分段划分图的特点

1.分段划分图的视图是具有示意性质的图形

由于分段划分图主要用来表明分段接缝的位置,所以视图中,除与分段定位有关的结构(如甲板、平台、舱壁、内底、水密肋板等)外,其他结构均省略不画。这样,图样简洁、清晰、画图方便，读图也一目了然，便于使用。

2. 图线应用不同于其他图样

除纵、横剖面图外，其余视图的外形轮廓用细实线画出；甲板、平台、舱壁、内底等结构不论其水密与否，凡不可见的均用粗虚线画出；分段接缝线不用斜栅线而用细实线画出。

二　识读分段划分图

识读分段划分图主要了解船体分段位置、分段的数量及分段的重量和大小。由于分段划分图的视图表示比较简单，所了解的内容也较少，因此比起其他结构图样，易于识读。下面以图 10－1 为例。说明读图的步骤和方法。

（一）了解船体的分段划分概况

根据明细栏，结合侧面图、甲板图、舱底图和分段号可知，本船主船体的首、尾段，各划分成一个立体分段（含首、尾尖舱舱壁），而中段则划分成 8 个底部分段、5 个舷侧分段、5 个甲板分段和 2 个舱壁分段。上层建筑中，尾楼划分成 5 个立体分段（包括烟囱分段），首楼为 1 个立体分段，中部起货机平台为 1 个立体分段，共计 7 个分段，这样就对整个船体的分段划分情况有了概括的了解。

（二）具体了解各分段的位置

根据侧面图并对照相应的甲板或舱底图，再结合分段号逐段了解各分段的具体位置，分段的位置由分段的接缝线位置来决定。识读时，可从尾向首，自下向上逐段进行。如图中 101 尾部立体分段，船长方向是自尾端至#5 肋位（尾尖舱舱壁）向首 150mm，记为尾～$^{\#}5^{-150}$（距相近肋位向首为“＋”向尾为“－”），船深方向是自船底至上甲板以上的外板顶线。又如 211 底部分段，船长方向是自#5 向首 150mm 至#23 肋位向尾 150mm，记为$^{\#}5^{+150}$～$^{\#}23^{-150}$；船深方向分段接缝线的位置在内底以上。船宽方向由对照舱底图可知，没有再进行划分。通过这样的逐段识读，就能将全船分段的具体位置和关系搞清。

（三）了解各分段的重量和外形尺寸

由于分段重量和外形尺寸与起重运输设备及工艺装备的选用有直接关系，因此需查阅明细栏了解各分段重量和外形尺寸。并应知道全船分段中哪个分段最重，哪个分段外形尺寸最大。如图 10-1 明细栏所列，最重的为 218 分段，重 29t；最轻的为 607 分段，重 4t；601 分段外形尺寸最大，为 13.5×13.0×2.60。了解分段的重量和外形尺寸就可配置适当的起重运输设备。

三　分段划分图的绘制方法和步骤

绘制分段划分图主要参考型线图、中横剖面图、基本结构图和肋骨型线图。绘制的步骤如下：

1. 确定视图的数量

由前所述分段划分图的视图种类和数量，取决于船舶类型、大小及分段划分情况。这里的确定视图数量主要是确定除侧面图以外的其他视图的数量。一般原则是：在完整、清晰表达分段位置的前提下，力求较少的视图，以减少画图的工作量。

2. 选择图样比例和图纸幅面

分段划分图表达的内容比较简单,因此选用的比例可适当小些。常用的比例为1:100、1:50、1:25等。根据所选比例、视图数量及主尺度确定图纸幅面。图纸幅面不宜过大,以免使用不便。

3. 布置图面

分段划分图的图面布置通常是:侧面图布置在图纸左上方。向下依次布置甲板平面图和舱底图,图纸中间部分布置纵剖面图和横剖面图,明细栏布置在标题栏上方,主尺度列于图纸的右上角。

4. 绘制视图

1)画出各图形的基准线并在其上定出肋位

画基准线(基线或中心线)和确定肋位的方法与基本结构图相同,可参见基本结构图一章。

2)画出各图的外形

侧面图、甲板平面图以及舱底图的外形可以型线图为依据画出。其方法可参见基本结构图各图外形的作法。横向剖面图的外形可根据肋骨型线图中相应肋骨型线画出。

3)画出侧面图中有关结构

在侧面图的外形基础上,可依据基本结构图画出侧面图中的各层甲板、平台、内底、横舱壁和水密肋板等结构。

4)画出甲板平面图上的有关结构及开口

在甲板平面图的外形基础上,根据基本结构图画出该甲板以下的有关结构,如横舱壁、纵舱壁等,该甲板上面的结构通常均省略不画。甲板的开口通常只画大开口,如机舱口、货舱口等,小的开口,如梯口、人孔等均省略不画。

5)画出舱底图上的有关结构

舱底图上的有关结构,通常也只画内底以下的结构,如水密肋板、水密纵桁等。

6)画出分段接缝线,编制分段号及画出分段对角线

根据已定的分段划分方案所决定的分段接缝线位置,在各图形上画出接缝线,并对各分段进行编号,然后画出分段对角线(细实线)。画分段对角线主要是使分段的范围更清晰、更醒目。

5. 根据图线规格加深图形并标注尺寸

分段划分图中的尺寸,一般只标注船体主尺度及分段的定位尺寸,即分段接缝线的位置。

6. 编制明细栏和填写标题栏

明细栏设置在标题栏上方时,应根据分段序号自下而上填写;若明细栏不设置在标题上方时,则应根据分段序号自上而下填写。

第二节　船体分段结构图

分段结构图是按照船体分段的划分情况,以中横剖面图和基本结构图等基本图样为依

据,用较大的比例绘制,用于完整表达船体分段中构件的布置、形状、尺寸、连接形式、材料、数量、重量和工艺要求等,是一张直接用于施工生产的施工图样。它包括:底部分段结构图,舷侧分段结构图,甲板分段结构图、舱壁分段结构图、首尾分段结构图、上层建筑分段结构图等。船体分段结构图在船体建造过程中的用途是:

(1)作为船体建造中放样、加工、装配、焊接等工序的施工依据。

(2)作为编订装配工艺、编制焊接程序、胎架设计、考虑工艺加强等工艺工作的依据。

(3)作为编订材料明细表,准备原材料以及分段构件配套等工作的依据。

(4)精确计算船体重量和重心位置的原始资料,并作为分段完工后,起重、运输分段时的参考。

(5)船体分段建造质量检验的依据。

一　分段结构图的组成和表达内容

分段结构图主要由一组视图和明细栏组成,见图 10-5。但随着造船生产的发展,施工设计越来越详细、完整。很多造船厂在生产设计的图纸中,分段结构图不仅仅局限于表达结构,而还在分段结构图的前面,增加有关分段制造的工艺说明。

1. 分段结构图的视图

1)主视图

在船体分段结构图中,主视图是表示分段中构件布置情况、板的排列、厚度、焊接要求及板上开口位置和大小的视图,通常是以各种分段中的平面图作为主视图。如甲板分段结构图中,以甲板平面图作为主视图,底部分段结构图中,以内底平面图作为主视图,舷侧分段结构图中,以外板展开图作为主视图等。因此,主视图是以基本结构图或外板展开图中相应位置的图形为依据,用较大的比例绘制而成。与基本结构图、外板展开图一样,构件在图中的投影常采用简化画法,即用不同的图线来表示各种构件的投影,如甲板分段结构图的主视图中,以粗双点划线表示不可见的强构件,在基本结构图的甲板平面图中,也是用粗双点划线表示不可见的强构件。

2)剖面图

由于分段结构图的主视图采用简化画法,仅表示各构件在图中布置的位置,所以要通过剖面图详细表达分段中构件的形状、结构形式、尺寸和相互连接方式。根据剖切的位置不同,剖面图分为 3 种形式:即肋位剖面图、一般位置剖面图和分剖面图。这些剖面图的含义及表示方法,在本书第五章第四节中已介绍,这里不再重复。其图形见图 10-5。

3)节点详图

由于绘图的比例较小,在分段结构图的主视图或剖面图中,如果不能将节点处的构件尺寸、构件相互连接的情况以及焊接要求等表达清楚,就要用较大的比例绘制节点详图。

节点详图的标注方法是:在主视图或剖面图中,把要绘制详图的节点用细实线圆圈出,圆的直径视节点图形大小而定,并用 7 号字体的阿拉伯数字顺序编号。然后在画好的节点详图上方画一水平粗实线,在水平粗实线上方用同样大小的字体注写相应的数字,下方注写节点详图的比例,见图 10-6a)。当详图很少时,可不编号,而直接将其画在节点附近,并用箭

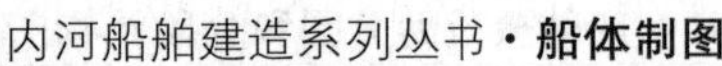

头指出，见图 10-6b)。

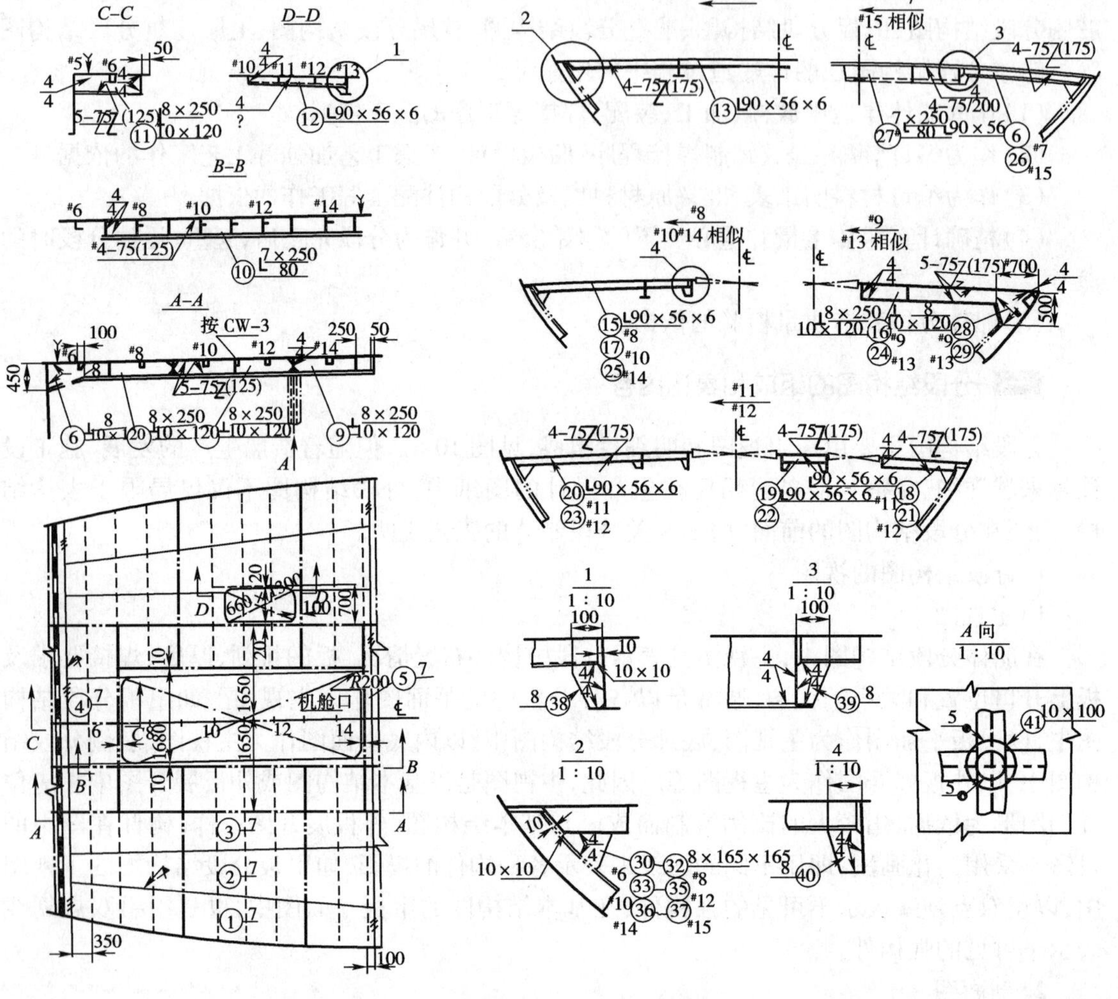

41	加强板 10	2	A 级钢	2.5	5.0		17	半横梁∟90×56×6	2	A 级钢	19.6	39.6	#10 肋位
40	肘板 8	10	A 级钢	0.9	9.0		16	强半横梁 $\perp\frac{8\times250}{10\times120}$	2	A 级钢	57.6	115.2	#9 肋位
39	肘板 8	7	A 级钢	0.8	5.6		15	半横梁∟90×56×6	2	A 级钢	18.8	37.6	#8 肋位
38	肘板 8	1	A 级钢	0.8	0.8		14	半横梁∟90×56×6	2	A 级钢	13.4	26.8	#7 肋位
30～37	梁肘板 8×165×165	16	A 级钢	0.9	14.4		13	横梁∟90×56×6	1	A 级钢	49.6	49.6	#6 肋位
29	梁肘板 $\perp\frac{8\times500\times700}{10\times120}$	2	A 级钢	18.7	37.4	#13 肋位	12	梯口短纵桁∟90×56×6	1	A 级钢	11.0	11.0	

图 10-5

28	梁肘板 $\perp\frac{8\times500\times700}{10\times120}$	2	A 级钢	18.2	36.4	#9 肋位	11	甲板纵桁 $\perp\frac{8\times250}{10\times120}$	1	A 级钢	27.6	27.6	
27	机舱口横围板 $\frac{7\times250}{80}$	2	A 级钢	33.0	66.0	#7、#15 肋位	10	机舱口纵围板 $\perp\frac{7\times250}{80}$	2	A 级钢	79.8	159.6	
26	半横梁∟ 90×56×6	2	A 级钢	13.4	26.8	#15 肋位	9	甲板纵桁 $\perp\frac{8\times250}{10\times120}$	2	A 级钢	27.4	54.8	
25	半横梁∟ 90×56×6	2	A 级钢	21.0	42.0	#14 肋位	8	甲板纵桁 $\perp\frac{8\times250}{10\times120}$	2	A 级钢	43.1	86.2	
24	强半横梁 $\perp\frac{8\times250}{10\times120}$	2	A 级钢	58.5	117.0	#13 肋位	7	甲板纵桁 $\perp\frac{8\times250}{10\times120}$	2	A 级钢	27.4	54.8	
23	半横梁∟ 90×56×6	1	A 级钢	20.4	20.4	#12 肋位	6	甲板纵桁 $\perp\frac{8\times250}{10\times120}$	2	A 级钢	21.0	42.0	
22	半横梁∟ 90×56×6	1	A 级钢	5.4	5.4	#12 肋位	5	甲板板 7	1	A 级钢	26.4	26.4	
21	半横梁∟ 90×56×6	1	A 级钢	9.0	9.0	#12 肋位	4	甲板板 7	1	A 级钢	88.0	88.0	
20	半横梁∟ 90×56×6	1	A 级钢	20.1	20.1	#11 肋位	3	甲板板 7	2	A 级钢	390.5	781.0	
19	半横梁∟ 90×56×6	1	A 级钢	5.4	5.4	#11 肋位	2	甲板板 7	2	A 级钢	230.0	460.0	
18	半横梁∟ 90×56×6	1	A 级钢	8.7	8.7	#11 肋位	1	甲板板 7	2	A 级钢	237.6	475.2	
序号	名　称	数量	材料	单件	总计	附注	序号	名　称	数量	材料	单件	总计	附注
				质量(kg)							质量(kg)		

设绘		描图		#5 ~ #15 甲板分段结构图	图样标记	质量(kg)	比例
校对		描校					
审核							
标检							1:50
审定		日期					

图 10-5　分段结构图

2. 分段结构图中的尺寸及焊缝符号

为了加工和安装构件，在分段结构图中需要标注构件的完整尺寸以及它们之间连接的焊缝符号。

1) 尺寸标注

在分段结构图中必须标注出构件的定形尺寸和定位尺寸。但由于船体的形状比较复杂，所以要完整地标注构件的定形尺寸就比较繁复。因此，船体分段结构图中构件的尺寸标注与一般零件的尺寸标注有些不同。对板材构件，一般只需标注其厚度，而不标注长度和宽度。对型材构件，只要标注断面尺寸。这些构件的长度由放样台提供，如图 10-5 甲板平面图中，由于甲板从船尾向船首的每挡肋位处的宽度都不相同。因而普通横梁的长度也都不相等，这些长度值就由放样台提供。如果是曲线形状，还需要制作样板。

2）焊缝符号的标注

在视图中还标注焊接符号，以表示构件连接处焊接的形式、焊接接头的坡口形式、焊接尺寸和焊接方法等。

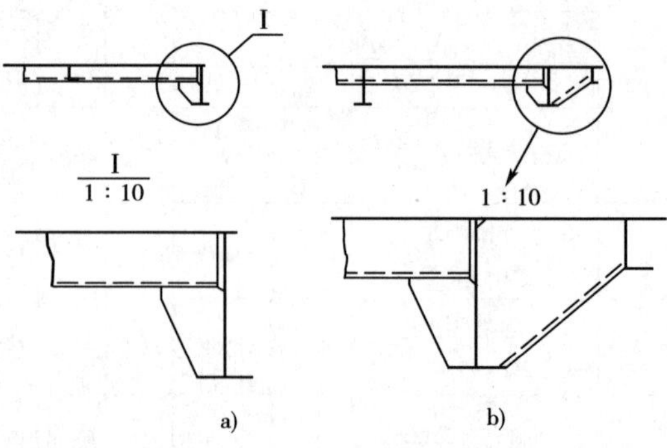

图 10-6　节点详图的标注方法

焊缝符号应标注在能清晰表示焊缝的视图中，并相对集中，便于读图。同一条焊缝一般只需标注一次。焊接形式相同，地位又相邻近的焊缝，可用公共横线的形式标注。通常板与板的焊缝符号标注在平面图中；横向构件的焊缝符号标注在肋位剖面图中，纵向构件的焊缝符号标注在一般位置剖面图中；节点处的焊缝符号标注在节点详图中。

3. 分段结构图的件号和明细栏

为了便于了解分段中的构件的组成、构件所用的材料及构件的安装工作，避免下料、加工和配套发生构件重复和遗漏，在分段结构图中，对本分段所有构件须进行编号，并编制明细栏。

1）件号的编制

分段结构图中每个构件的编号称为件号。件号的编法要有利生产，使所有的构件既不重复，又不遗漏。对名称、尺寸和形状完全相同的构件可编同一件号，在明细栏中注明总的件数。凡是不完全相同的构件都要逐一进行编号。件号编制的顺序目前有两种：一种是先编板材，再编型材，最后编肘板；另一种是按照剖面位置进行编号，先编主视图上的板材，再编一般剖面图上的构件，然后编肋位剖面图上的构件，最后编节点详图上的构件。构件编号的标注形式，见图 10-7。图中指引线、规格线及圆圈均用细实线绘制，指引线对准圆心引出，圆圈的直径为 8mm，规格线为对准圆心引出的水平线，在其上标注尺寸（不标注尺寸时，规格线可省略不画）。

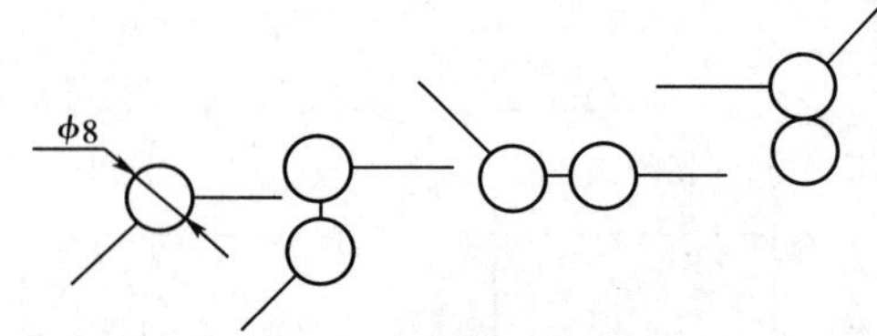

图 10-7　引件号的形式

2）明细栏

明细栏一般布置在分段结构图的右边（标题栏的上方），而采用生产设计后，明细表是另外装订成册（单独一本）。明细栏的内容主要有：序号、代号、构件的名称、数量、所采用的材料、重量（单件重量、总计）、附注等。其宽度与标题栏相同，明细栏是编制全船材料明细表、准备原材料的依据，也是分段构件配套的依据。

有些分段结构图中，还用文字对分段的技术要求、工艺措施和注意事项作简要说明。

二　识读分段结构图

分段结构图的基本表示方法与全船性的结构图样是一致的，因此识读方法两者基本相似。但是，分段结构图是船体构件加工、装配、焊接的施工依据，因此读图时不仅要求了解每个构件的形状、大小、相对位置、结构形式以及与其他构件连接的方式，而且还要了解结构细节部分的内容，如装配间隙、切角大小、流水孔和通气孔的位置和大小、型材端部削斜型式、焊接要求等。

通常识读的方法和步骤如下：

1. 了解分段的基本概貌

(1)根据标题栏和明细栏，了解分段所在的部位、分段的重量及组成分段的构件数。

如图10-5所示，本分段位置为$^{\#}6^{-350}\sim{}^{\#}15^{+100}$，分段共有41种构件组成。

(2)根据主视图中图线的含义来确定分段中构件的组成和布置。

图10-5左下角平面图为主视图，由主视图可知，除甲板板外，#6肋位为普通全横梁；#8、#10、#11、#12、#14肋位为普通半横梁；#9、#13肋位为强半横梁；舱口两端为舱口端梁而靠近舷边为半横梁；舱口两边有舱口纵桁，此外还设有甲板纵桁和梯口处短纵骨。

(3)分析视图，了解剖面图和节点详图的数量，并找出各剖面图的剖切位置和投影方向，各节点详图所表示节点的位置，从而搞清各剖面图、节点详图与主视图的关系及所表达的基本内容。

图10-5中，一般位置剖面图有4个，剖切位置和投影方向可由主视图中查得；肋位剖面图有#6、#7、#8、#9、#11五个，均为向尾看；节点详图4个，放大部位可由$D-D$、#6、#7、#8剖面图中查得。另外还有A向视图，取自$A-A$剖面图中。

这样可以对分段的基本结构情况和复杂程度有一个概括的了解。

2. 了解各构件的结构形式、大小、相对位置、连接方式和焊接要求

(1)通常可以由底部、舷侧、甲板、平台、舱壁、上层建筑等分段结构图的主视图中分别了解内底板、外板、甲板板、平台板、舱壁板的排列、大小和焊接要求以及板上各种开孔的位置和大小。

图中，板的排列由接缝线确定，焊接要求由标注在接缝线上的焊缝代号决定，板厚从图中查阅。例如图10-5，甲板板由件号1到件号5共8块钢板组成，板与板的连接以及本分段甲板板与相邻分段甲板的连接均采用V型坡口对接焊，封底焊缝在甲板上表面。甲板板厚度均为7mm。甲板上开有机舱口和梯口，它们的位置和大小均可从图中查得。

(2)通常可以由剖面图、节点详图等视图了解分段中其他构件的结构形式、大小和连接方式。

如图10-5中，“$A-A$”剖面图表示了甲板纵桁结构。从尺寸标注中可知甲板纵桁为T型结构，它由件号6到件号9四部分组成，大小可查看标注的尺寸。纵桁与甲板板以及纵桁面板与腹板的连接采用交错断续焊5－75Z(125)，纵桁肘板与甲板板及舱壁板的连接用双面连续角焊，焊角高为4mm。

甲板纵桁腹板上开切口以穿过普通横梁，切口型式为CW－3，具体尺寸可查阅CB* 3182—83中的规定(见附录三)。#7和#15肋位处横梁不穿过甲板纵桁(图中无切口)，甲板纵桁与#7、#11、#15横梁相交处安装肘板，具体结构要参见相应的肋位剖面图。甲板纵桁在强横梁处间断(图中甲板纵桁腹板上开有通焊切角，表示其间断。也可以从主视图中甲板纵

桁的图线上的箭头看出)，相互连接用双面连续角焊，焊角高为4mm。支柱处加强板结构可参见A向视图。

又如图10-5中，#6肋位剖面图表示普通全横梁结构。由图中件号可知横梁为13号零件，尺寸为∟90×56×6，与甲板板的连接用交错断续焊4—75Z(175)。它通过梁肘板与肋骨相连，具体结构要参见节点详图2。从详图中可知：梁肘板尺寸为8×165×165，横梁、肋骨与肘板的连接用双面连续角焊，焊角高为4mm。横梁与肋骨之间以及肋骨与甲板板之间有装配间隙，其大小为10mm，梁肘板切角10×10。

在读图过程中，除了要主视图、剖面图和节点详图相互对照阅读外，还要随时查阅明细栏，了解构件的数量和所用的材料及重量。最后，还要结合技术要求分析分段结构的特点，弄清分段施工时的工艺措施和注意事项等。

三 绘制分段结构图的方法和步骤

绘制分段结构图是详细设计中的一项重要工作，绘制的主要依据是船体分段划分图、中横剖面图、基本结构图、外板展开图、肋骨型线图等。绘制前，要根据分段划分图确定的分段位置，阅读中横剖面图、基本结构图等图样，弄清分段构件的组成和主要构件的尺寸及连接情况。绘制的方法和步骤如下：

1. 确定视图

(1)确定主视图：通常选择能表示分段结构基本情况的视图作为主视图。

(2)确定剖面图：根据主视图所表示的结构基本情况来确定剖面图，对形式不同的结构分别绘制剖面图来表示，对形式相同的结构只绘制一个剖面图来表示。

(3)确定节点详图：通常对连接形式不同、图形较小、表达不够清晰的节点都需绘制详图。

2. 选取图样比例和图纸幅面

图样比例和图纸幅面要根据分段的外形尺寸和剖面图及节点详图的数量来确定。由于分段结构图直接用于施工现场，为了使用方便，图纸幅面不宜过大，但图形要求清晰，比例又不宜太小，所以比例和幅面要选择适当。通常主视图的比例选用1:50、1:25、1:20等，节点详图的比例选用1:10、1:5等。图纸面积一般不宜超过0.5m^2。

3. 布置视图的位置

通常主视图布置在图纸的左上方或左下方，一般位置剖面图依次布置在主视图的下方或上方的相应位置(尽量按投影关系布置)，肋位剖面图等布置在图纸中间；明细栏布置在标题栏上方，节点详图布置在其余空白的地方。常见的布置图形见图10-8。

4. 绘制视图

图形的绘制方法与中横剖面图、基本结构图和节点视图的画法相似。一般先画主视图，再画剖面图，然后绘制节点详图。主视图和剖面图的外形尺寸从型线图或肋骨型线图中取得，而节点详图中涉及的有关形状，可根据剖面图近似画出。

最后，校对视图，无错误后，按图线要求加深。

5. 编制件号、标注尺寸和焊缝符号

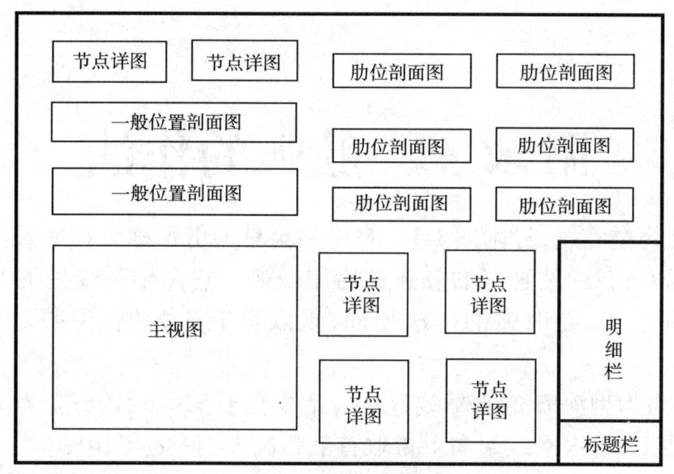

图 10-8　分段结构图的布图形式(示例)

件号的排列应齐整,件号、焊缝符号等的指引线应避免相交。

6. 编制明细栏、填写技术要求和标题栏

明细栏自下而上按件号顺序逐一填写,如构件较多或标题栏上方空位不多,可在标题栏左侧,以同样形式另辟一栏填写,或者单独编制成册。

最后编写技术要求和填写标题栏。

习　　题

1. 分段划分图通常由哪几种视图组成?在什么情况下要绘制纵剖面图或横剖面图?

2. 指出下列分段号的含义:101、231(P)、241、232(S)、301、603。

3. 根据习图 10-1,识读 3000t 干货船 的 $^{\#}7\frac{1}{2}\sim{}^{\#}24\frac{1}{2}$ 甲板分段结构图(见书末插图习图 10-1),着重了解:

(1)该分段在甲板上所处的位置;

(2)甲板板的布置及其厚度、数量;

(3)纵向主要构件的布置、数量,纵向强构件与横向强构件的连接方式;

(4)纵向普通构件的布置、数量,纵向普通构件与横向强构件的连接方式;

(5)横向普通构件的布置、数量,横向普通构件与纵向强构件的连接方式;

(6)各构件间的焊缝形式。

附录一　舷弧的作法

甲板舷弧通常为抛物线,见附图 1-1。自中站至首的舷弧称为首舷弧。它在首垂线处的升高值为首舷弧高 h_f;自中站至尾的舷弧称为尾舷弧。它在尾垂线处的升高值为尾舷弧高 h_a。通常 $h_a = 1/2h_f$。首、尾舷弧的作法相同,现以首舷弧为例,说明舷弧的作法,见附图 1-2。

(1)作距基线高为型深 H 的水平线分别与站线交于 5、6…、10(L_{PP}为 10 等分时);

(2)在 10 站线上,自水平线起向上量取首舷弧高 h_f,得交点 10′;

(3)将 10 ~ 10′线段等分为自中站至首垂线的站线间距数(现为 5 等分),得分点 6′、7′、8′、9′;

(4)连接 5、6′两点与 6 站线交于 6″,连接 57′、58′、59′分别与 7、8、9 站相交于 7″、8″、9″;

(5)用压条或曲线板连接 5、6″、7″、8″、9″及 10′ 即得首舷弧曲线。

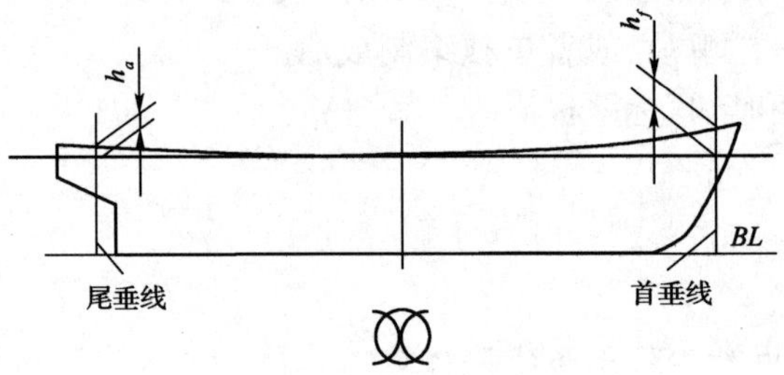

附图 1-1　甲板舷弧

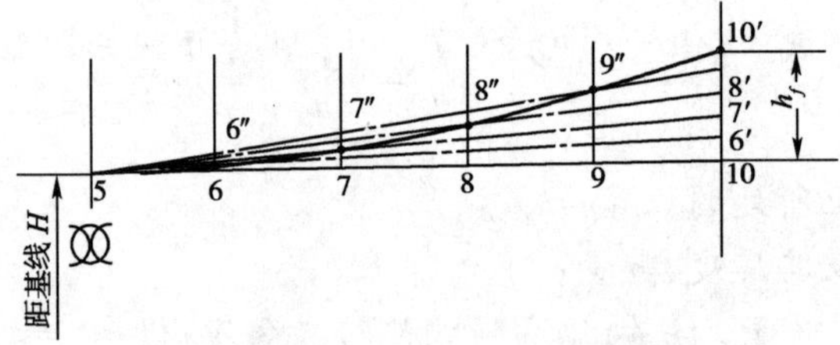

附图 1-2　舷弧的作法

附录二　船体常用钢板、型钢的尺寸和重量

钢板的尺寸和重量（GB 709—88 摘录）　　附表 2-1

钢板公称厚度	接下列钢板宽度的最小和最大长度																															理论重量
	700	710	750	800	850	900	950	1000	1100	1250	1400	1420	1500	1600	1700	1800	1900	2000	2100	2200	2300	2400	2500	2600	2700	2800	2900	3000	3200	3400	3600	(kg/m^2)
4																																31.400
4.5	2000 6000	2000 6000	2000 6000	2000 6000	2000 6000	2000 6000	2000 6000	2000 6000	2000 6000	2000 6000	2000 6000	2000 6000	2000 6000	2000 6000	2000 6000	2000 6000	2000 6000	—	—	—	—	—	—	—	—	—	—	—	—	—	—	35.325
5																																39.250
6	2000 6000	2000 6000	2000 6000	2000 6000	2000 6000	2000 6000	2000 6000	2000 6000	2000 6000	2000 6000	2000 6000	2000 6000	2000 6000	2000 6000	2000 6000	2000 6000	2000 6000	—	—	—	—	—	—	—	—	—	—	—	—	—	—	47.100
7																																54.950
8																																62.800
9	2000 6000	2000 6000	2000 6000	2000 6000	2000 6000	2000 6000	2000 6000	2000 6000	2000 6000	2000 6000	2000 6000	2000 6000	3000 12000	3000 12000	3000 12000	3000 12000	3000 12000	3000 12000	3000 12000	3000 12000	3000 12000	4000 12000	4000 12000	—	—	—	—	—	—	—	—	70.650
10																																78.500
11	—	—	—	—	—	—	—	2000 6000	2000 6000	2000 6000	2000 6000	2000 6000	2000 12000	3000 12000	3000 12000	1000 12000	3000 12000	3000 10000	3000 10000	3000 10000	3000 9000	4000 9000	4000 9000	—	—	—	—	—	—	—	—	86.350
12																																94.200
13																																102.050
14																																109.900
15																																117.750
16																																125.600
17																																133.450
19	—	—	—	—	—	—	—	2500 6500	2500 65000	2500 12000	2500 12000	2500 12000	3000 12000	3000 11000	3500 11000	4000 10000	4000 10000	4000 10000	4500 10000	4500 9000	4500 9000	4000 9000	4000 9000	3500 9000	3500 8200	3500 8200	—	—	—	—		141.300
19																																149.150
20																																157.000
21																																164.850
22																																172.700
25																																196.250
26																																204.100
28																																219.900
30																																235.500
32	—	—	—	—	—	—	—	—	—	2500 2000	2500 2000	25000 2000	3000 12000	3000 2000	3500 2000	3500 12000	4000 2000	4000 12000	4000 12000	4500 12000	4500 12000	4000 11000	4000 11000	3500 10000	3500 10000	3500 10000	3000 10000	3000 9500	3400 9500	3200 9500	3600 9500	251.200
34																																266.900
36																																282.600
38																																298.300
40																																314.000

注：理论重量由编者加上，按 7.8g/cm^3 计。

等边角钢的尺寸和重量(GB 9789—88 摘录)　　附表 2-2

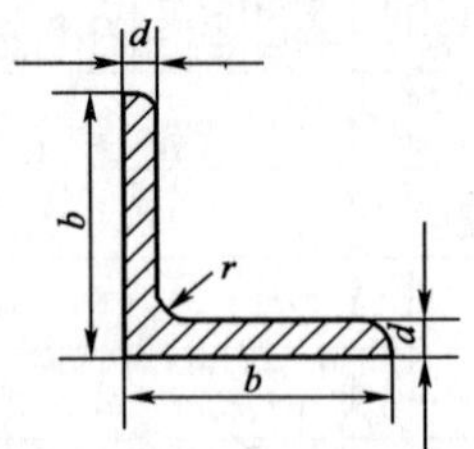

角钢号数	尺寸(mm)			截面面积	理论重量
	b	d	r	(cm^2)	(kg/m)
2	20	3	3.5	1.132	0.889
		4		1.450	1.145
2.5	25	3		1.432	1.124
		4		1.859	1.450
3	30	3	4.5	1.749	1.378
		4		2.276	1.786
3.6	36	3		2.109	1.658
		4		2.756	2.163
		5		3.332	2.654
4	40	3	5	2.369	1.852
		4		3.086	2.422
		5		3.791	2.976
4.5	45	3		2.659	2.088
		4		3.486	2.736
		5		4.292	3.369
		6		5.076	3.980
5	50	3	5.5	2.971	2.332
		4		3.897	3.059
		5		3.803	3.770
		6		5.688	4.465
5.6	56	3	6	3.343	2.624
		4		4.390	3.446
		5		5.415	4.251
		8		8.367	6.568
6.3	63	4	7	4.978	3.907
		5		6.143	4.822
		6		7.288	5.721
		8		9.515	7.469
		10		11.657	9.151

续上表

角钢号数	尺　寸(mm)			截面面积 (cm^2)	理论重量 (kg/m)
	b	*d*	*r*		
7	70	4	8	5.570	4.372
		5		6.875	5.397
		6		8.160	6.406
		7		9.424	7.398
		8		10.667	8.373
8	80	5	9	7.912	6.211
		6		9.397	7.376
		7		10.860	8.525
		8		12.203	9.658
		10		15.126	11.874
9	90	6	10	10.637	8.350
		7		12.301	9.656
		8		13.944	10.946
		10		17.167	13.476
		12		20.306	15.940
10	100	6	12	11.932	9.366
		7		13.796	10.830
		8		15.638	12.276
		10		19.261	15.120
		12		22.800	17.893
		14		26.256	20.611
		16		29.627	23.257
11	110	7		15.196	11.928
		8		17.328	13.532
		10		21.261	16.600
		12		25.200	19.782
		14		29.056	22.809
12.5	125	8	14	19.750	18.504
		10		24.373	19.133
		12		28.912	22.696
		14		33.367	26.193
14	140	10		27.373	21.488
		12		32.512	25.522
		14		37.567	29.490
		16		42.539	33.393

续上表

角钢号数	尺寸(mm)			截面面积 (cm²)	理论重量 (kg/m)
	b	d	r		
16	160	10	16	31.502	24.729
		12		37.441	29.391
		14		43.296	33.987
		16		49.067	38.518
18	180	12		42.241	43.159
		14		48.806	38.383
		16		55.467	43.542
		18		61.955	48.634
20	200	14	18	54.642	42.894
		16		62.013	48.680
		18		69.301	54.401
		20		76.505	60.056
		24		90.661	71.186

不等边角钢的尺寸和重量(GB 9788—88 摘录)　　附表 2-3

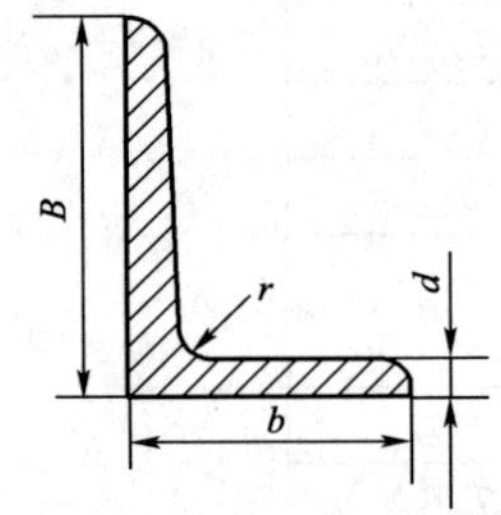

角钢号数	尺寸(mm)				截面面积 (cm²)	理论重量 (kg/m)
	B	b	d	r		
2.5/1.6	25	16	3	3.5	1.162	0.912
			4		1.499	1.176
3.2/2	32	20	3		1.492	1.171
			4		1.939	1.522
4/2.5	40	25	3	4	1.890	1.484
			4		2.467	1.936
4.5/2.8	45	28	3	5	2.149	1.637
			4		2.806	2.203
5/3.2	50	32	3	5.5	2.431	1.908
			4		3.177	2.494

续上表

角钢号数	尺　寸(mm)				截面面积	理论重量
	B	b	d	r	(cm^2)	(kg/m)
5.6/3.6	56	36	3	6	2.743	2.153
			4		3.590	2.818
			5		4.415	3.466
6.3/4	63	40	4	7	4.508	3.185
			5		4.993	3.920
			6		5.908	4.638
			7		6.802	5.339
7/4.5	70	45	4	7.5	4.547	3.570
			5		5.609	4.403
			6		6.647	5.218
			7		7.657	6.011
(7.5/5)	75	50	5	8	6.125	4.808
			6		7.260	5.699
			9		9.467	7.431
			10		11.590	9.098
8/5	80	50	5		6.375	5.005
			6		7.560	5.935
			7		8.724	6.848
			8		9.867	7.745
9/5.6	90	56	5	9	7.212	5.661
			6		8.557	6.717
			7		9.880	7.756
			8		11.183	8.779
10/6.3	100	63	6	10	9.917	7.550
			7		11.111	8.722
			8		12.584	9.787
			10		15.467	12.142
10/8	100	80	6		10.637	8.350
			7		12.301	9.656
			8		13.944	10.946
			10		17.167	13.476

续上表

角钢号数	尺寸(mm)				截面面积 (cm^2)	理论重量 (kg/m)
	B	b	d	r		
11/7	110	70	6	10	10.637	8.350
			7		12.301	9.656
			8		13.944	10.946
			10		17.167	13.476
12.5/8	125	80	7	11	14.096	11.066
			8		15.989	12.551
			10		19.712	15.474
			12		23.351	18.330
14/9	140	90	8	12	18.038	14.160
			10		22.261	17.475
			12		26.400	20.724
			14		30.456	23.908
16/10	160	100	10	13	25.315	19.872
			12		30.054	23.592
			14		34.709	27.247
			16		39.281	30.835
18/11	180	110	10	14	28.373	22.273
			12		33.712	26.464
			14		38.967	30.589
			16		44.139	34.649
20/12.5	200	125	12		37.912	20.761
			14		43.867	34.436
			16		49.739	39.045
			18		56.526	43.588

球扁钢的尺寸和重量（GB 9945—88 摘录）　　附表 2-4

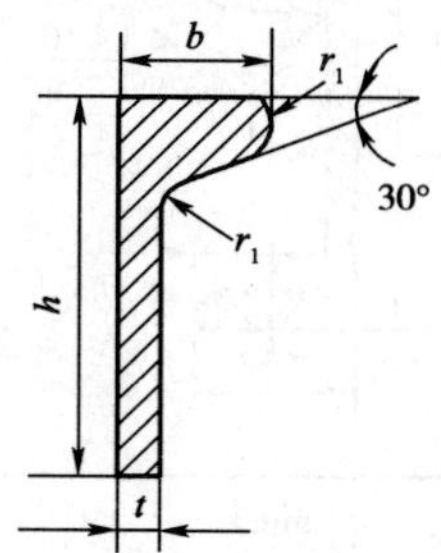

<table>
<tr><th rowspan="2">角钢号数</th><th colspan="4">尺　寸(mm)</th><th rowspan="2">截面面积
(cm²)</th><th rowspan="2">理论重量
(kg/m)</th></tr>
<tr><th>B</th><th>b</th><th>t</th><th>R_l</th></tr>
<tr><td>5</td><td>50</td><td>16</td><td>4</td><td>2.5</td><td>2.88</td><td>2.26</td></tr>
<tr><td>6</td><td>60</td><td>19</td><td>5</td><td rowspan="2">3.5</td><td>4.31</td><td>3.38</td></tr>
<tr><td>7</td><td>70</td><td>21</td><td>5</td><td>5.10</td><td>4.00</td></tr>
<tr><td>8</td><td>80</td><td>22</td><td>5</td><td rowspan="2">4</td><td>5.87</td><td>4.61</td></tr>
<tr><td>9</td><td>90</td><td>24</td><td>5.5</td><td>7.07</td><td>5.55</td></tr>
<tr><td>10</td><td>100</td><td>26</td><td>6</td><td rowspan="2">5</td><td>8.68</td><td>6.81</td></tr>
<tr><td>12</td><td>120</td><td>30</td><td>6.5</td><td>11.19</td><td>8.78</td></tr>
<tr><td>14a</td><td rowspan="2">140</td><td>33</td><td>7</td><td rowspan="2">6</td><td>14.14</td><td>11.10</td></tr>
<tr><td>14b</td><td>35</td><td>9</td><td>16.94</td><td>13.30</td></tr>
<tr><td>16a</td><td rowspan="2">160</td><td>36</td><td>8</td><td rowspan="4">7</td><td>18.05</td><td>14.17</td></tr>
<tr><td>16b</td><td>38</td><td>10</td><td>21.25</td><td>16.68</td></tr>
<tr><td>18a</td><td rowspan="2">180</td><td>40</td><td>9</td><td>22.29</td><td>17.50</td></tr>
<tr><td>18b</td><td>42</td><td>11</td><td>25.89</td><td>20.32</td></tr>
<tr><td>20a</td><td rowspan="2">200</td><td>44</td><td>10</td><td rowspan="2">8</td><td>27.49</td><td>21.58</td></tr>
<tr><td>20b</td><td>46</td><td>12</td><td>31.49</td><td>24.72</td></tr>
<tr><td>22a</td><td rowspan="2">220</td><td>48</td><td>11</td><td rowspan="2">8.5</td><td>32.96</td><td>25.87</td></tr>
<tr><td>22b</td><td>50</td><td>13</td><td>37.36</td><td>29.33</td></tr>
<tr><td>24a</td><td rowspan="2">240</td><td>52</td><td>12</td><td rowspan="2">9</td><td>38.92</td><td>30.55</td></tr>
<tr><td>24b</td><td>54</td><td>14</td><td>43.72</td><td>34.32</td></tr>
<tr><td>27a</td><td rowspan="2">270</td><td>55</td><td>12</td><td rowspan="2">9.5</td><td>43.99</td><td>34.53</td></tr>
<tr><td>27b</td><td>57</td><td>14</td><td>49.39</td><td>38.77</td></tr>
</table>

槽钢的尺寸和重量(GB 707—88 摘录)　　附表 2-5

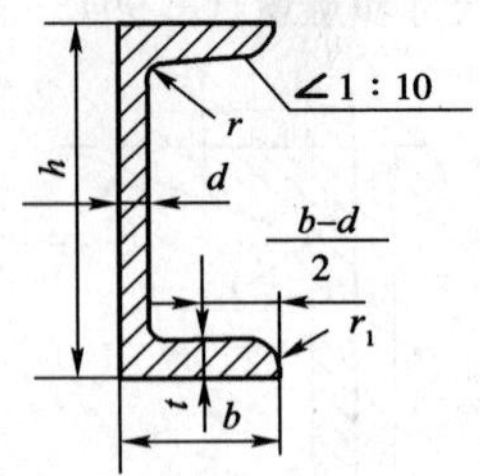

号数	尺寸(mm)						截面面积	理论重量
	h	b	d	t	r	r_1	(cm^2)	(kg/m)
5	50	37	4.5	7.0	7.0	3.5	6.928	5.438
6.3	63	40	4.8	7.5	7.5	3.8	8.451	6.634
6.5	65	40	4.3	7.5	7.5	3.8	8.547	6.709
8	80	43	5.0	8.0	8.0	4.0	10.248	8.045
10	100	48	5.3	8.5	8.5	4.2	12.748	10.007
12	120	53	5.5	9.0	9.0	4.5	15.362	12.059
12.6	126	53	5.5	9.0	9.0	4.5	15.692	12.318
14a	140	58	6.0	9.5	9.5	4.8	18.516	14.535
14b		60	8.0	9.5	9.5	4.8	21.316	16.733
16a	160	63	6.5	10.0	10.0	5.0	21.962	17.240
16b		65	8.5	10.0	10.0	5.0	25.162	19.732
18a	180	68	7.0	10.5	10.5	5.2	25.699	20.174
18b		70	9.0	10.5	10.5	5.2	29.299	23.000
20a	200	73	7.0	11.0	11.0	5.5	28.827	22.637
20b		75	9.0	11.0	11.0	5.5	32.837	25.777
22a	220	77	7.0	11.5	11.5	5.8	31.846	24.999
22b		79	9.0	11.5	11.5	5.8	36.246	28.453
24a	240	78	7.0	12.0	12.0	6.0	34.217	26.860
24b		80	9.0	12.0	12.0	6.0	39.017	30.028
24c		82	11.0	12.0	12.0	6.0	43.817	34.396
25a	250	78	7.0	12.0	12.0	6.0	34.917	27.410
25b		80	9.0	12.0	12.0	6.0	39.917	31.335
25c		82	11.0	12.0	12.0	6.0	44.917	35.260
27a	270	82	7.5	12.5	12.5	6.2	39.284	30.838
27b		84	9.5	12.5	12.5	6.2	44.684	35.077
27c		86	11.5	12.5	12.5	6.2	50.084	39.316

续上表

号　数	尺　寸(mm)						截面面积	理论重量
	h	b	d	t	r	r_1	(cm^2)	(kg/m)
28a	280	82	7.5	12.5	12.5	6.2	40.034	31.427
28b		84	9.5	12.5	12.5	6.2	45.634	35.823
28c		86	11.5	12.5	12.5	6.2	51.234	40.219
30a	300	85	7.5	13.5	13.5	6.8	43.902	34.463
30b		87	9.5	13.5	13.5	6.8	49.902	39.173
30c		89	11.5	13.5	13.5	6.8	55.902	43.883
32a	320	88	8.0	14.0	14.0	7.0	48.513	38.083
32b		90	10.0	14.0	14.0	7.0	54.913	43.107
32c		92	12.0	14.0	14.0	7.0	61.313	48.131
36a	360	96	9.0	16.0	16.0	8.0	60.910	41.814
36b		98	11.0	16.0	16.0	8.0	68.110	53.466
36c		100	13.0	16.0	16.0	8.0	75.310	59.118
40a	400	100	10.5	18.0	18.0	9.0	75.068	58.928
40b		102	12.5	18.0	18.0	9.0	83.068	65.208
40c		104	14.0	18.0	18.0	9.0	91.068	71.488

附录三　船体结构相贯切口与补板

（CB* 3182—83 摘录）

1. 直通型切口型式、代号和尺寸

（1）CC—1

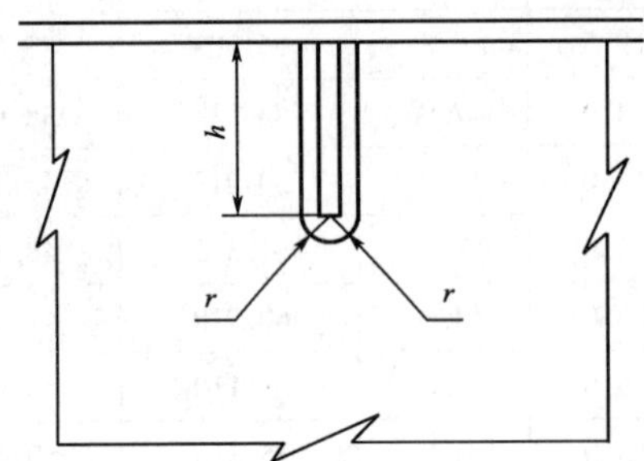

（2）CC—2

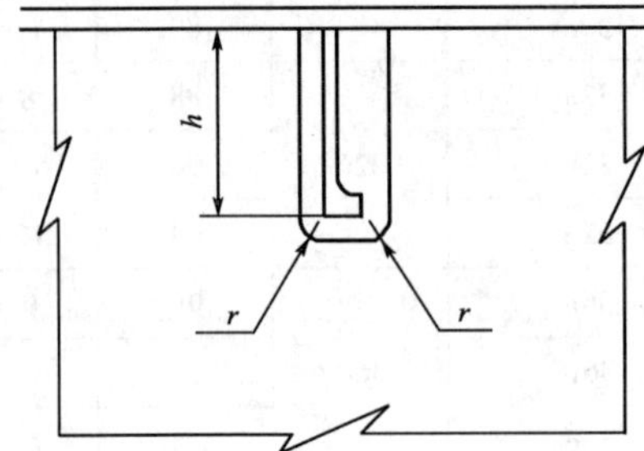

（3）CC—3

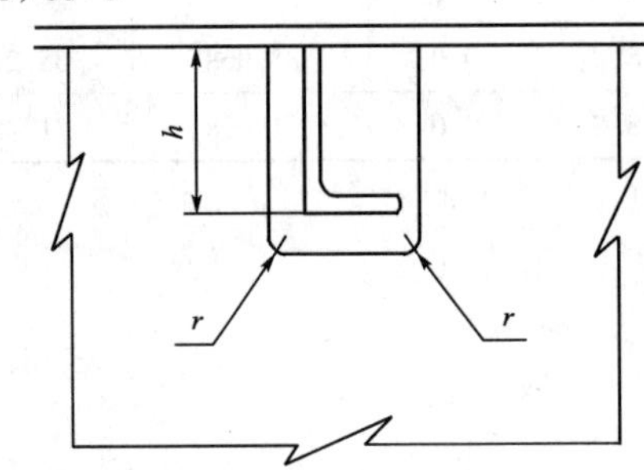

（4）CC—6

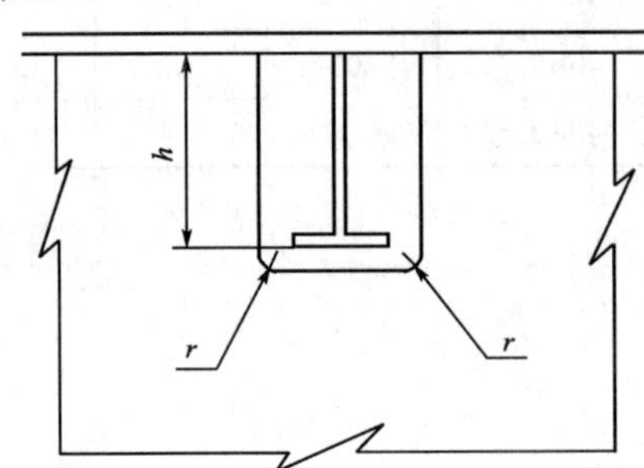

附表 3-1

h(mm)	r(mm)
<100	15
≥100	25

2. 腹板焊接型切口型式、代号和尺寸

（1）CW—1

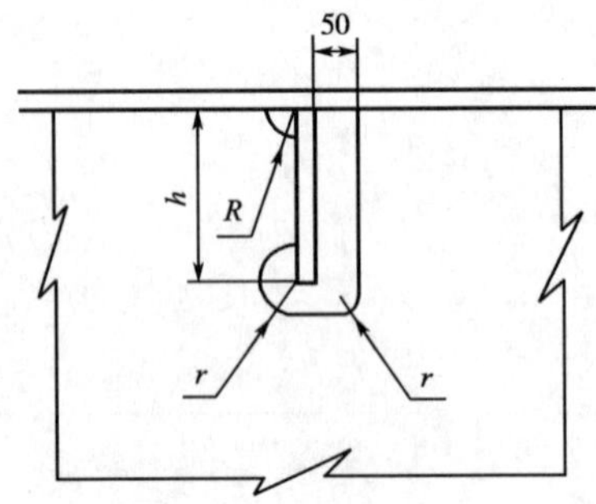

（2）CW—2

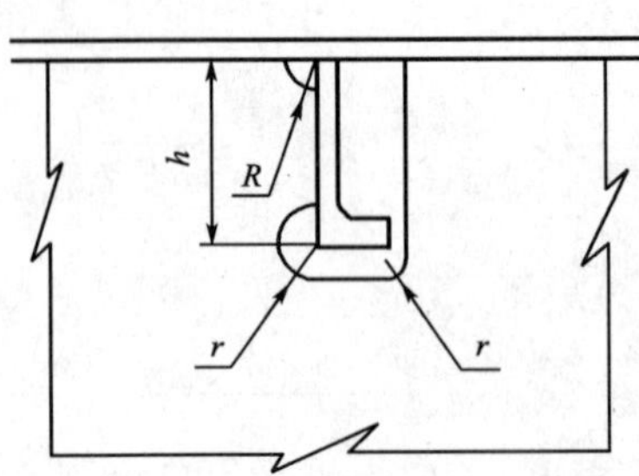

(3) CW—3

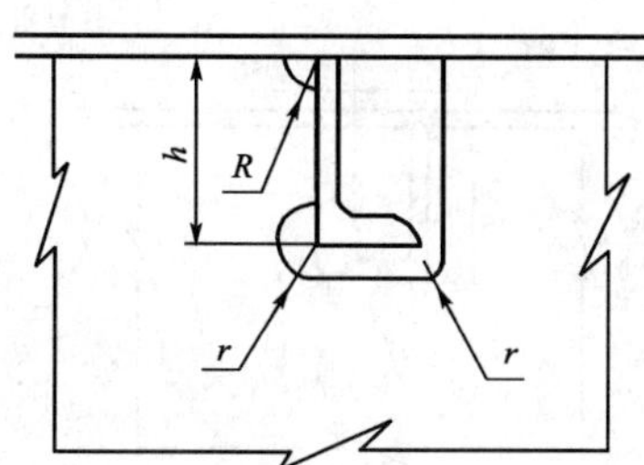

(4) CW—6

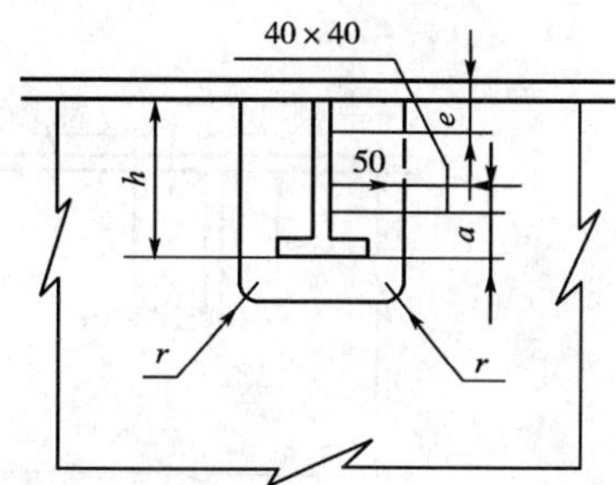

附表 3-2

h(mm)	R(mm)	r(mm)
<100	—	15
100≤h<150	25	25
150≤h<250	35	25
≥250	50	25

注:h<100 时,R 用 CB* 3184—83 的通焊孔 WC 代替。

3. 非水密补板型切口型式与补板型式、代号和尺寸

(1) CN–1

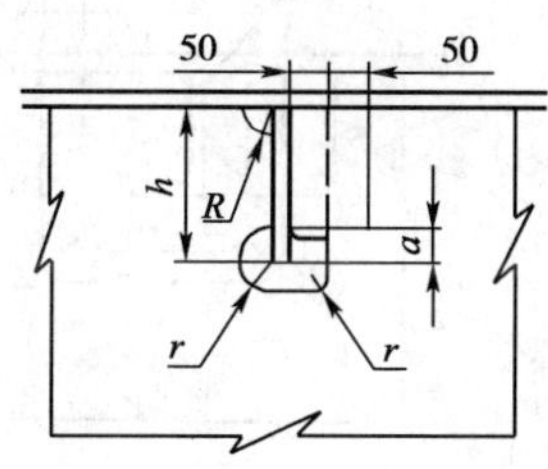

(2) CN–2

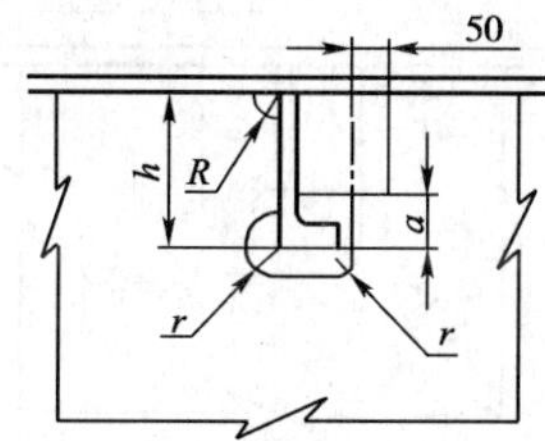

(3) CN–3

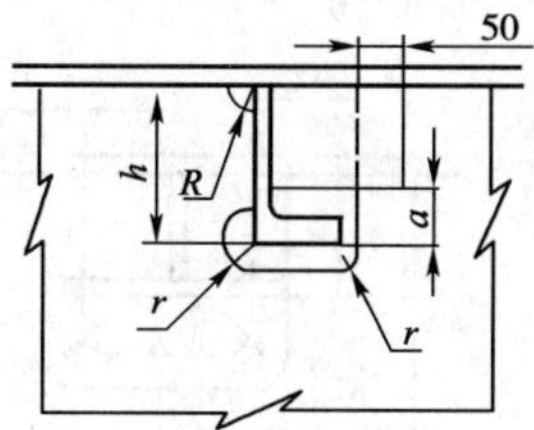

(4) CN–9

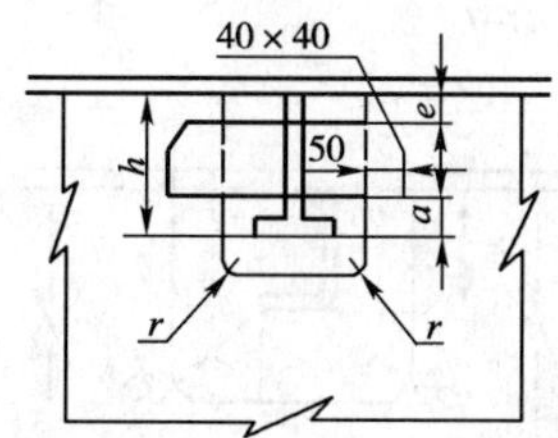

附表 3-3

h(mm)	R(mm)	r(mm)	a(mm)	e(mm)
<100	—	15	0.2h	—
100≤h<150	25	25	0.2h	R
150≤h<250	35	25	0.2h	R
≥250	50	25	0.2h	R

注:h<100 时,R 用 CB* 3184—83 的通焊孔 WC 代替。

4. 水密补板型切口型式与补板型式、代号和尺寸

（1）CT-1

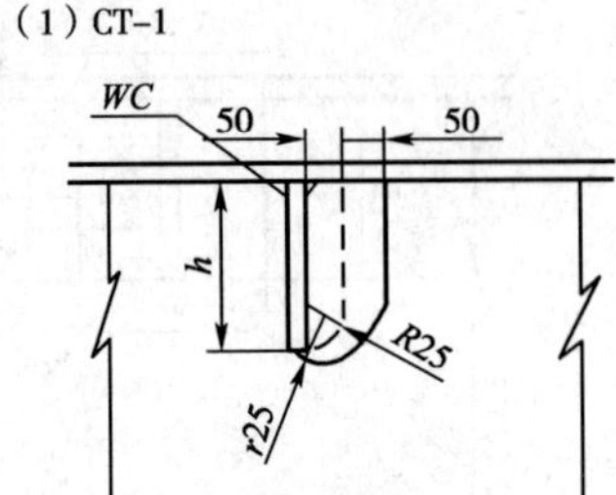

（2）CT-2

（3）CT-3

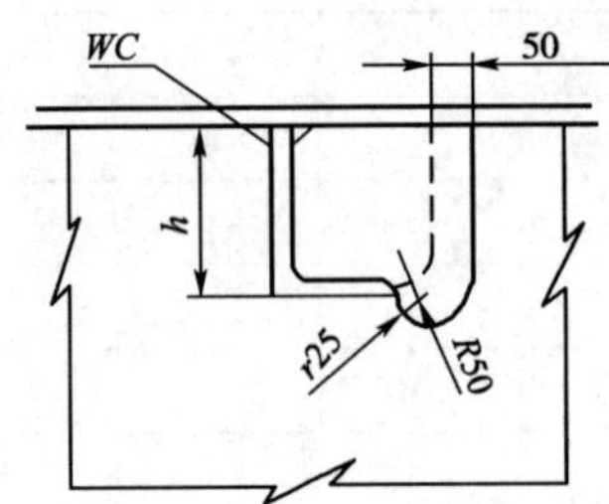

（4）CT-4

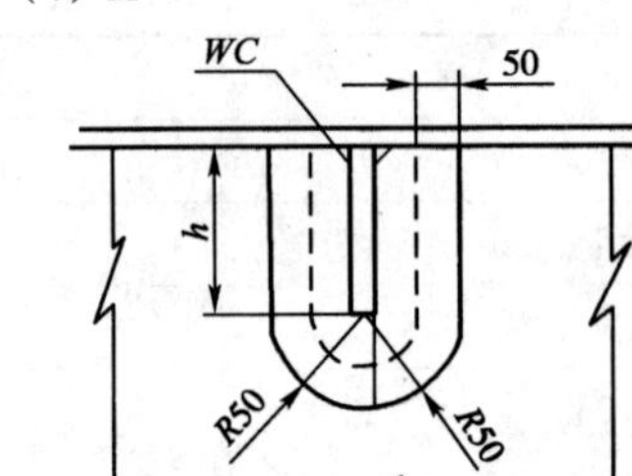

（5）CT-5

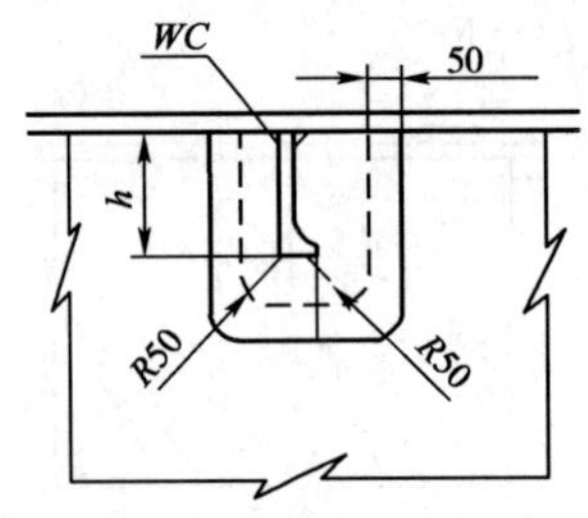

（6）CT-6

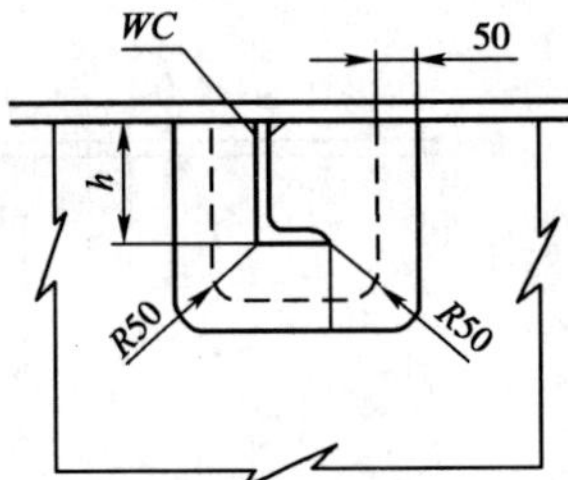

（7）CT-7

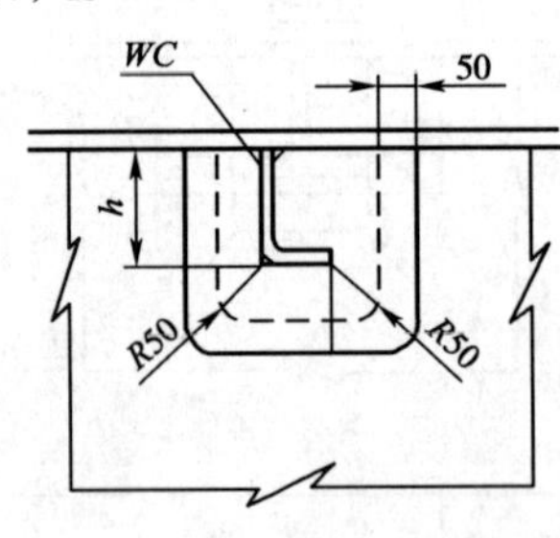

（8）CT-9

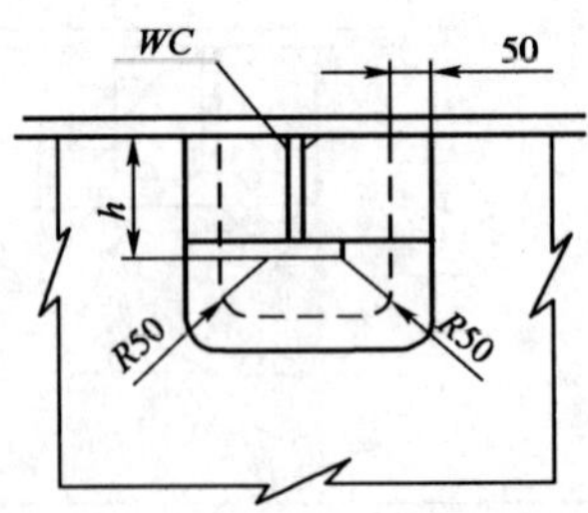

注：1. WC 为 GB * 3184—83 的通焊孔标准代号。

2. 水密与非水密补板的厚度等于该切口处被穿过构件的腹板或壁板厚度。

附录四　船体结构型材端部形状
（CB* 3183—83 摘录）

型材端部腹板和面板都切斜的型式和尺寸　　附表 4-1

序号	名称	代号	型式和尺寸	标记示例
1	角钢、折边材	SS	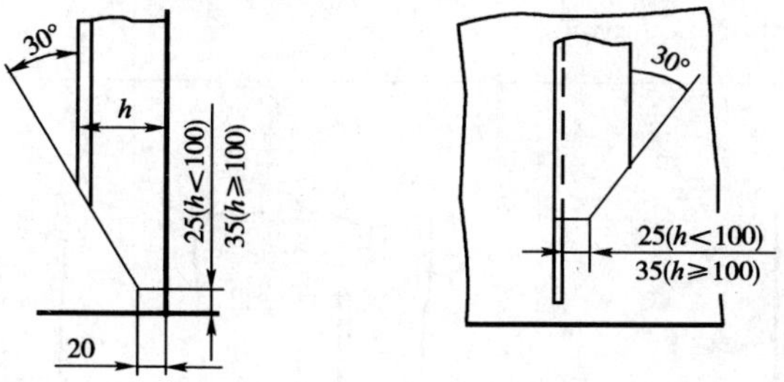 30°　h　25(h<100)　35(h≥100)　20　30°　25(h<100)　35(h≥100)	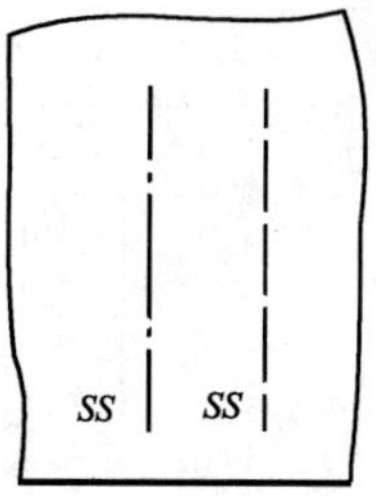 SS　SS
2	T型材和不对称T型材	SS	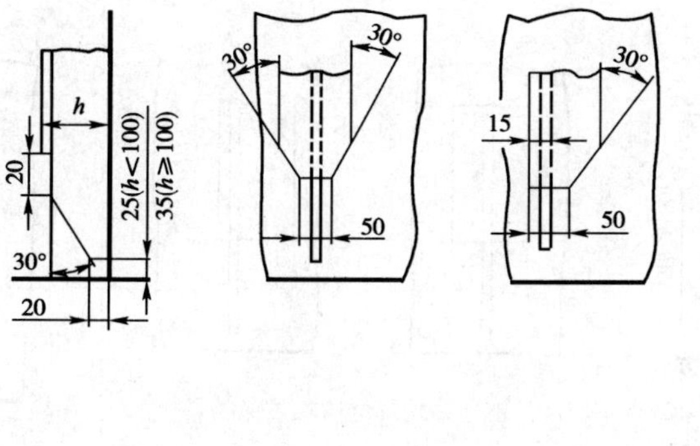 h　20　30°　20　25(h<100)　35(h≥100)　30°　30°　50　15　30°　50	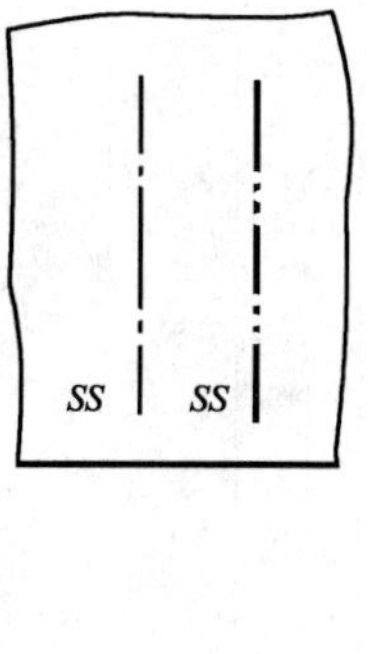 SS　SS

型材端部腹板切斜的型式和尺寸 附表 4-2

序号	名称	代号	型式和尺寸	标记示例
1	扁钢	S	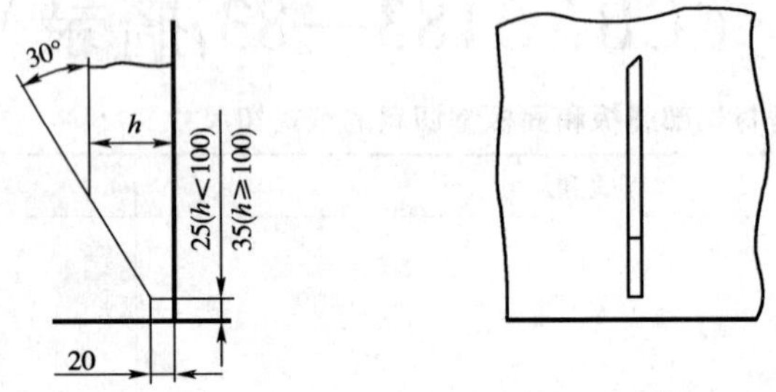	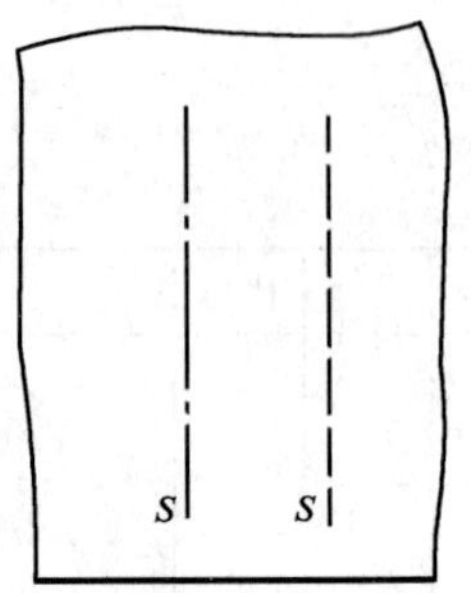
2	球扁钢、角钢、折边材	S	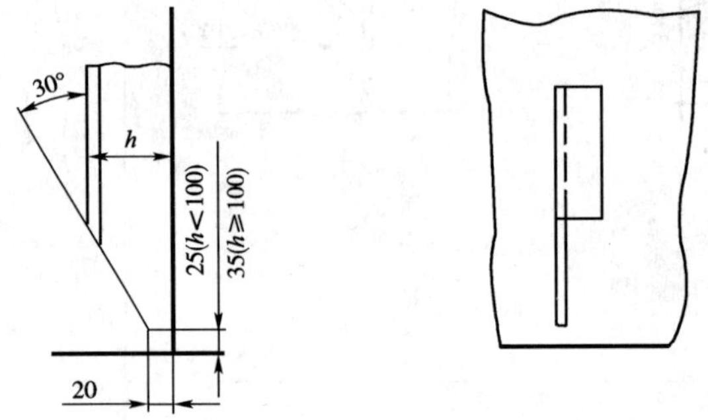	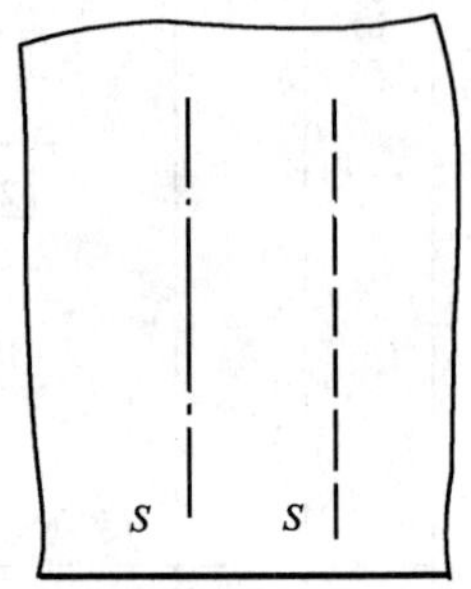
3	T型材和不对称T型材	S	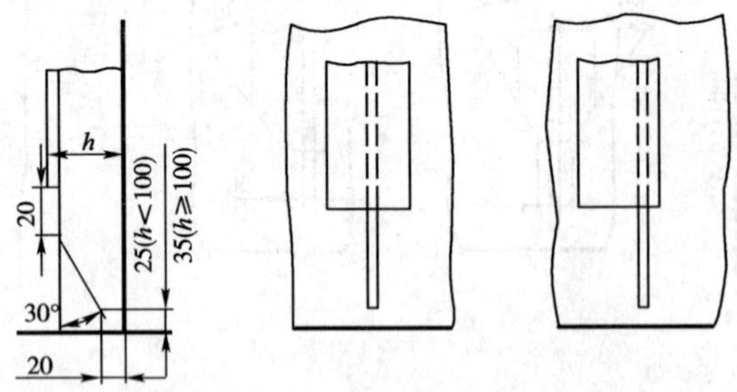	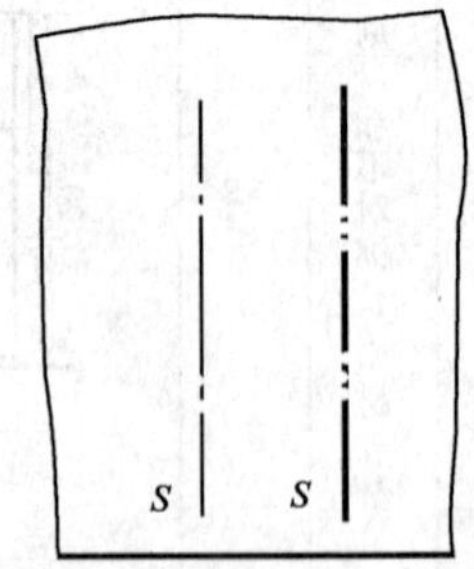

型材端部面板切斜的型式和尺寸　　附表 4-3

序号	名称	代号	型式和尺寸	标记示例
1	角钢、折边材	F	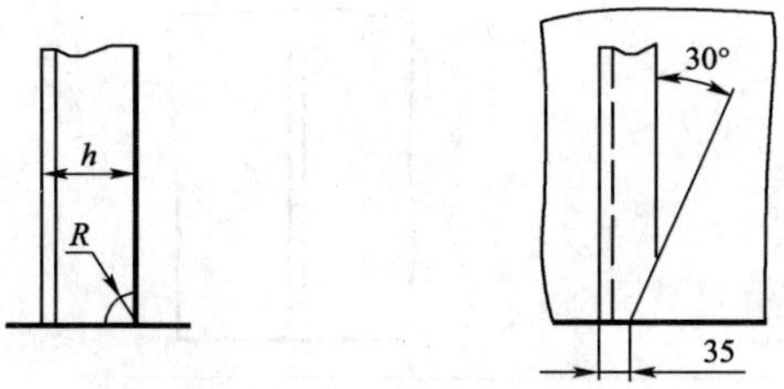 h；R；30°；35 h(mm)：<100；100≤h<150；150≤h<250；≥250 R(mm)：WC；25；35；50	F　F
2	T 型材和不对称 T 型材	F	h；R；30°；30°；50；30°；15；50 h(mm)：<100；100≤h<150；150≤h<250；≥250 R(mm)：WC；25；35；50	F　F
3	T 型材和不对称 T 型材	FS	h；R；30°；30°；35；50；30°；15；50；35 h(mm)：<100；100≤h<150；150≤h<250；≥250 R(mm)：WC；25；35；50	FS　FS

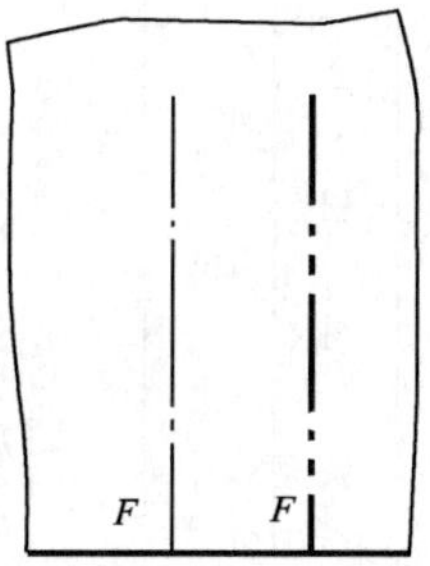

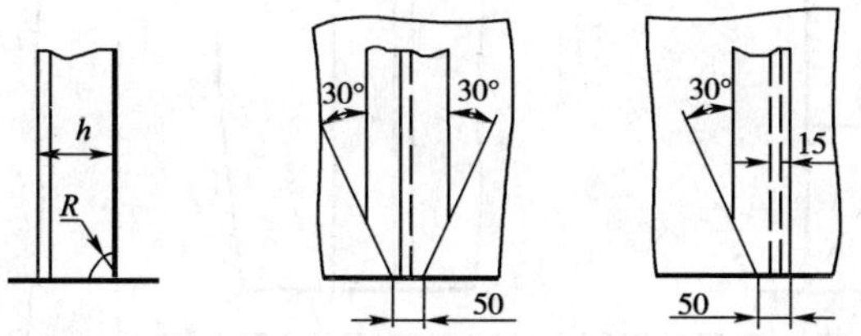

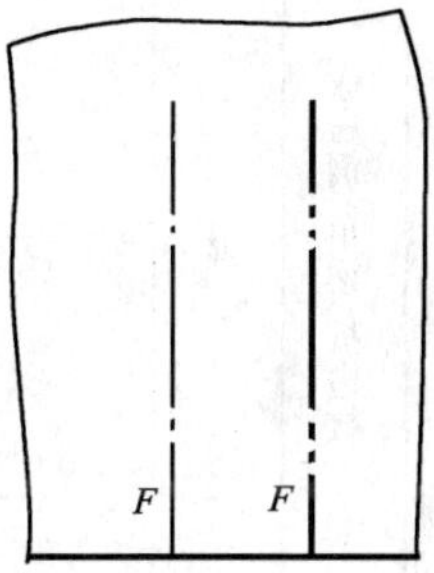

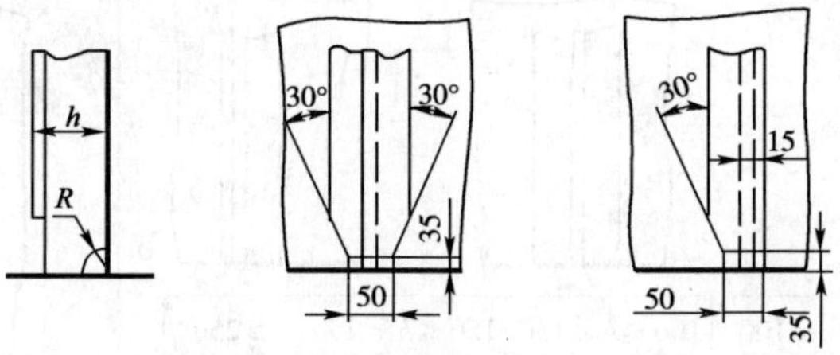

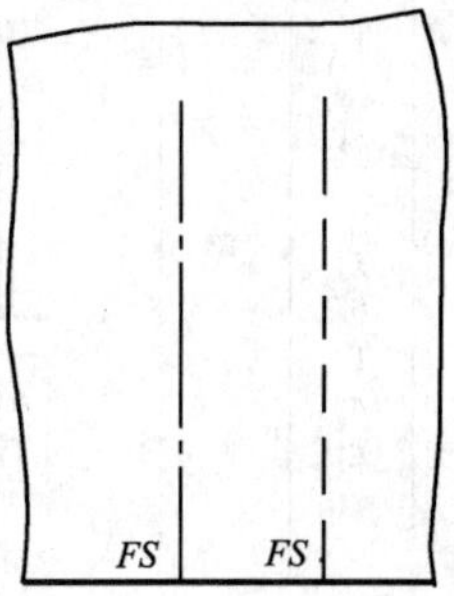

型材端部不切斜的型式和尺寸

附表 4-4

<table>
<tr><th>序号</th><th>名称</th><th>代号</th><th>型式和尺寸</th><th>标记示例</th></tr>
<tr><td>1</td><td>扁材</td><td>W</td><td> 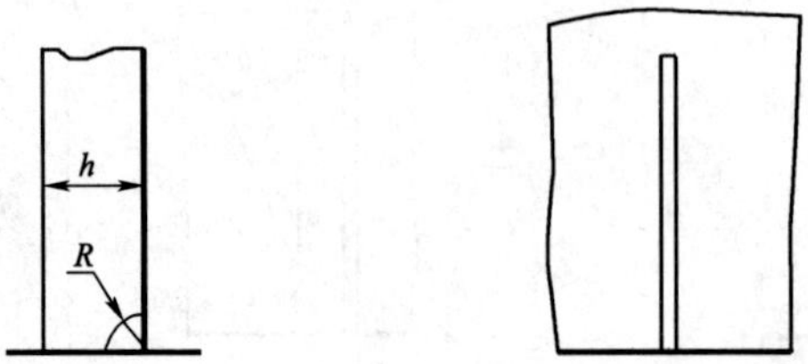
<table>
<tr><td>h(mm)</td><td><100</td><td>$100\leqslant h<150$</td><td>$150\leqslant h<250$</td><td>$\geqslant 250$</td></tr>
<tr><td>R(mm)</td><td>WC</td><td>25</td><td>35</td><td>50</td></tr>
</table>
</td><td>W W</td></tr>
<tr><td>2</td><td>球扁钢、角钢、折边材</td><td>W</td><td> 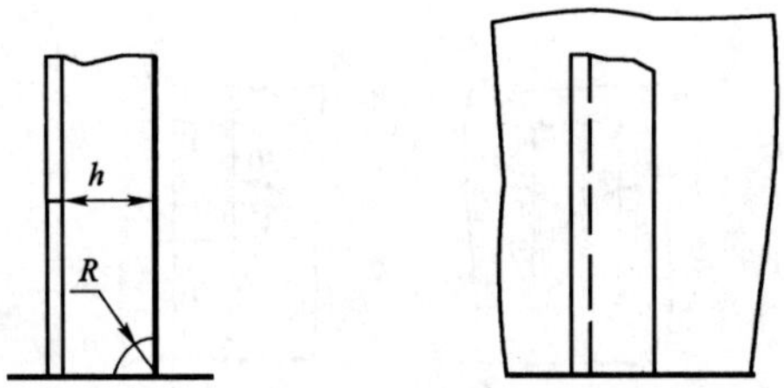
<table>
<tr><td>h(mm)</td><td><100</td><td>$100\leqslant h<150$</td><td>$150\leqslant h<250$</td><td>$\geqslant 250$</td></tr>
<tr><td>R(mm)</td><td>WC</td><td>25</td><td>35</td><td>50</td></tr>
</table>
</td><td>W W</td></tr>
<tr><td>3</td><td>T 型材和不对称 T 型材</td><td>W</td><td> 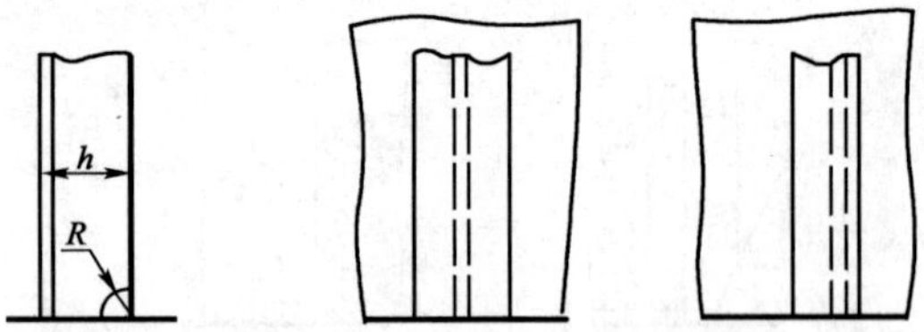
<table>
<tr><td>h(mm)</td><td><100</td><td>$100\leqslant h<150$</td><td>$150\leqslant h<250$</td><td>$\geqslant 250$</td></tr>
<tr><td>R(mm)</td><td>WC</td><td>25</td><td>35</td><td>50</td></tr>
</table>
</td><td>W W</td></tr>
</table>

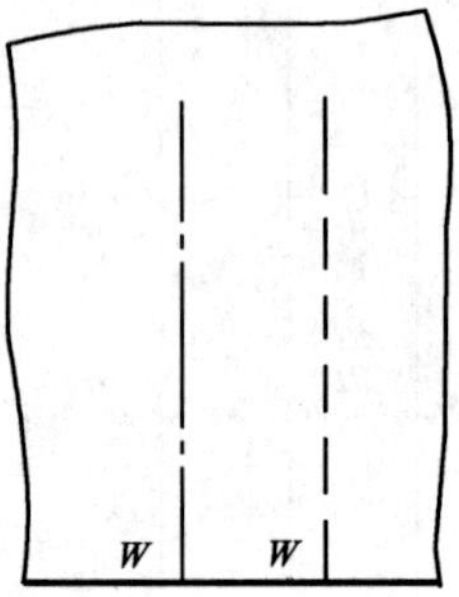

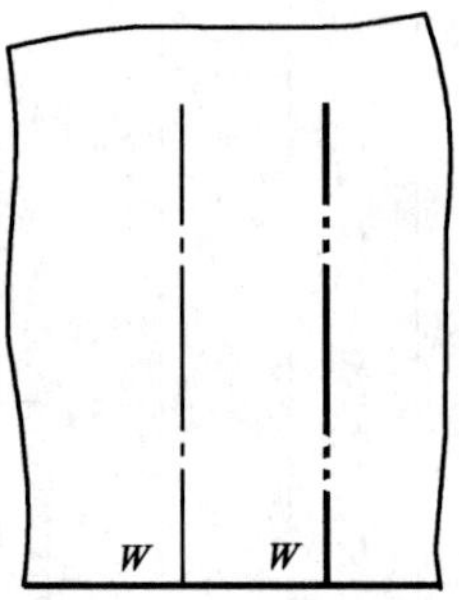

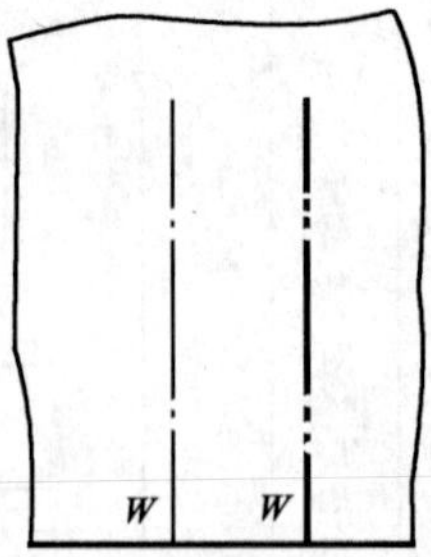

注：当焊缝需连续通过而不开 R 时，在产品图样中注 WC。

附录五 船体结构流水孔、透气孔、通焊孔（CB* 3184—83 摘录）

流水孔的型式和尺寸 附表 5-1

<table>
<tr><th>序号</th><th>名称</th><th>代号</th><th>型式和尺寸</th><th>标记示例</th></tr>
<tr><td>1</td><td>圆形流水孔</td><td>D_ϕ</td><td> 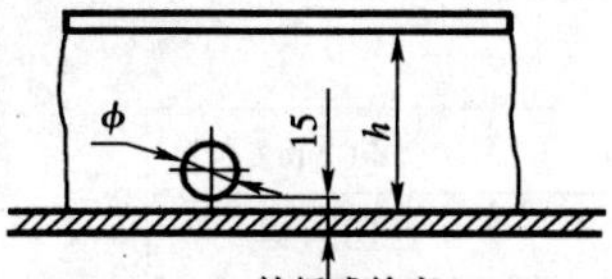外板或舱底
<table><tr><th>h(mm)</th><th>φ(mm)</th></tr><tr><td><120</td><td>25</td></tr><tr><td>120≤h<160</td><td>30</td></tr><tr><td>160≤h<200</td><td>40</td></tr><tr><td>200≤h<300</td><td>50</td></tr><tr><td>300≤h<500</td><td>75</td></tr><tr><td>≥500</td><td>设计者定</td></tr></table></td><td>Dφ40 或 φ40</td></tr>
<tr><td>2</td><td>腰圆形流水孔</td><td>DE</td><td>外板或舱底
<table><tr><th>h(mm)</th><th>φ(mm)</th></tr><tr><td><120</td><td>25×50</td></tr><tr><td>120≤h<160</td><td>30×60</td></tr><tr><td>160≤h<200</td><td>40×80</td></tr><tr><td>200≤h<300</td><td>50×100</td></tr><tr><td>300≤h<500</td><td>75×150</td></tr><tr><td>≥500</td><td>设计者定</td></tr></table></td><td>DE100 或 E100</td></tr>
</table>

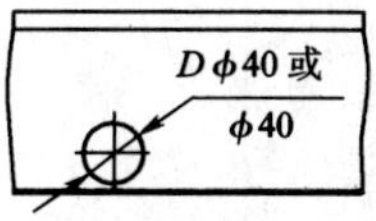

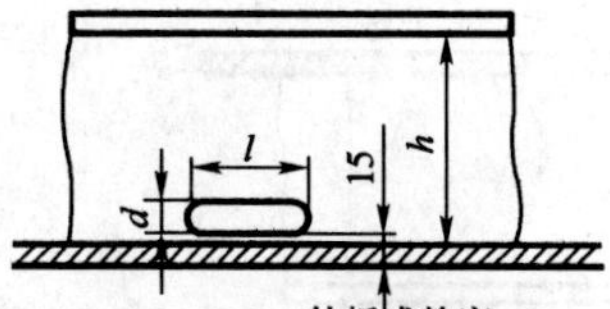

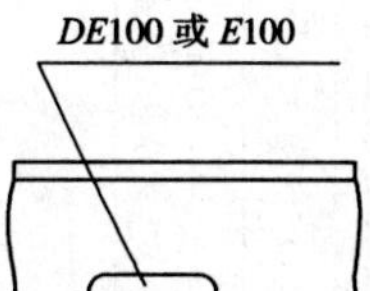

透气孔的型式和尺寸 附表 5-2

<table>
<tr><th>序号</th><th>名称</th><th>代号</th><th>型式和尺寸</th><th>标记示例</th></tr>
<tr><td>1</td><td>圆形透气孔</td><td>A_{ϕ}</td><td>15
平台或甲板
ϕ
h
<table><tr><th>h(mm)</th><th>ϕ(mm)</th></tr><tr><td><120</td><td>15～25</td></tr><tr><td>120≤h<160</td><td>30</td></tr><tr><td>160≤h<250</td><td>40</td></tr><tr><td>≥250</td><td>50</td></tr></table></td><td>$A\phi40$ 或 $\phi40$</td></tr>
<tr><td>2</td><td>半圆形透气孔</td><td>AR</td><td>甲板或平台
R
h
<table><tr><th>h(mm)</th><th>ϕ(mm)</th></tr><tr><td>120≤h<160</td><td>30</td></tr><tr><td>160≤h<250</td><td>40</td></tr><tr><td>≥250</td><td>50</td></tr></table></td><td>$AR40$ 或 $R40$</td></tr>
</table>

通焊孔的型式和尺寸　　附表 5-3

序号	名称	代号	型式和尺寸	标记示例
1	水油密半圆型对接缝通焊孔	*WR*	t<15, *R8*; t≥15, A, *R8*, *R4*; A–A（任选一种）: A 型 0~3, 45°, 8; B 型 45°, 0~3, 45°, 4	*WR*
2	水油密半腰圆形对接缝通焊孔	*WL*	t<15, *R*, 50; *t*≥15, A, *R4*, 4, 50; A-A（任选一种）: A 型 0~3, 45°, 4; B 型 45°, 0~3, 45°, 4	*WL*
3	水油密角焊缝通焊孔	*WC*	*t*≥15, 15×15 切角; *t*<15, 10×10 切角 注：焊缝通过后切角处用电焊填满。	*WC* 注：图面狭小处切角线可不画。

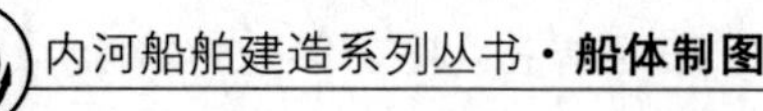

续上表

<table>
<tr><th>序号</th><th>名称</th><th>代号</th><th>型式和尺寸</th><th>标记示例</th></tr>
<tr><td>4</td><td>非水密半圆形对接缝通焊孔</td><td>RN</td><td>R50
h
<table><tr><th>h(mm)</th><th>R(mm)</th></tr><tr><td><150</td><td>25</td></tr><tr><td>150≤h<250</td><td>35</td></tr><tr><td>≥250</td><td>50</td></tr></table></td><td>R=50</td></tr>
<tr><td>5</td><td>非水密半腰圆形对接缝通焊孔</td><td>LN</td><td>R
h
L
<table><tr><th>h(mm)</th><th>R×l(mm)</th></tr><tr><td><150</td><td>25×70</td></tr><tr><td>150≤h<250</td><td>35×100</td></tr><tr><td>≥250</td><td>50×130</td></tr></table></td><td>LN或35×100</td></tr>
<tr><td>6</td><td>非水密半圆形角焊缝通焊孔（兼流水孔）</td><td>RC</td><td>R
h
<table><tr><th>h(mm)</th><th>l(mm)</th></tr><tr><td>100≤h<150</td><td>25</td></tr><tr><td>150≤h<250</td><td>35</td></tr><tr><td>250≤h<350</td><td>50</td></tr><tr><td>350≤h<1 000</td><td>75</td></tr><tr><td>≥1 000</td><td>100</td></tr></table></td><td>R35</td></tr>
</table>

参 考 文 献

[1] 杨永祥,茆文玉,翁士纲.船体制图.哈尔滨:哈尔滨工程大学出版社,1995.

[2] 上海市造船公司编写组.船体制图.上海:上海人民出版社,1976.

[3] 船舶技校教材编委会.船体识图.哈尔滨:哈尔滨船舶工程学院出版社,1995.

[4] 林国庚.船体结构与识图.哈尔滨:哈尔滨工程大学出版社,1996.

[5] 杨永祥,管义锋.船体制图.北京:国防工业出版社,2005.

[6] 杨永祥.船舶与海洋平台结构.北京:国防工业出版社,2008.